OSSIP MANDELSTAM
WORT UND SCHICKSAL

ÓSIP MANDELSTAM
PALABRA Y DESTINO

D1641186

Buch zur Ausstellung des Staatlichen Literaturmuseums Moskau
und der Mandelstam-Gesellschaft Moskau in Kooperation
mit den UNESCO Cities of Literature Heidelberg und Granada / Centro Federico García Lorca

Ausstellungsorte
14.5.–17.7.2016 Stiftung Reichspräsident-Friedrich-Ebert-Gedenkstätte, Heidelberg
9.9.–6.11.2016 Centro Federico García Lorca, Granada

Libro de la exposición del Museo Estatal de Literatura de Moscú
y de la Sociedad Mandelstam de Moscú en cooperación
con Granada y Heidelberg, Ciudades de Literatura UNESCO,
y Centro Federico García Lorca

Lugares de la exposición
14/5 –17/7/2016 Fundación Reichspräsident-Friedrich-Ebert-Gedenkstätte, Heidelberg
9/9/ – 6/11/2016 Centro Federico García Lorca, Granada

Gefördert von: Patrocinado por:

OSSIP
MANDELSTAM
WORT
UND SCHICKSAL

ÓSIP
MANDELSTAM
PALABRA
Y DESTINO

Herausgegeben von
der UNESCO City of Literature Heidelberg,
der UNESCO City of Literature Granada/
Centro Federico García Lorca und
dem Staatlichen Literaturmuseum Moskau

Editado por
Heidelberg Ciudad de Literatura UNESCO,
Granada Ciudad de Literatura UNESCO/
Centro Federico García Lorca y
el Museo Estatal de Literatura de Moscú

„Falls Sie wünschen, mich mit Ihrem Urteil und Ratschlag zu erfreuen – meine Adresse: Heidelberg, Anlage 30" schreibt im Herbst 1909 ein junger Student an seinen Landsmann, den russischen Dichter und Maler Maximilian Woloschin. Eine Gedenktafel an dieser Adresse in der Friedrich-Ebert-Anlage erinnert heute an einen der bedeutendsten Poeten des 20. Jahrhunderts, dessen dichterisches Schaffen in jener Heidelberger Zeit seinen Anfang nahm: Ossip Mandelstam. Im Wintersemester 1909/10 studierte Mandelstam, wie auch heute viele seiner Landsleute, an der Universität in Heidelberg. Doch nicht nur das Universitätsleben der Stadt ist seit jeher international – auch das literarische Leben blüht, wie die im Dezember 2014 von der UNESCO verliehene Auszeichnung als „City of Literature" belegt.

Heidelberg hat damit auch den Auftrag zur interdisziplinären Zusammenarbeit im globalen Netzwerk der UNESCO übernommen. Daher begrüße ich sehr die Kooperation mit dem Staatlichen Literaturmuseum Moskau und der UNESCO City of Literature Granada, die – nach der Präsentation in der Reichspräsident-Friedrich-Ebert-Gedenkstätte – im Jahr des 125. Geburtstags des Dichters die Ausstellung „Ossip Mandelstam. Wort und Schicksal" im Centro Federico García Lorca zeigt. Die vorliegende Begleitpublikation bildet eine Auswahl der Exponate ab. Die textlichen Auftragswerke stammen von Mandelstam-Kennern par excellence – Pavel Nerler, Wladimir Mikuschewitsch, Sebastià Moranta und Ralph Dutli – und spiegeln in ihrer Vielfalt die Internationalität dieses Projekts wider. Ralph Dutlis Verdienst als Übersetzer und Herausgeber des Gesamtwerkes Mandelstams kann nicht hoch genug geschätzt werden. Dass er nunmehr seit rund 20 Jahren in Heidelberg lebt und mit seiner jüngst erschienenen Monografie *Mandelstam, Heidelberg* die Verbundenheit von Stadt und Dichter neu offengelegt hat, freut mich sehr. Ich danke allen internationalen und lokalen Partnern für die Realisierung von Ausstellung und Buch und wünsche Ihnen, liebes Publikum und liebe Leserinnen und Leser, interessante Entdeckungen und eine inspirierende Lektüre.

Dr. Eckart Würzner
Oberbürgermeister der Stadt Heidelberg

«Si desean alegrarme con su juicio y consejo —mi dirección: Heidelberg, Anlage 30»; esto escribía un joven estudiante, en otoño de 1909, a su compatriota el poeta y pintor ruso Maksimilián Voloshin. Una placa conmemorativa en esa dirección de la Friedrich-Anlage 30 recuerda hoy a uno de los poetas más significativos del siglo XX, cuya creación poética comenzó en aquella época de Heidelberg: Ósip Mandelstam. Mandelstam estudió en el semestre de invierno 1909-1910 en la Universidad de Heidelberg, como tantos de sus compatriotas siguen haciéndolo en la actualidad. Pero en Heidelberg no solo la vida universitaria ha sido desde siempre internacional, sino también la vida literaria. Prueba de ello es el reconocimiento por la UNESCO como «Ciudad de Literatura».

Por consiguiente, Heidelberg ha asumido el compromiso de cooperación interdisciplinaria en la red global de la UNESCO. Por ello celebro mucho la cooperación con el Museo Estatal de Literatura de Moscú y Granada Ciudad de Literatura UNESCO, en la cual tendrá lugar la muestra *Ósip Mandelstam. Palabra y destino*, con motivo del 125° aniversario del nacimiento del poeta, en el Centro Federico García Lorca, después de su presentación en la Fundación Reichspräsident-Friedrich-Ebert-Gedenkstätte. La presente publicación reproduce una selección de los objetos expuestos. Los textos solicitados a expertos por excelencia en Mandelstam —Pavel Nerler, Wladimir Mikuschewitsch, Sebastià Moranta y Ralph Dutli— reflejan, en su diversidad, el carácter internacional de este proyecto. El gran mérito de Ralph Dutli, como traductor y editor de la obra completa de Mandelstam, nunca podrá ser suficientemente valorado. Me complace mucho el hecho de que viva en Heidelberg desde hace unos 20 años y que, en su recién publicada monografía *Mandelstam, Heidelberg*, revele nuevamente el vínculo entre la ciudad y el poeta. Agradezco a todos los colaboradores, tanto internacionales como locales, la realización de la muestra y el libro, deseándoles, querido público y queridos lectores, interesantes descubrimientos y una lectura inspiradora.

Dr. Eckart Würzner
Primer alcalde de Heidelberg

Am 1. Dezember 2014 wurde Granada die Ehre zuteil, zu einer der UNESCO-Literaturstädte ernannt zu werden. Damit reiht sich Granada in eine prestigeträchtige Reihe internationaler Städte ein, die durch die Bedeutung ihres literarischen Erbes und durch die lebendige Vielfalt kultureller Veranstaltungen rund um das geschriebene Wort miteinander verbunden sind. Es war ein glücklicher Zufall, dass Granada und Heidelberg zum selben Zeitpunkt Teil des UNESCO-Netzwerks „Creative Cities" wurden. Im Rahmen unserer Zugehörigkeit zu diesem Netzwerk ist die kulturelle Zusammenarbeit zwischen den Städten eines unserer wichtigsten Anliegen. Für den Beginn unserer Kooperation mit der Partnerstadt Heidelberg konnten wir uns kein besseres Projekt vorstellen als die Ausstellung „Ossip Mandelstam. Wort und Schicksal". Dank des Staatlichen Literaturmuseums Moskau, ohne dessen Großzügigkeit und Weitblick diese Ausstellung nicht möglich gewesen wäre, konnten wir diese Zusammenarbeit äußerst umfangreich gestalten.

Leitung und Organisation des Programms „Granada Ciudad de Literatura UNESCO" befinden sich im Centro Federico García Lorca, und es ist für uns eine große Ehre, diese bedeutende Ausstellung ebenfalls dort zu zeigen – schließlich ist es nur folgerichtig, wenn das Haus eines großen spanischen Dichters das Erbe eines großen russischen Dichters beherbergt.

Wir sind davon überzeugt, dass dies nur die erste von vielen Kooperationen zwischen unseren Städten und Institutionen ist.

Francisco Cuenca
Bürgermeister von Granada
Präsident des Consorcio Centro Federico García Lorca

El uno de diciembre de 2014, Granada tuvo el honor de ser designada Ciudad de Literatura UNESCO, pasando a formar parte de un prestigioso grupo de ciudades internacionales hermanadas por la común importancia de su legado literario y la vibrante relevancia de sus actividades culturales vinculadas con la palabra. Se dio la feliz circunstancia de que Granada y Heidelberg entraron juntas a formar parte de la Red de Ciudades Creativas de la UNESCO. Puesto que uno de los objetivos esenciales de nuestra pertenencia a la Red es la colaboración entre las ciudades en materia cultural, nada nos puede llenar de mayor satisfacción que iniciar nuestra colaboración con la ciudad hermana de Heidelberg mediante este hermoso proyecto común que es la exposición *Ósip Mandelstam. Palabra y destino*. Colaboración que se hace extensiva felizmente al Museo Estatal de Literatura de Moscú, sin cuya generosidad y altura de miras esta exposición no habría sido posible.

La sede del Programa Granada Ciudad de Literatura UNESCO se halla en el Centro Federico García Lorca, y es para nosotros un gran honor ceder el espacio de nuestras instalaciones para la realización de esta importante exposición. Nada puede ser más natural que el hecho de que la casa de un gran poeta español acoja el legado de un gran poeta ruso.

Estamos convencidos de que esta será la primera de una larga serie de actividades en colaboración entre nuestras ciudades e instituciones.

Francisco Cuenca
Alcalde de Granada
Presidente del Consorcio Centro Federico García Lorca

DMITRIJ BAK, PAVEL NERLER
Dieser Text wurde im Auftrag des Staatlichen Literaturmuseums Moskau in russischer Sprache verfasst und von
Martina Jakobson ins Deutsche übersetzt.

Einleitende Gedanken

Die Begleitpublikation erscheint im Rahmen der Ausstellung, die anlässlich des 125. Geburtstages von Ossip Mandelstam in Moskau von Dezember 2015 bis März 2016 stattfand. In Kooperation mit dem Staatlichen Literaturmuseum Moskau und der Mandelstam-Gesellschaft Moskau eigens neu konzipiert, findet sie vom 14. Mai bis 17. Juli 2016 unter dem Titel „Ossip Mandelstam. Wort und Schicksal" in der UNESCO City of Literature Heidelberg statt. Die Vorgeschichte dieser Publikation und der Ausstellung handelt von den Umbrüchen der jüngsten Gegenwart.

Die russische Öffentlichkeit gedenkt das zweite Mal des bedeutenden Dichters Ossip Mandelstam. Während der Feierlichkeiten 1991 anlässlich des 100. Geburtstages von Ossip Mandelstam existierte noch die UdSSR, erklang bei der Enthüllung der Ossip-Mandelstam-Gedenktafel am Herzen-Haus (Sitz des Maxim-Gorki-Literaturinstituts) noch die sowjetische Staatshymne. Zu diesem Zeitpunkt publizierten erstmals eine Reihe von Zeitschriften ausgewählte Texte Ossip Mandelstams, erschienen unbekannte Materialien, die sein Leben und Werk beleuchteten. Zum ersten Mal seit Mandelstams Tod erschien auch eine unzensierte Ausgabe gesammelter Werke. In jenen Tagen wurde jede Publikation und jede Veranstaltung wie ein Wunder begrüßt: Etwa die ersten Mandelstam-Lesetage, die Einweihung dreier Gedenktafeln in Moskau, Leningrad und Woronesch sowie die Gründung der Mandelstam-Gesellschaft. Von weitaus größerer Bedeutung waren indessen nicht die neuen Interpretationen von Mandelstams Gedichten oder die neuen Erkenntnisse zu seinem Leben und Schicksal, sondern die Aufgabe, den kleinen Kreis der Eingeweihten um Mandelstams Nachlass zu öffnen, Fakten und Inhalte, die jahrzehntelang verborgen werden mussten, für das Publikum zugänglich zu machen.

DMITRI BAK, PAVEL NERLER
Este texto, redactado en ruso y traducido al español por Elionor Guntin Masot y Anastasia Konovalova, fue concebido por encargo del Museo Estatal de Literatura de Moscú.

Unas palabras introductorias

La publicación del libro de la exposición conmemorativa dedicada a Ósip Mandelstam con motivo del 125º aniversario de su nacimiento que el lector tiene en sus manos (como la propia exposición, por otra parte) viene precedida de toda una historia que no puede obviarse. La exposición tuvo lugar en Moscú entre diciembre de 2015 y marzo de 2016, y ahora, en una versión realizada conjuntamente con el Museo Estatal de Literatura de Moscú y la Sociedad Mandelstam, se podrá ver del 14 de mayo al 17 de julio de 2016 en Heidelberg Ciudad de Literatura UNESCO bajo el título *Ósip Mandelstam. Palabra y destino.*

Este es el segundo aniversario de Ósip Mandelstam que la sociedad rusa conmemora. El primero, el centenario de su nacimiento, lo celebramos en 1991. Entonces aún existía la Unión Soviética, y durante la inauguración de la placa conmemorativa de la Casa Herzen (sede del Instituto de Literatura Maksim Gorki) sonó el himno soviético. En aquel momento, diferentes revistas publicaron algunos textos del poeta, así como distintos materiales biográficos y dedicados a su obra. Y por primera vez desde la muerte de Mandelstam apareció en Rusia una recopilación no censurada de sus obras. Todo aquello resultaba insólito y se vivía con gran entusiasmo: los recitales de la obra de Mandelstam, la inauguración de tres placas conmemorativas al mismo tiempo —en Moscú, Leningrado y Vorónezh—; así como el nacimiento de la Sociedad Mandelstam. Mucho más importante que la presentación de nuevas interpretaciones de los versos de Mandelstam o la discusión de nuevos significados de la vida y el destino del poeta era llevar más allá del estrecho círculo de admiradores algunos hechos e ideas que hoy en día son muy evidentes, pero que hasta entonces habían permanecido velados y alejados del lector medio debido a las barreras de la censura, así como por culpa del Telón de Acero, que impedía el acceso a las obras en ruso publicadas en el extranjero.

Heute finden die Feierlichkeiten unter veränderten Bedingungen statt, weil uns im Jahr 2016 andere Aufgaben bevorstehen. Ein Vierteljahrhundert ist vergangen, seitdem unter Gorbatschows Glasnost freies Denken, Reden und Handeln möglich wurden. Die damals noch herrschenden politischen Kräfte versuchten jedoch bei jeder Gelegenheit, unter den Bedingungen der neuen Freiheit – ohne Zensur und staatliche Beschränkungen – die Feierlichkeiten zu Mandelstams 100. Geburtstag für ihre eigenen Ziele zu missbrauchen. Besonders seltsam muteten zu jenem Zeitpunkt die Reden jener an, die behaupteten, Mandelstam habe im Grunde keine Diskrepanzen mit den sowjetischen Machthabern gekannt und es habe sich lediglich um einige wenige Verirrungen gehandelt.

An dieser Stelle sollen daher einige Tatsachen aus der Rezeptionsgeschichte zu Mandelstams literarischem Werk angeführt werden. So erschien 1973 zu Sowjetzeiten der erste Mandelstam-Gedichtband seit dem Tod des Dichters in der literarischen Reihe „Biblioteka poeta" mit dem ideologisch geprägten, verzerrenden Vorwort des Altstalinisten Alexander Dymschiz. Darin spricht er beispielsweise von einigen wenigen „verdrießlichen Unstimmigkeiten" Mandelstams mit der Staatsmacht.

Die Situation veränderte sich, der Staat verlor das Interesse an Mandelstam, da er dessen literarisches Erbe nicht mehr zu propagandistischen oder politischen Zwecken benutzen konnte. Die Organisatoren der jetzigen Gedenkfeiern waren ganz auf sich selbst gestellt. Das Staatliche Literaturmuseum Moskau und die Mandelstam-Gesellschaft erarbeiteten ein gemeinsames Konzept der Jubiläums-Ausstellung. Im Zuge der Vorbereitungen entflammten Diskussionen, ob eine staatliche Unterstützung der Feierlichkeiten zu Ehren Mandelstams, der lebenslang den Repressionen des stalinistisch-totalitären Staates ausgesetzt und von diesem aus dem Literaturkanon gedrängt worden war, überhaupt in Anspruch genommen werden darf. Die Auseinandersetzungen um Ossip Mandelstam belegen, dass sein poetisches Werk und seine Ansichten nicht an Aktualität verloren haben. Ossip Mandelstam ist und bleibt ein bedeutender Dichter, dessen Œuvre auch posthum nicht ideologisch vereinnahmt werden konnte.

Höhepunkt der Feierlichkeiten in Russland waren die zwei Mandelstam-Ausstellungen in Moskau im Staatlichen Literaturmuseum und im Menschenrechtszentrum von „Memorial".

Kennen wir Mandelstam heute besser oder schlechter? Zweifelsohne besser, insbesondere aufgrund der Forschungen und Publikationen zu seinem Lebensweg. Rekonstruiert werden konnte der genaue historische Kontext einzelner Lebensabschnitte Mandelstams. Es gelang auch, seinem

En 2016 celebramos un aniversario radicalmente diferente; la fecha es menos redonda y solemne, y los objetivos son de otra índole. Ha pasado un cuarto de siglo desde que la *glásnost* de Gorbachov hizo posible un clima de libertad para pensar, hablar y actuar. Las fuerzas políticas de entonces, sin embargo, intentaron por todos los medios aprovechar el aniversario de Mandelstam para sus propios objetivos políticos, a pesar de estar en un momento de libertad, sin censura ni limitaciones de los poderes del Estado. Resultaba especialmente absurdo cierto discurso de los que afirmaban que «Mandelstam no había mostrado divergencias con el poder soviético», sino tan solo alguna «desviación» de poca consideración. Por este motivo es necesario comentar algunos hechos sobre la historia de la recepción de la obra literaria de Mandelstam. En 1973 apareció el primer libro de poemas de Mandelstam publicado en Rusia desde su muerte, en la colección literaria «Biblioteka poeta», con un prólogo ideológicamente muy tendencioso del estalinista Aleksandr Dýmshits en el que se hacían referencias veladas y turbias a estas «incómodas divergencias» del poeta con el poder.

Más tarde la situación cambió de raíz porque Mandelstam se convirtió en una figura que dejó de interesar al Estado, que ya no podía aprovechar más su nombre para fines propagandísticos o políticos. Por este motivo, los organizadores de la actual conmemoración tuvieron que contar desde el principio únicamente con sus propias fuerzas. De modo que el Museo Estatal de Literatura y la Sociedad Mandelstam empezaron a preparar la exposición principal. La organización de este evento desencadenó un debate considerable: se discutió si era coherente que las instituciones estatales prestaran su apoyo a los actos en honor de un poeta que en el pasado había sufrido la represión del poder, y cuyas obras, tanto en vida como a título póstumo, habían sido retiradas del canon literario. Esta controversia es una buena prueba de que Mandelstam, sus versos y su postura literaria y vital no han perdido actualidad. Ósip Mandelstam es y seguirá siendo un gran poeta cuya obra no debe ser instrumentalizada ideológicamente.

Los actos centrales dedicados al aniversario de Mandelstam en Rusia fueron dos exposiciones en Moscú, que se pudieron ver respectivamente en el Museo Estatal de Literatura y en la sede de la asociación de defensa de los derechos civiles Memorial.

En comparación con los primeros años de la era postsoviética, ¿conocemos ahora mejor o peor a Mandelstam?

Obviamente, mejor que antes gracias a los nuevos estudios y publicaciones, y a la enorme cantidad de nueva información sobre su biografía. Se ha reconstruido el contexto histórico de las diferentes etapas de su vida, se han

Gesamtschaffen neue Gedichte zuzuordnen, die Anmerkungen und Text-kommentare zu seinem Werk zu erweitern. Andererseits wissen wir weniger, weil das öffentliche Interesse an der Lyrik Mandelstams und der Lyrik im Allgemeinen abgenommen hat.

Die Ausstellung zu Ehren von Mandelstams 125. Geburtstag umfasst Fotografien, Handschriften, Archivdokumente und andere wertvolle Do-kumente, die die schwierigen Schaffens- und Lebensumstände des Dichters Ossip Mandelstam beleuchten. Darunter befinden sich Materialien, die dem Publikum erstmals vorgestellt werden können. Einen zentralen Platz nehmen die einzigartigen Ausstellungsstücke aus dem Archiv Viktor Schklowskijs ein. Die Ausstellung präsentiert zudem umfangreiche Forschungsergebnisse zum Schaffen Mandelstams.

Ermöglicht wurde all das aufgrund der Beteiligung aller großen Muse-en, Archive und Bibliotheken der Russischen Föderation, wie u. a.: das Staat-liche Archiv der Russischen Föderation, das Staatliche Museum für Bildende Künste A. S. Puschkin, die Staatliche Tretjakow Galerie, das Russische Staat-liche Archiv für Sozial- und Politikgeschichte Moskau, das Zentralarchiv des Innenministeriums der Russischen Föderation, das Staatliche Zentralarchiv der Russischen Föderation des FSB, die Russische Nationalbibliothek, die Russische Staatliche Kinderbibliothek, das Staatliche Archiv Armeniens so-wie die Archive der Universitäten Princeton und Heidelberg.

Unser besonderer Dank gilt den Partnern der UNESCO City of Lite-rature Granada/Centro Federico García Lorca und den deutschen Partnern der UNESCO City of Literature Heidelberg, der Reichspräsident-Fried-rich-Ebert-Gedenkstätte und den Förderern wie der Baden-Württemberg Stiftung und der Heidelberger Volksbank.

Nicht nur die russische Gesellschaft hat ihr Verständnis für den geisti-gen Kosmos Mandelstams erweitert, es fand auch ein umgekehrter Prozess statt. Ossip Mandelstams Werk öffnet im 21. Jahrhundert die Augen für das zurückliegende Jahrhundert. So heißt es in seinem frühen Manifest „Das Wort und die Kultur" (1921): „Poesie ist der Pflug, der die Zeit in der Weise aufreißt, dass ihre Tiefenschichten, ihre Schwarzerde zutage tritt. Doch es gibt Epochen, wo die Menschheit sich nicht mit dem heutigen Tag begnügt, wo sie sich sehnt nach den Tiefenschichten der Zeit und wie ein Pflüger nach dem Neuland der Zeiten dürstet. [...] Oft bekommt man zu hören: Das ist gut, doch es ist von gestern. Ich aber sage: das Gestern ist noch nicht geboren. Es war noch nicht wirklich da. Ich möchte von neuem einen Ovid, einen Pusch-kin, einen Catull, ich kann mich mit dem historischen Ovid, Puschkin oder Catull nicht zufriedengeben."[1]

publicado poemas inéditos y está en curso una escrupulosa labor de interpretación y valoración de sus notas y comentarios. Por otro lado, lo conocemos peor que antes, debido a una clara pérdida de interés de la sociedad por la poesía de Mandelstam en particular y por la poesía en general.

En la exposición conmemorativa del 125º aniversario de Mandelstam pueden verse fotografías, manuscritos, documentos de archivo y otros importantes documentos que esclarecen muchas circunstancias de la complicada vida del poeta y de sus procesos de creación. Muchas piezas de la muestra se exponen por primera vez. Un lugar destacado lo ocupan las piezas procedentes del Archivo de Víktor Shklovski. Asimismo, la exposición reúne algunos de los estudios que durante muchos años se han llevado a cabo en torno a la obra de Mandelstam.

Todo esto no habría sido posible sin la participación activa de importantes museos, archivos y bibliotecas: el Archivo Estatal de la Federación de Rusia, el Museo Estatal de Artes Plásticas A. S. Pushkin, la Galería Tretiakov, el Archivo Estatal de Historia Social y Política de Rusia, el Archivo Central del Ministerio del Interior de Rusia, el Archivo Central del Servicio Federal de Seguridad (FSB) de Rusia, la Biblioteca Estatal Infantil de Rusia, la Biblioteca Nacional de Rusia, así como el Archivo Estatal de Armenia y los archivos de las universidades de Princeton y Heidelberg, entre otros.

Queremos agradecer especialmente la participación de Granada Ciudad de Literatura UNESCO/Centro Federico García Lorca, así como dar las gracias a los colaboradores de Heidelberg Ciudad de Literatura UNESCO y la Fundación Reichspräsident-Friedrich-Ebert-Gedenkstätte, y a los patrocinadores de la muestra y el programa de actividades: la Fundación Baden-Württemberg y el Volksbank de Heidelberg.

Cabe señalar que, con el paso del tiempo, no únicamente la sociedad rusa ha cambiado su visión del universo espiritual e intelectual de Mandelstam, sino que paralelamente también se ha ido desarrollando el proceso inverso. Ósip Mandelstam desvela a los hombres del siglo XXI los misterios del pasado, en plena concordancia con uno de sus manifiestos de juventud, «La palabra y la cultura» (1921): «La poesía es un arado que revienta el tiempo de tal forma que las capas más profundas, su humus, quedan en la superficie. Sin embargo, hay épocas en que los hombres, descontentos con los días que les ha tocado vivir, añoran con tristeza de labriego la superficie intacta de los tiempos. […] A menudo nos toca oír: "Está bien, pero está pasado". Y yo digo: "El ayer no ha nacido aún. Aún no ha existido de verdad. Quiero de nuevo a Ovidio, a Pushkin, a Catulo, y no me satisfacen históricamente ni Ovidio, ni Pushkin, ni Catulo"».[1]

Auch wir geben uns nicht mit den Vorstellungen zufrieden, die wir von den 1910er, den 1920er oder 1930er Jahren haben. Es ist unsere gemeinsame Aufgabe, durch die Welt Mandelstams hindurch das richtige Verständnis für diese erst so kurz hinter uns liegenden Zeitabschnitte zu entwickeln. Das ist eine der Kernaufgaben dieser Ausstellung.

Ossip Mandelstams Leidenschaft für andere Kulturen, seine „Sehnsucht nach Weltkultur", ist heute Teil geisteswissenschaftlicher Forschungen überall auf der Welt. Mandelstams Werk wird in viele Sprachen übersetzt und hat einen festen Platz in der Weltkultur gefunden. Die Ausstellung ist auch ein Experiment zur Überwindung kultureller Grenzen. Nach der Finissage in den Ausstellungssälen des Moskauer Ilja-Ostrouchow-Hauses im Trubnikow-Pereulok (Abteilung des Staatlichen Museums) begibt sie sich in einer eigens konzipierten Präsentation auf die Reise in zwei kulturelle Zentren Europas. Zunächst wird sie in der UNESCO City of Literature Heidelberg in der Reichspräsident-Friedrich-Ebert-Gedenkstätte zu sehen sein, anschließend macht sie Station in der UNESCO City of Literature Granada im Centro Federico García Lorca.

Mandelstam wird nunmehr jene Resonanz und Anerkennung erfahren, die ihm gebührt – er zählt zu den bedeutendsten russischen Dichtern des 20. Jahrhunderts. Wir hoffen sehr, dass das gemeinsame Projekt des Staatlichen Literaturmuseums und der Ossip-Mandelstam-Gesellschaft eines „Ossip-Mandelstam-Museums" in naher Zukunft Wirklichkeit wird.

1 Ossip Mandelstam: „Das Wort und die Kultur", in: O.M.: *Über den Gesprächspartner. Gesammelte Essays I, 1913–1924,* aus dem Russischen übertragen und herausgegeben von Ralph Dutli. Ammann Verlag & Co., Zürich 1991, S. 84

Resulta fácil continuar esta cita: nosotros tampoco nos damos por satisfechos con la idea que tenemos de los años diez, veinte o treinta del siglo pasado... Hay que redescubrir este ayer compartido tan próximo, precisamente a través del mundo de Mandelstam. Este es uno de los objetivos clave de la presente exposición.

La pasión de Ósip Mandelstam por conocer otras culturas, su «nostalgia de una cultura universal» forma parte hoy día de la investigación en el terreno de las humanidades en todo el mundo. La obra de Mandelstam se ha traducido a muchos idiomas y ocupa un lugar destacado en la cultura mundial. Nuestra exposición es en cierto modo un experimento para superar las barreras culturales. Resulta muy simbólico y relevante el hecho de que una versión de la muestra, una vez finalizada su exhibición en las salas de la Casa de Iliá Ostroújov (filial del Museo Estatal de Literatura) en el pasaje Trúbnikovski de Moscú, se traslade a dos conocidos centros culturales de Europa. Primero se podrá ver en Heidelberg Ciudad de Literatura UNESCO, en el Memorial Presidente Friedrich Ebert; y posteriormente en Granada Ciudad de Literatura UNESCO, en el Centro Federico García Lorca.

Mandelstam recibe ahora la resonancia y el reconocimiento que le corresponden. Es uno de los poetas rusos más importantes del siglo XX. Estamos convencidos de que el proyecto del Museo Estatal de Literatura y la Sociedad Mandelstam de creación de un Museo Ósip Mandelstam será muy pronto una realidad.

---

1 «La palabra y la cultura», en: Mandelstam, Osip (2003): *Gozo y misterio de la poesía*. Trad. de Víctor Andresco. Barcelona: El Cobre, p. 21.

URS HEFTRICH
Grußwort zur Eröffnung der Ausstellung „Ossip Mandelstam. Wort und Schicksal" in der Reichspräsident-Friedrich-Ebert-Gedenkstätte Heidelberg am 13.5.2016, verfasst im Auftrag der UNESCO City of Literature Heidelberg.

Der Dichter Ossip Mandelstam und Europa

In der Ausstellung und dem Katalog „Ossip Mandelstam. Wort und Schicksal" begegnen wir einem Dichter, der nicht nur in der russischen Literatur, sondern in der Weltliteratur große Bedeutung erlangt hat. Vor uns sind Autoren wie Joseph Brodsky, Paul Celan, Pier Paolo Pasolini oder Derek Walcott dem Werk Mandelstams begegnet, und alle waren sie überwältigt von der Hinterlassenschaft dieses Dichters. Ich sage „Hinterlassenschaft", weil keiner dieser vier mehr die Chance hatte, Mandelstam persönlich zu treffen – obwohl dies bei einer normalen Lebenserwartung im Bereich des Möglichen gelegen hätte.

Mandelstam traf aber durchaus auf Autoren, deren Werk zur Weltliteratur zählt – und zum Teil waren diese Treffen heftig. Soll ich daran erinnern, wie Mandelstam einen der – wie üblich lautstarken – Auftritte Wladimir Majakowskis mit den Worten quittierte: „Hören Sie auf, Majakowski, Sie sind doch kein Zigeunerorchester"? Oder wie er Anna Achmatowa, mit der ihn eine lebenslange, enge Freundschaft verband, öffentlich als „Säulenheilige" verspottete?

Nein, die Klatschspalten der Literaturgeschichte will ich nicht bedienen. Ich greife lieber eine andere Episode auf: In ihrer *Geschichte einer Widmung* erinnert sich die Dichterin Marina Zwetajewa an einen gemeinsamen Sommer mit dem damals 25-jährigen Mandelstam im russischen Alexandrow im Kriegsjahr 1916: „Und einmal jagte uns ein Kalb hinterher. An einem Hang. Ein rotes Stierkalb. Wir machten einen Spaziergang: die Kinder, Mandelstam, ich. Ich führte Alja und Andrjuscha an der Hand, Mandelstam ging allein. Zuerst war alles schön […]. Und plötzlich – ein Galopp. Ich blicke mich um – ein Stierkalb. Rot. Mit hochgerissenem Schwanz, ein weißer Stern auf der Stirn. Auf uns zu. Die Angst vor Stieren ist eine Urangst. Vor Stieren und Kühen, ohne Unterschied, fürchte ich mich schrecklich […]. Die Kinder sind überhaupt nicht erschrocken, sie halten es für ein Spiel, fliegen an meinen

URS HEFTRICH
Discurso inaugural de la exposición *Ósip Mandelstam. Palabra y destino* en la Fundación Reichspräsident-Friedrich-Ebert-Gedenkstätte en Heidelberg el 13 de mayo de 2016, escrito en alemán y traducido al español por Geraldine Gutiérrez-Wienken fue concebido de la ciudad de Heidelberg Ciudad de Literatura UNESCO.

El poeta Ósip Mandelstam y Europa

La exposición *Ósip Mandelstam. Palabra y destino* y su correspondiente libro nos permiten conocer a un poeta de gran transcendencia no solo para la literatura rusa sino también para la literatura universal. Autores de la categoría de la categoría de Joseph Brodsky, Paul Celan, Pier Paolo Pasolini o Derek Walcott nos preceden en este encuentro con la obra de Mandelstam, y tanto unos como otros se sintieron abrumados ante el legado de este poeta. Hablo de «legado» porque ninguno de los cuatro tuvo la oportunidad de conocer personalmente a Mandelstam, aunque esto hubiera sido posible partiendo de una esperanza de vida normal.

Sin embargo, Mandelstam tuvo encuentros personales con autores del canon literario universal, los cuales fueron, en parte, muy intensos. ¿Debo recordar la manera como Mandelstam calificó una de las —usualmente enérgicas— intervenciones de Mayakosvski con las siguientes palabras: «Pare, Mayakosvski, usted no es ninguna orquesta gitana»? ¿O cómo se burló públicamente de Anna Ajmátova, con la que mantuvo una estrecha amistad toda su vida, tildándola de «anacoreta»?

No, no quiero servir a la prensa rosa de la historia de la literatura. Recurriré más bien a otro episodio de la vida del autor: En su *Historia de una dedicatoria*, la poeta Marina Tsvetáyeva recuerda un verano junto al Mandelstam de 25 años, en Aleksandrov, Rusia, en tiempo de guerra, en 1916. «Una vez nos persiguió un ternero. En una ladera. Un ternero rojo. Estábamos dando un paseo: los niños, Mandelstam, yo. Llevaba de la mano a Alia y a Andriusha, Mandelstam iba solo. Al principio todo era bonito […]. Y de repente — un galope. Miré hacia atrás — un ternero rojo. Rojo. Con el rabo alzado, una estrella blanca en la frente. Avanzaba hacia nosotros. El miedo a los terneros es un miedo ancestral. Les tengo un miedo espantoso, y sin ninguna diferencia, a los terneros y a las vacas […]. Los niños no se asustan

ausgestreckten Armen […]. Der Galopp wird stärker, kommt näher, erreicht uns. Ich halte es nicht mehr aus und blicke mich um. Hinter uns galoppiert – Mandelstam. Das Stierkalb ist längst zurückgeblieben. Vielleicht ist es uns gar nicht hinterhergejagt?"[1]

An dieser Episode interessiert mich vor allem die Konfrontation des Petersburger Dichters mit einem realen, wenn auch noch jugendlichen Stier. Wenige Monate zuvor nämlich hatte der Stadtmensch Mandelstam noch eine ganz andere, äußerst bukolische Vorstellung vom Leben auf dem Lande. Im Januar 1916 schrieb er ein Gedicht mit dem Titel „Tierschau". Dort finden sich die Verse: „Als noch auf fetten Weiden froh / Die Ochsen grasten und die Schafe …"[2] Dieses idyllische Bild ist allerdings vor einem Hintergrund zu sehen, der alles andere als friedfertig war: dem Ersten Weltkrieg. In seinem Tierschaugedicht beschwört Mandelstam die Koexistenz der europäischen Nationen, welche er mit ihren Wappentieren identifiziert:[3]

> Als noch auf fetten Weiden froh
> Die Ochsen grasten und die Schafe
> Und Adler friedlich auf verschlafenen
> Felskuppen saßen ebenso,
> Zog sich der Deutsche seinen Adler,
> Der Löwe folgt dem Briten zahm,
> Und auf dem Hahnenschopf der Gallier
> Schwoll mächtig an der rote Kamm.

Im Januar 1916, als die europäischen Völker (und mit ihnen leider auch viele Schriftsteller) sich mental im Stellungskrieg befanden, fest in den Schützengräben des Nationalismus verschanzt, waren solche Verse eine Provokation – weniger die Friedenssehnsucht, die sich darin aussprach, als Mandelstams Vorschlag zur Lösung des Konflikts. Er sperrt die Streithähne einfach zusammen in einen Käfig. Auf so engem Raum werden sie sich wohl oder übel vertragen müssen:[4]

> Den finstren Löwen und den Hahn,
> Den Adler und den sanften Bären –
> Den Krieg in einen Käfig sperren,
> Den Tierpelz da hineingetan!

Ich möchte daran erinnern, dass diese Friedensode in diesem Jahr ihr 100. Jubiläum feiert, zu einer Zeit also, da der Nationalismus sich wieder mit be-

en absoluto, lo toman como un juego, vuelan agarrados a mis brazos estirados […]. El galope se hace más fuerte, se acerca, nos alcanza. No puedo más y miro hacia atrás. Detrás de nosotros viene galopando Mandelstam. Hace tiempo que el ternero se quedó atrás. ¿Quizás ni siquiera nos perseguía?».[1]

Del episodio me interesa sobre todo la confrontación del poeta de Petersburgo con un toro de verdad, aunque aún joven. Unos meses atrás, el urbanita Mandelstam tenía una idea totalmente diferente y sumamente bucólica de la vida en el campo. En enero de 1916 escribió un poema titulado «Casa de fieras», donde se pueden leer estos versos: «Mientras corderos y bueyes / pacían en pastos fértiles…».[2] No obstante, esta idílica imagen se debe observar desde el trasfondo —que era todo menos pacífico— de la Primera Guerra Mundial. Mandelstam evoca en su poema «Casa de fieras» la coexistencia de las naciones europeas, las cuales identifica con sus escudos de animales:

> Mientras corderos y bueyes
> pacían en pastos fértiles,
> y en somnolientos peñascos
> anidaban las águilas amigas,
> el germano alimentó al águila,
> y el león ante el británico se postró,
> y el tupé del galo devino
> la cresta del gallo.[3]

En enero de 1916, cuando los pueblos europeos (y con estos, por desgracia, también lamentablemente, muchos escritores) se encontraban mentalmente en posición de guerra, parapetados en las trincheras del nacionalismo, estos versos eran una provocación, menos el anhelo de paz que expresaban que la propuesta de Mandelstam para solucionar el conflicto. Él encierra a los gallos de pelea en la jaula. En ese espacio tan estrecho tendrán que soportarse, por las buenas o por las malas:

> El gallo y el león, la desabrida
> águila y el tierno oso.
> La guerra la encerraremos en una jaula
> en la que guardar las pieles de las fieras.[4]

Por lo pronto, quiero solo recordar que esta oda a la paz de 1916, hoy, en una época en el que el nacionalismo se expande en Europa otra vez de un modo

ängstigendem Tempo in ganz Europa verbreitet. Doch verlassen wir Löwen, Hähne, Adler und Bären und wenden wir uns wieder dem Stierkalb zu!

Im Gegensatz zu Zwetajewa hat Mandelstam seiner Flucht vor dem jungen Hornvieh nie literarische Gestalt verliehen. Vielleicht fehlte ihm der Sinn für die Komik der Szene. Gleichwohl hat er sich weiterhin mit dieser bovinen Spezies beschäftigt. In einem Gedicht aus dem Mai 1922 spielt sie eine zentrale Rolle: Das Gedicht ist also fast acht Jahre nach dem Sommer von Alexandrow geschrieben. In diesen acht Jahren ist das Kalb groß geworden, es hat sich zu einem veritablen Stier ausgewachsen. Und der Stier ist kein Geringerer als der olympische Zeus, der sich diese animalische Gestalt zugelegt hat, um eine Königstochter namens Europa zu entführen.[5]

Den rosa Schaum der Müdigkeit auf weichen Lippen,
Bricht dieser Stier es schnaubend um, das grüne Meer,
Nicht Ruderschläge, nein, die Frauen liebt er –
Die Last ist ungewohnt, und seine Mühe schwer.

Ralph Dutli, einer der besten Kenner von Mandelstams Werk, hat zu Recht auf die politische Dimension dieses Gedichtes hingewiesen.[6] Im Mai 1922 erlitt der vermeintlich allmächtige Lenin einen Schlaganfall. Im Kreml entbrannte ein Machtkampf um sein Erbe. Nach dem Ersten Weltkrieg, nach Revolution und Bürgerkrieg schien die mühsam errungene gewisse Stabilität für Russland aufs Neue gefährdet. Das rauhe Fahrwasser, das man gerade hinter sich gelassen zu haben hoffte und auf das man sich nun ein weiteres Mal gefasst machen musste, wird in der dritten Strophe des Gedichts unmittelbar greifbar. Vor einem Stierkalb kann man immerhin noch davonlaufen. Auf dem Rücken eines Stiers übers offene Meer getragen zu werden ist dagegen eine deutlich ausweglosere Situation:[7]

Und bitter hört Europa all die Wellen schlagen,
Das feiste Meer um sie, es brodelt quellgleich auf,
Man siehts, der ölige Glanz: er schafft ihr Unbehagen
Und gern möcht sie herab von diesem rauhen Bauch.

Dass Mandelstam bei seinem Gedicht tatsächlich politische Hintergedanken hegte, zeigt ein zeitgleich entstandener Essay, in dem sein Gedicht noch einmal als Selbstzitat auftaucht. Auch darauf hat Ralph Dutli aufmerksam gemacht. In diesem Essay finden sich Sätze wie die folgenden: „Jede Nationalidee ist im heutigen Europa zur Nichtigkeit verurteilt, solange sich dieses

vertiginoso, exactamente este año, celebra su centenario. ¡Pero abandonemos a los leones, gallos, águilas y osos, y volvamos al ternero!

Al contrario de Tsvetáyeva, Mandelstam nunca le dio forma literaria a su huida del ternero. Tal vez no le vio el sentido cómico a la escena. No obstante, siguió interesándose por esa figura bovina, la cual juega un rol central en un poema de mayo de 1922. El poema fue escrito casi ocho años después del verano en Alexandrov. En esos ocho años el ternero se desarrolló, convirtiéndose en un verdadero toro. Y el toro es nada menos que el olímpico Zeus, que adquirió esa forma animal para secuestrar a una princesa real llamada Europa.

> La rosada espuma del cansancio en labios blandos,
> el verde mar rompe este toro, jadeando.
> No las paladas, no, él ama a las mujeres,
> —la carga es inusual, y muy arduo su trabajo.[5]

Ralph Dutli, uno de los mejores conocedores de la obra de Mandelstam, ha señalado, con razón, la dimensión política de este poema.[6] En mayo de 1922, el presuntamente todopoderoso Lenin sufrió un derrame cerebral. En el Kremlin se desencadenó una lucha de poder por su herencia. Después de la Primera Guerra Mundial, la revolución y la guerra civil, la aparente estabilidad de Rusia, ganada con mucho esfuerzo, parecía estar de nuevo en peligro. Las crudas y turbulentas aguas que se creía haber dejado atrás y para las que hubo que prepararse de nuevo, se pueden percibir inmediatamente en la tercera estrofa del poema. Después de todo, se puede huir de un toro. Pero cabalgar sobre el lomo de un toro por mar abierto es una situación muy desalentadora:

> Y Europa escucha con amargura el oleaje,
> el mar agitado a su alrededor bulle como una fuente,
> el aceitoso brillo es la causa de su desazón
> y cómo quisiera bajarse de ese lomo tan áspero.[7]

En efecto, Mandelstam abrigaba intenciones políticas con este poema, así lo demuestra un ensayo aparecido al mismo tiempo, en el que menciona su poema en una autocita. Ralph Dutli también ha hecho alusión a esto. En dicho ensayo podemos leer lo siguiente: «Toda idea nacionalista, en la Europa actual, está condenada a la nulidad, hasta que Europa no se haya encontrado por completo y entendido como una personalidad moral».[8] Mandelstam

Europa nicht als Ganzes gefunden hat und sich als eine moralische Persönlichkeit begreift." [8] Ausdrücklich identifiziert sich Mandelstam mit der verängstigten Europa auf ihrer unruhigen Fahrt, wenn er noch einmal rekapituliert, wie „Zeus sich in einen gewöhnlichen Stier verwandelt hat, um auf breitem Rücken, schwer schnaubend und den rosa Schaum der Müdigkeit auf seinen Lippen, eine kostbare Last, die zarte Europa, durch die irdischen Wasser zu tragen" [9]. Wenn er allerdings daraus den Schluss zieht, das „‚Gefühl für Europa', dieses gedämpfte, in Krieg und Bruderzwist niedergehaltene, unterdrückte Gefühl", kehre „zurück in den Kreis der aktiven, tätigen Ideen" [10], dann war das damals sicherlich Wunschdenken. Und wir können alle nur hoffen, dass das heute nicht ebenso gilt, dass das von Mandelstam so emphatisch beschworene „Gefühl für Europa" dieser Tage doch noch erheblich mehr und etwas Realeres ist als eine rhetorische Figur für politische Sonntagsreden.

Ossip Mandelstam, dieser russische Jude, der in Warschau geboren wurde, in Paris und Heidelberg studierte, um seinen geweiteten, grenzüberschreitenden Blick anschließend zurück nach Russland zu tragen, eignet sich wie kaum ein anderer Dichter zur Symbolfigur eines vereinten Europa. Zur Symbolfigur und zur Mahnung. Vergessen wir nicht, dass die letzte Station dieser europäischen Idee die Baracke eines Durchgangslagers bei Wladiwostok gewesen ist – auch davon berichtet die Ausstellung. Vergessen wir aber ebenso wenig, was mit Mandelstam geschehen wäre, wenn das Schicksal ihm bestimmt hätte, in Warschau, Paris oder Heidelberg zu bleiben. An keinem dieser Orte hätte er die Nazizeit überlebt. Die Welt, in der er seine Gedichte schrieb, war sehr viel gefährlicher als eine Wiese mit rotbunten Stierkälbern.

1 Marina Zwetajewa: „Die Geschichte einer Widmung". In: Marina Zwetajewa / Ossip Mandelstam: *Die Geschichte einer Widmung*. Gedichte und Prosa. Hrsg. u. übers. v. Ralph Dutli. Zürich: Ammann Verlag 1994, S. 37–81, hier: S. 60–61. Alle Übertragungen von Texten Mandelstams im vorliegenden Aufsatz stammen von Ralph Dutli.

2 Ossip Mandelstam: „Tierschau". In: ders.: *Tristia*. Gedichte 1916–1925. Hrsg. u. übers. v. Ralph Dutli. Zürich: Ammann Verlag 1993, S. 11–13, hier: S. 11.

3 Ossip Mandelstam: „Tierschau", (wie Anm. 2), S. 11.

4 Ossip Mandelstam: „Tierschau", (wie Anm. 2), S. 13.

5 Ossip Mandelstam: „Den rosa Schaum der Müdigkeit auf weichen Lippen", in: ders.: *Tristia*, (wie Anm. 2), S. 127.

6 Ralph Dutli: „Europa und der Stier". Überlegungen zu Ossip Mandelstams Europa. In: ders.: *Europas zarte Hände. Essays über Ossip Mandelstam*. Zürich: Ammann Verlag 1995, S. 133–155, hier: S. 133.

7 Ossip Mandelstam: „Den rosa Schaum der Müdigkeit auf weichen Lippen", (wie Anm. 2), S. 127.

8 Ossip Mandelstam: „Menschenweizen". In: ders.: *Über den Gesprächspartner. Gesammelte Essays I. 1913–1924*. Hrsg. u. übers. v. Ralph Dutli. Zürich: Ammann Verlag 1991, S. 132–137, hier: S. 135.

9 Ossip Mandelstam: „Menschenweizen", (wie Anm. 8), S. 137.

10 Ossip Mandelstam: „Menschenweizen," (wie Anm. 8), S. 135.

se identifica explícitamente con la Europa amedrentada en su agitado viaje, cuando recapitula como «Zeus se ha transformado en un toro común y corriente para cargar un precioso bulto, la delicada Europa, a través de las aguas terrenales, en su amplio lomo, jadeando forzosamente, y con la rosada espuma del cansancio en sus labios». [9] Sin embargo, cuando concluye que, el «'sentimiento europeo', ese sentimiento evaporado en la guerra y la discordia, contenido y reprimido, regresa al círculo de ideas activas y eficaces», [10] entonces seguro que en aquellos momentos se trataba de una mera ilusión. Y nosotros, no podemos sino esperar que hoy eso tampoco tenga validez, y que ese «sentimiento europeo», evocado enfáticamente por Mandelstam, sea algo mucho más real que una simple figura retórica de discurso político fácil.

Ósip Mandelstam, este judío ruso nacido en Varsovia, que estudió en París y Heidelberg para devolver finalmente a Rusia su mirada amplia, transfronteriza, se presta como ningún otro poeta a ser considerado figura simbólica de una Europa unida, con carácter admonitorio. No olvidemos que la última estación de esta idea europea fue el barracón de un campo de transición cerca de Vladivostok, sobre el que la exposición da información. No olvidemos tampoco la suerte que habría corrido Mandelstam de haberse quedado en Varsovia, París o Heidelberg. En ninguno de esos lugares hubiera sobrevivido al nacionalsocialismo. El mundo en el que escribió sus poemas era mucho más peligroso que una pradera de terneros colorados.

1 Marina Tsvetáyeva: "Historia de una dedicatoria", en Marina Tsvetáyeva / Ósip Mandelstam: *Historia de una dedicatoria. Poemas y prosa.* Ed. y trad. Ralph Dutli. Zúrich: Ammann Verlag 1994, p. 60-61. [N. de la Trad. Todos los libros de R. Dutli citados aquí son en alemán].

2 Ósip Mandelstam: "Casa de fieras", en: *Tristia y otros poemas.* Pról. Joseph Brodsky. Trad., notas y epílogo de Jesús García Gabaldón. Igitur, Tarragona 1998, p. 33.

3 como en la nota 2, p. 33-34.

4 como en la nota 2, p. 34.

5 Ósip Mandelstam: *Tristia. Gedichte 1916–1925.* Ed. y trad. de Ralph Dutli. Zúrich, 1993, p. 127.

6 Ralph Dutli: "Europa y el toro. Reflexiones en torno a la Europa de Ósip Mandelstam", en *La suaves manos de Europa. Ensayos sobre Ósip Mandelstam.* Zúrich: Ammann Verlag 1995, p. 133.

7 Ósip Mandelstam: *Tristia. Gedichte 1916–1925.* Zúrich, 1993, p. 127.

8 Ósip Mandelstam: "Trigo humano", en: Íd. *Del interlocutor. Ensayos completos I. 1913-1924.* Ed. y trad. de Ralph Dutli. Zúrich: Ammann Verlag 1991, p. 135.

9 como en la nota 8, p. 137.

10 como en la nota 8, p. 135.

Ossip Mandelstam, um 1910, GLM   Ósip Mandelstam, alrededor del 1910, GLM

„Kinderbücher, nur sie noch zu lieben,
Nichts als kindliche Träume zu sehn,
Alles Große weit weg von sich schieben,
Aus der Trauer, der tiefen, aufstehn."

1891 ≈ 1913

«Leer tan solo libros infantiles
y tener infantiles las ideas.
Todo lo grande dispersarlo lejos,
resurgir de lo hondo de la pena».

Ossip Mandelstam, hier 1891 in Warschau, wurde nach julianischem Kalender am 3. Januar, nach gregorianischem am 15. Januar als erster Sohn einer jüdischen Familie in Warschau geboren. Sein Vater Emilij Mandelstam war Lederhändler, seine Mutter Flora Werblowskaja Klavierlehrerin. Foto: Atelier Rembrandt; GLM, Original in Privatsammlung

Ósip Mandelstam en Varsovia en 1891. Nace el 3 de enero, según el calendario juliano, o el 15 de enero, según el gregoriano. Fue el primer hijo de una familia judía de Varsovia. Su padre, Emili Mandelstam, es comerciante de pieles y cueros, y su madre, Flora Verblóvskaya, es profesora de piano. Foto: Estudio Rembrandt, GLM, original, colección privada

Ossip Mandelstam, hier 1895 in Zarskoje Selo, verbrachte die Kindheit in Pawlowsk bei St. Petersburg: „Der Zufall wollte es, dass wir Pawlowsker Vorstädter wurden, d.h., wir wohnten das ganze Jahr über in einem Winterhaus dieser Stadt der alten Weiblein, in diesem russischen Halbversailles, dieser Stadt der Hoflakaien, Staatsratswitwen, rothaarigen Polizeioffiziere…“ Foto: Atelier W. Lapre; GLM, Original in Privatsammlung

Ósip Mandelstam en Tsárskoye Seló en 1895. Pasa su infancia en Pávlovsk, cerca de San Petersburgo: «Las cosas sucedieron de tal modo que nos convertimos en veraneantes invernales de Pávlovsk, es decir, que vivimos todo el año en una casa acondicionada para el invierno en esa ciudad de viejas, ese semi Versalles ruso, habitáculo de lacayos de palacio, viudas de consejeros de Estado, policías pelirrojos…». Foto: Estudio W. Lapre, GLM, original, colección privada

Ossip (rechts) und Alexander Mandelstam 1897 in Zarskoje Selo. Die Familie zog 1897 nach St. Petersburg: „So kam es, daß meine frühe Petersburger Kindheit unter dem Zeichen eines richtigen Militarismus sich abspielte, und das war tatsächlich nicht nur meine Schuld, sondern auch die Schuld meines Kindermädchens und einer bestimmten Straße des damaligen Petersburg.“ Foto: Atelier W. Lapre; GLM, Original in Privatsammlung

Ósip (a la derecha) y su hermano, Aleksandr Mandelstam, en Tsárskoye Seló en 1897. En ese año se muda con su familia a San Petersburgo: «El destino quiso que mi primera infancia petersburguesa transcurriese bajo el signo de un auténtico militarismo y, ciertamente, no por mi culpa, sino por la de mi niñera y el ambiente de la calle de aquel entonces». Foto: Estudio W. Lapre, GLM, original, colección privada

Ossip Mandelstam, hier 1906 in
St. Petersburg, wurde 1899 im
berühmten Tenischew-Gymna-
sium eingeschult. Foto: Atelier
A. Lorens; GLM, Original in
Privatsammlung

Ósip Mandelstam en San Petersburgo, 1906. En 1899 ingresó en
el moderno Instituto Ténishev
de San Petersburgo. Foto: Estudio A. Lorens; GLM, original,
colección privada

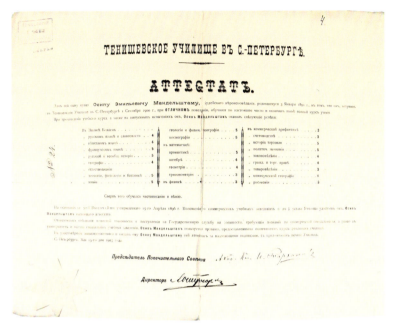

Am 15. Mai 1907 wurde Ossip
Mandelstams Abschlusszeugnis
des St. Petersburger Tenischew-
Gymnasiums ausgestellt,
wo er in der Schulzeitschrift
Probuschdjonnaja mysl seine
ersten Gedichte veröffentlichte,
ZGIA

El 15 de mayo de 1907 recibe
Ósip Mandelstam el boletín de
notas del Instituto Ténishev de
San Petersburgo, donde publica
su primer poema, en la revista
escolar *Probuzhdiónnaya Mysl*,
ZGIA

Der Winterkanal in St. Petersburg Ende des 19. Jahrhunderts. 1719 künstlich
geschaffen, wurde er durch
Pjotr Iljitsch Tschaikowskis
Oper *Pique Dame* von 1890
weltbekannt. Ansichtskarte,
GLM

El Canal de Invierno de San
Petersburgo, a finales del siglo
XIX. Creado artificialmente
en 1719, se hizo mundialmente
famoso por la ópera de Piotr
Ilich Chaikovski *La dama de
picas* de 1890. Postal, GLM

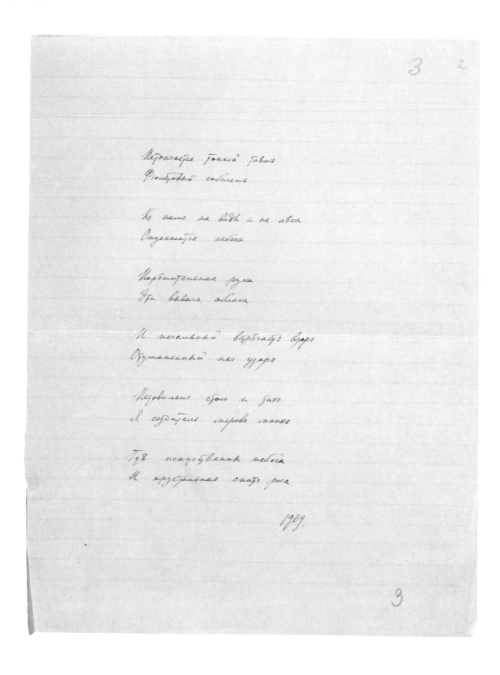

Das Gedicht „Feiner Moder, ausgedünnt" legte Mandelstam am 26. August 1909 seinem Brief an Wjatscheslaw Iwanow aus dem schweizerischen Montreux bei. Handschrift, IRLI

«La pobredumbre tenue se vuelve fina», poema adjuntado por Mandelstam a la carta que envió a Viacheslav Ivánov desde Montreux, Suiza, el 26 de agosto de 1909. Manuscrito, IRLI

Feiner Moder, ausgedünnt –
Violettes Gobelin-Gespinst,

Auf uns nieder – auf Wasser, Wald –
Senkt der Himmel sich geballt.

Unentschlossen lenkt eine Hand
Diese Wolken herauf als Wand,

Und es trifft ein tieftrauriger Blick
Ihr verschleiertes Muster, erschrickt.

Unzufrieden steh ich und still,
Der ich nur meine Welten schaffen will –

Wo ein künstlicher Himmel blaut
Und kristallgleich schläft der Tau.

1909

Übersetzt von Ralph Dutli

La podredumbre tenue se vuelve fina
cual violeta gobelino.

Hacia nosotros, sobre las aguas y bosques,
Descienden los cielos.

Una mano indecisa
Ha dibujado estas nubes.

La mirada triste recibe
Su bordado anublado.

Estoy de pie, descontento y quieto,
Yo, creador de mis mundos

Donde los cielos son artificiales
Y duerme el rocío de cristales.

1909

Traducción de Tatjana Portnova

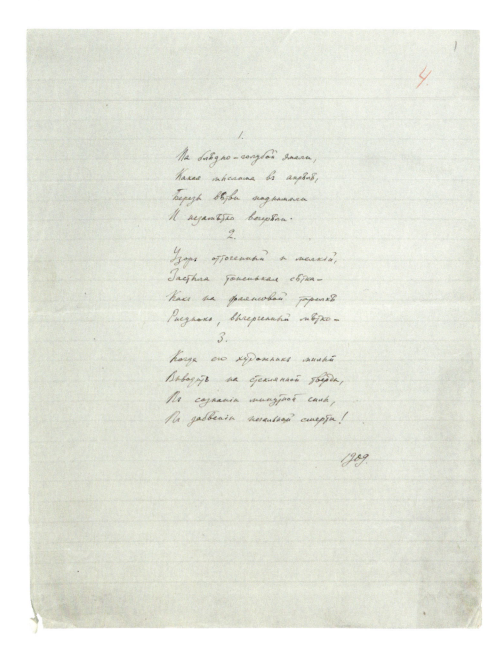

„Email, die sanfte blaue Blässe"
in der Handschrift Mandelstams
von 1909, IRLI

«En un esmalte de azul pálido».
Manuscrito de Mandelstam,
1909, IRLI

Email, die sanfte blaue Blässe:
So denkbar ist sie im April –
Die Birken heben ihre Äste
Und werden Abend, werden still.

Ein Muster jetzt: geschärftes, feines,
Ein leichtes Netz ist da erstarrt
Wie auf dem Porzellan des Tellers
Die Zeichnung, so genau und zart,

Führt sie der Künstler, er, der beste,
Aufs Firmament, das gläsern ist,
Die kurzen Kräfte wohl ermessend –
Den traurigen, den Tod, vergißt.

1909

Übersetzt von Ralph Dutli

En un esmalte de azul pálido
como solo en abril pensar cabría
levantaban los abedules sus ramas
y sin notarlo atardecían.

Dibujo neto y delicado,
la red sutil era de hielo,
como en plato de porcelana
la línea exacta del diseño …

Cuando el artista, con ternura,
lo trazaba en cristal de dura roca,
consciente de una fuerza momentánea,
olvidando la muerte melancólica.

1909

Traducción de Aquilino Duque

Bevor er nach Heidelberg
kam, studierte Mandelstam ab
Oktober 1907 bis Mai 1908 an
der „Faculté des Lettres" der
Pariser „Sorbonne", reiste in
die Schweiz und nach Italien.
Ansicht Heidelbergs von 1911,
Stadtarchiv Heidelberg

Antes de venir a Heidelberg,
Mandelstam estudia, desde
octubre de 1907 hasta mayo de
1908, en la Facultad de Letras
de la Sorbona de París, y viaja a
Suiza e Italia. Vista de Heidelberg, 1911, Archivo estatal de
Heidelberg

In der „Anlage" 30, heute
„Friedrich-Ebert-Anlage",
mietete der junge Student ein
Zimmer in der Heidelberger
Familienpension „Continental"
der Kapitänswitwe Frau Johnson. Das Haus mit Giebeltürm-
chen ist auf der Ansicht von
1911 linksseitig zu erkennen.
Foto, Stadtarchiv Heidelberg

En el Anlage 30, conocido hoy
como Friedrich-Ebert-Anlage,
el joven estudiante alquila una
habitación en la pensión familiar Continental de la señora
Johnson, viuda de un capitán.
La casa con hastial y remate
de torrecilla, a la izquierda, en
una vista de 1911. Foto, Archivo
estatal de Heidelberg

Großherzoglich Badische
Universität Heidelberg.

Anmeldung

für das Winter — Sommer-Semester 19

1. Zuname und Vorname: *Joseph Mandelstamm*

2. Geburtstag und -Jahr: *16 Januar 1891*

3. Geburtsort und -Land (bei Preußen auch Provinz): *Warschau*

4. Staatsangehörigkeit: *Russland*

5. Studium: *Philologie*

6. Vor- und Zuname, Stand und Wohnort (Straße) des Vaters oder der Mutter oder des Vormundes:

    Emil Mandelstamm, Kauffmann Petersburg Sagorodny 70.

7. Religion: *Israelit*

8. Hiesige Wohnung, (nämlich Straße und No. des Hauses und Name des Vermieters):

    Anlage 30, Frau Dgomson.

Die Richtigkeit dieser Angabe bestätigt

Heidelberg,   19

Unterschrift des Studierenden: *J. Mandelstamm.*

Universitäts-Buchdruckerei J. Hörning.

Von Mandelstam ausgefülltes Formular der Universität Heidelberg, wo er von November 1909 bis März 1910 Romanistik und Kunstgeschichte studierte. Universitätsarchiv Heidelberg

El formulario de la Universidad de Heidelberg cumplimentado por Mandelstam. Allí estudia Filología Románica e Historia del Arte desde noviembre desde 1909 hasta marzo de 1910. Archivo de la Universidad de Heidelberg

Winter — Semester 190*9/10*   **Zahlung**   Einzugsliste O.-Z. *838*

des stud. *phil.* (Vor- und Zunamen) *Joseph Mandelstamm*

aus (Geburtsort) *Warschau*   (Staatsangehörigkeit) *Russland*

a) Vorlesungen	b) Namen der Lehrer	Honorar		Prakti-kanten-Beitrag	Bemerkungen
		ℳ	₰	ℳ	
1. *Gesch. der griech. Lit. des M. A.*	*Geh. Rat Neumann*	20	—		
2. *Interpr. eines altgr. Textes*	*Derselbe*	10	—		
3. *Uebungen an altgr. griech. Texten*	*Derselbe*	—			
4. *Die grossen Meister des XV. u. XVI. Jh.*	*Geh. Rat Thode*	20	—		
5. *Erklärung der Gedichte Mich. Michelangelo*	*Geh. Rat Braune*	10			
6. *Grundzüge der Kunstgeschichte*	*Geh. Rat Thode*	—			
7.					
8.					
9.					
10.					
11.					
12.					
13.					
14.					
15.					

Honorare	60		
Praktikantenbeiträge			
Auditoriengeld	5		
Institutsgebühr			
Kranken- und Ausschusskasse . .	4		
Unfallversicherung	—	80	
Summe	69	80	

Durch den Studieren-
den in der Ueberschrift
und in Spalte 1a u. b
auszufüllendes Dupli-
katverzeichnis der
Vorlesungen für die
Quästur.

Belegliste besuchter univer-
sitärer Veranstaltungen und
zu entrichtender Zahlungen
im Wintersemester 1909/10.
Universitätsarchiv Heidelberg

Lista de las asignaturas univer-
sitarias cursadas y de los pagos
del semestre de invierno 1909-
1910. Archivo de la Universidad
de Heidelberg

Die „Alte Universität" in Heidelberg um 1900. Die berühmte
Ruprecht-Karls-Universität war
als „Mekka der russischen Wissenschaft" das Anlaufziel vieler
Russen, die im Zarenreich nicht
studieren durften. Stadtarchiv
Heidelberg

El edificio antiguo de la Universidad de Heidelberg, alrededor
de 1900. La célebre Universidad
Ruprecht Karl era la «meca
de la ciencia rusa», el destino de
muchos rusos a los cuales no se
les permitía estudiar en su país.
Archivo estatal de Heidelberg

Ossip Mandelstam, 1908 in
einem Pariser Vorort. In Paris
herrscht „eine Zeit der Erwar-
tungen und des Gedichtfiebers".
GLM, Original in Privatsammlung

Ósip Mandelstam en 1908, en
un suburbio parisino. En París
reina «un tiempo de expecta-
tivas y fiebre poética». GLM,
original, colección privada

Maximilian Woloschin
(1877–1932) war Landschafts-
maler, Publizist und als Dichter
ein Vertreter des „Silbernen
Zeitalters" der russischen Lyrik
zu Beginn des 20. Jahrhunderts.
Porträt von N. Wojtinskaja,
Farblithografie, 1909, GLM

Maksimilián Voloshin
(1877-1932) fue un pintor pai-
sajista, publicista y poeta, representante de la «Edad de Plata»
de la lírica rusa, a comienzos
del siglo XX. Retrato de
N. Voytínskaya, 1909. Litografía en color, GLM

Dem Heidelberger Brief an
Maximilian Woloschin von
1909 sind fünf Gedichte
beigelegt, die eine intensive
Schaffensperiode bezeugen.
Ossip Mandelstam schrieb aus
Heidelberg auch dem symbolis-
tischen Dichter Wjatscheslaw
Iwanow. Handschrift, IRLI

La carta a Maksimilián Voloshin de 1909 contiene cinco
poemas que atestiguan la intensa fase creativa de Mandelstam
en Heidelberg. Ósip Mandelstam escribe, también desde
Heidelberg, al poeta simbolista
Viacheslav Ivánov. Manuscrito,
IRLI

Глубокоуважаемый Макс Александровичъ!

Оторванный отъ стихіи русскаго языка —
Я не въ силахъ когда либо и внутренне со-
ставить самъ о себѣ ясное сужденіе.
Тѣ, кто отказываютъ мнѣ во вниманіи
только помогаютъ мнѣ въ этомъ.
Такъ помогъ мнѣ Мережковскій, который
на этихъ дняхъ проѣздомъ въ Петербургѣ
не пожелалъ взглянуть на строчки моихъ
стиховъ, помогъ мнѣ милый Вячеславъ
Ивановъ, который при искреннемъ ко мнѣ
доброжелательствѣ не отвѣтилъ мнѣ на письмо
о которомъ просилъ отвѣта.
Съ Вами я только встрѣтился.
Но потому то я надѣюсь что Ваше участіе
въ моей трудной работѣ будетъ иного
рода. Если Вы пожелаете одобрять меня
своимъ отвѣтомъ и совѣтомъ — мой адресъ

Heidelberg. Anlage 30
Stud. phil.
Mandelstam

„Kalt strömen Lyren, überviel",
beigelegt dem Brief aus Heidelberg an Maximilian Woloschin.
Handschrift, IRLI

«Qué otoño queda petrificado»,
poema adjunto a la carta enviada a Maksimilián Voloshin
desde Heidelberg. Manuscrito,
IRLI

Kalt strömen Lyren, überviel –
Was für ein Herbst, der nun verklingt!
Wie süß und unaushaltbar singt
Sein Klerus, goldnes Saitenspiel!

Er singt in Kirchen, auf Emporen
Und klösterlichem Spätgeläut,
Der Asche in die Urnen streut
Versiegelt Wein in den Amphoren.

Zur Ruhe kommt jetzt das Gefäß,
Schon ausgefällt liegt nun die Neige,
Das Geistige, dem Blick sich zeigend,
Macht Linien leben lichtgemäß.

Schon frisch gebunden sind die Ähren,
Sie liegen eng in gleichen Reihn;
Und schmale Finger zittern fein,
Als ob auch sie gepresst bald wären.

1909

Übersetzt von Ralph Dutli

¡Qué otoño queda petrificado
En los visos fríos de liras!
¡Cuán dulce y cuán insoportable
Está su clero de cuerdas de oro!

Ella canta en capillas
Y en veladas de monasterios
Y sella el vino en ánforas
Vertiendo cenizas en las urnas.

Como un recipiente apaciguado
Con una disolución ya sedimentada,
Lo espiritual está al alcance de la vista
Y los contornos están vivos.

Las espigas tan recién segadas
Yacen en filas rectas;
Y los finos dedos tiemblan
Pegados a otros que están igual que ellos.

1909

Traducción de Tatjana Portnova

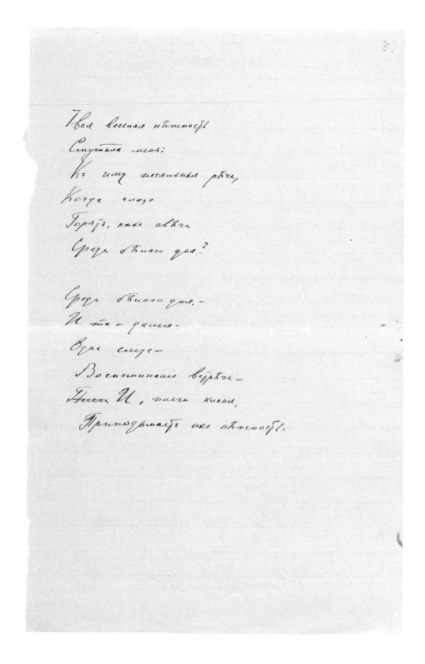

„Deine fröhliche Zärtlichkeit",
beigelegt dem Brief aus Heidelberg an Maximilian Woloschin.
Handschrift, IRLI

«Tu ternura alegre», poema
adjunto a la carta enviada a
Maksimilián Voloshin desde
Heidelberg. Manuscrito, IRLI

Deine fröhliche Zärtlichkeit
Verwirrte mich – sag,
Wozu die traurigen Reden,
Wenn die Augen so nah
Wie Kerzen brennen
Am hellichten Tag?

Am hellichten Tag …
Und jene – entlegen –
Einzige Träne nagt
An der erinnerten Begegnung;
Die Schultern neigend, wagt
Leicht sie zu heben – Zärtlichkeit.

1909

Übersetzt von Ralph Dutli

Tu ternura alegre
Me turbó.
¿De qué sirven los tristes discursos
Cuando los ojos
arden como velas
En pleno día?

En pleno día …
Está tan lejos
Aquella lágrima,
El recuerdo del encuentro;
Y al inclinar los hombros
Los levanta la ternura.

1909

Traducción de Tatjana Portnova

„Vom feuchten Stein herunterschauend", beigelegt dem Brief
aus Heidelberg an Maximilian
Woloschin. Handschrift, IRLI

«Sobre la erguida piedra
húmeda», poema adjunto a la
carta enviada a Maksimilián
Voloshin desde Heidelberg.
Manuscrito, IRLI

Vom feuchten Stein herunterschauend
Ein Amor: Er steht traurig, nackt,
Sein Kinderbein hochhebend ragt
Er dort wie voll von hellem Staunen

Dass in der Welt es Alter gibt –
Das grüne Moos, die feuchten Steine –
Es flammt das Herz gesetzlos: seine
Kindische Rache, die er liebt!

Und jetzt bläst schon ein grober Wind
Herein in die naiven Täler;
Ich presse meine Lippen schmäler,
Die nur noch Dulderlippen sind.

1909

Übersetzt von Ralph Dutli

Sobre la erguida piedra húmeda
Cupido desnudo y triste
Con su pie infantil
Pisa asombrado

De que en el mundo existan la vejez,
El musgo verde y la piedra húmeda.
La llama arbitraria de su corazón
Es su pueril venganza.

Brusco el viento comienza
A soplar en los valles inocentes:
Apretar no puede suficiente
Sus labios dolorosos.

1909

Traducción de Tatjana Portnova

Не говорите мнѣ о вѣчности:
Я не могу ее вмѣстить;
Но, какъ же вѣчность не простить
Мою любовь, мою бренность?

Я слышу, какъ она растетъ
И полуночнымъ валомъ катится —
Но слишкомъ дорого поплатится,
Кто слишкомъ близко подойдетъ.

И, тихимъ отголоскамъ чуждъ — я
Издали Ѳивою радъ —
Ея вздымающихся громадъ,
О тайномъ и ничтожномъ думая.

„Nur sprecht mir nicht von
Ewigkeit", beigelegt dem Brief
aus Heidelberg an Maximilian
Woloschin. Handschrift, IRLI

«No me hablen de la eternidad»,
poema adjunto a la carta enviada a Maksimilián Voloshin
desde Heidelberg. Manuscrito,
IRLI

Nur sprecht mir nicht von Ewigkeit –
Kein Raum für sie, sie ist nicht heilig.
Doch ist nicht Ewigkeit verzeihlich
Für meine Liebe und Sorglosigkeit?

Ich höre, wie sie wächst, hör da
Die Welle, nächtlich, ungeheuer.
Doch wird's bezahlen, zahlt es teuer,
Wer sich ihr nähert allzu nah.

Dem stillen Nachhall dieses Rauschens
Lausch ich nur aus der Ferne – froh:
Die schäumenden Kolosse so
Für Kleines, Nichtiges vertauschend.

1909

Übersetzt von Ralph Dutli

No me hablen de la eternidad,
Soy incapaz de abarcarla.
Pero, ¿cómo no perdonarle
Mi amor y mi despreocupación?

Oigo cómo crece
Y cómo corre cual oleada en la medianoche,
Pero pagará bien caro
aquel que se le aproxime en demasía.

Desde lejos suelo alegrarme
De la resonancia débil del ruido,
De sus moles que hacen espuma,
Al pensar sobre lo querido y fútil.

1909

Traducción de Tatjana Portnova

47

„Windstille meiner Gärten",
beigelegt dem Brief aus Heidelberg an Maximilian Woloschin.
Handschrift, IRLI

«En la calma de mis jardines»,
poema adjunto a la carta enviada a Maksimilián Voloshin
desde Heidelberg. Manuscrito,
IRLI

Windstille meiner Gärten – Ort
Der Rose, künstlich, unbetastet;
Und keinerlei Bedrohung lastet
Von unsagbaren Stunden dort.

Am Jammertal, irdischem Leben
Hat unfreiwillig sie doch teil;
Und über ihr der Himmel steil
Und wortlos klar – sie ist umgeben

Vom Wenigen, das doch geprägt
Von meinen scheuen Eingebungen
Sie furchtsam nur berührt, besungen
Einzig von Zeichen, sanft gehegt.

1909

Übersetzt von Ralph Dutli

En la calma de mis jardines
Se marchita una rosa artificial.
No le oprime la amenaza
Del tiempo mudo.

En el valle de lágrimas de la existencia
Ella participa sin querer;
Sobre ella el cielo silencioso
Y claro y, a su alrededor,

Lo escaso marcado
Con mis inspiraciones temblorosas,
Mis roces trémulos
Que solo se habituaron a mencionar.

1909

Traducción de Tatjana Portnova

Studienbuch Ossip Mandelstams aus den Jahren 1911 bis 1917 an der Universität St. Petersburg mit Porträtfoto aus dem Atelier Ja. Indurskij. Um an der historisch-philologischen Fakultät im Fachbereich Romanische Sprachen studieren zu können, ließ sich Mandelstam am 14. Mai 1911 in Wyborg nach methodistischem Ritus christlich taufen. ZGIA

Expediente académico de Ósip Mandelstam de los años 1911-1917 en la Universidad de San Petersburgo, con retrato fotográfico del estudio Ya. Indurski. Para poder estudiar en la Facultad de Filología, en la especialidad de Lenguas Románicas, Mandelstam se hace bautizar como cristiano, según el ritual metodista, el 14 de mayo de 1911 en Víborg. ZGIA

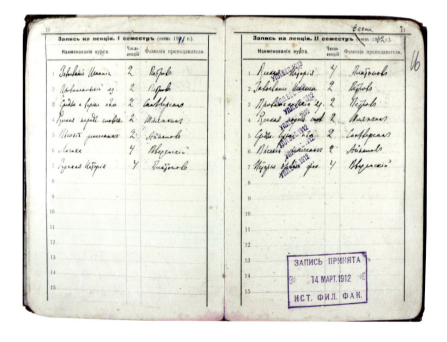

Das Studienbuch verzeichnet die besuchten Vorlesungen von 1911 bis 1912. Etwa bis Mitte Herbst 1912 lebte Mandelstam hauptsächlich in Finnland und besuchte regelmäßig diverse poetische Veranstaltungen in St. Petersburg. ZGIA

El expediente académico registra la asistencia a clases en 1911 y 1912. Hasta el otoño de 1912, Mandelstam vive principalmente en Finlandia y en San Petersburgo. Acude regularmente a eventos de poesía. ZGIA

Der Newskij Prospekt um 1879/80 in St. Petersburg: „Ständig hatte ich das Gefühl, daß sich in Petersburg unbedingt etwas sehr Prachtvolles und Feierliches ereignen müsse […] Die Petersburger Straßen erweckten in mir einen Durst nach großen Schauspielen, und allein schon die Architektur dieser Stadt rief in mir einen kindlichen Imperialismus hervor." Foto: A. Felisch, GLM

La avenida Nevski («Nevski prospekt») de San Petersburgo, alrededor de 1879/1880: «Siempre tuve la impresión de que en Petersburgo habría de suceder algo forzosamente muy grande y solemne […]. Las calles de Petersburgo despertaban en mí ansia de espectáculos, y la propia arquitectura de la ciudad me inspiraba una especie de imperialismo infantil». Foto: A. Félish, GLM

22

1.

...Мы напряженнаго молчанья не выносимъ.
Несовершенство душъ обидно, наконецъ,
И въ замѣшательствѣ ужъ объявился чтецъ,
И радостно его привѣтствовали: „просимъ!"

2.

Я такъ и зналъ, кто здѣсь присутствовалъ незримо:
Кошмарный человѣкъ читаетъ „Улялюмъ".
Значенье — суета и слово — только шумъ —
Когда фонетика — служанка серафима.

3.

О домѣ Эдгара пѣла арфа.
Безумный воду пилъ, очнулся и умолкъ.
Я былъ на улицѣ, свистѣлъ осенній шелкъ...
И горло грѣетъ шелкъ щекочущаго шарфа!

1912.

22

„Das angespannte Schweigen, quälend ists gewesen" in der Handschrift Mandelstams von 1912, IRLI

«No soportamos un mutismo tenso». Manuscrito de Mandelstam, 1912, IRLI

Das angespannte Schweigen, quälend ists gewesen.
Daß Seelen unvollkommen sind – da drückt der Schuh!
Verwirrt trat einer auf und wollte etwas lesen,
Und freudig rief man da: Nur los, wir hören zu!

Er las jetzt »Ulalume«, ich wußte, als ich lauschte:
Ein Nachtmahr, unsichtbar, stand hinter ihm.
Bedeutung ist ein Nichts, das Wort: ein bloßes Rauschen,
Dient die Phonetik treu – den Seraphim.

Und Edgars Harfe sang »The House of Usher«,
Der Tollkopf nippt am Glas – verstummt! vor vollem Saal.
Dann stand ich draußen. Und der Herbst: wie Seide raschelnd,
Mich wärmt am Hals ein Seidenschal …

1912

Übersetzt von Ralph Dutli

No soportamos un mutismo tenso,
la imperfección de las almas irrita, al fin y al cabo.
Y ya en la confusión se reveló el lector
y con júbilo —¡Bienvenido!— lo saludaron.

¡Qué bien sabía quién estaba presente e invisible!
Lee «Ulalume» quien pesadillas sueña,
el sentido es vanidad, y la palabra ruido,
cuando es la fonética de un serafín la sierva.

Sobre la Casa de Usher cantaba el arpa de Edgar.
Bebía agua el loco, curó y guardó silencio.
Yo estaba en la calle. Silbaba la seda del otoño...
Y un chal de seda abriga y raspa el cuello...

1912

Traducción de Aquilino Duque

Ossip Mandelstam (rechts) las Anfang der
1910er-Jahre Gedichte in St. Petersburg.
„… In Petersburg ist näher mir der Akmeist /
Als der romantische Pierrot einst in Paris.“
(An Nikolaj Gumiljow, 1913/1915)
Dritter v. l. ist Ossips Bruder Alexander
Mandelstam. Fotografie, GLM

Ósip Mandelstam (a la derecha) lee poemas en
San Petersburgo, a comienzos de 1910.
«… En Petersburgo me es más cercano el acmeísta /
Que antes el romántico Pierrot en París».
(A Nikolái Gumiliov, 1913/1915)
El hermano de Ósip, Aleksandr Mandelstam, es el
tercero por la izquierda. Foto, GLM

Die Teilnehmer der Theaterauf-
führung von Pedro Calderóns
Die Andacht zum Kreuz (La
devoción de la cruz) im „Turm“
von Wjatscheslaw Iwanow am
19. April 1910 in St. Petersburg.
Das Turmhaus Iwanows
gehörte zu den bekanntesten
literarischen Salons jener Zeit.
Amateurfotografie, GLM

Los participantes en la obra de
teatro La devoción de la cruz de
Pedro Calderón de la Barca en
la «Torre» de Viacheslav Ivánov,
San Petersburgo, 19 de abril de
1910. La casa-torre de Ivánov
era uno de los salones literarios
más famosos de aquel tiempo.
Foto de aficionado, GLM

Mandelstams erster Gedicht-
band Kamen: Der Stein.
Gedichte, Akme, St. Petersburg
1913, mit der Widmung an
Anna Achmatowa „Für Anna
Achmatowa dieses Aufblitzen
des Bewusstseins in der
Besinnungslosigkeit der Tage.
In Verehrung – der Autor.
12. Apr. 1913". Der russische
Titel ist ein Anagramm des
Gruppennamens „Akme".
Laut Mandelstams Manifest
„Der Morgen des Akmeismus"
war „der Stein – das Wort".
Handschrift, RGALI

El primer poemario der Mandelstam, La piedra. Poemas,
Akmé, San Petersburgo 1913,
con la dedicatoria a
Anna Ajmátova «Para Anna
Ajmátova —ideas luminosas
en el desmayo de los días,
respetuosamente— el autor.
12 de abril 1913». El título ruso
es un anagrama del nombre
del grupo «Akmé». Según el
manifiesto de Mandelstam
«La mañana del acmeísmo»,
«la piedra era la palabra».
Manuscrito, RGALI

Porträt Anna Achmatowas
von W. Milaschewskij aus dem
Jahr 1922. Die Dichterin Anna
Achmatowa lernte Mandelstam
im „Turm" bei Wjatscheslaw
Iwanow kennen: „Ich habe
Mandelstam 1911 kennen
gelernt … Er war damals ein
schlanker Junge, ein Maiglöck-
chen im Knopfloch, den Kopf
in den Nacken geworfen, mit
Wimpern bis zur Mitte der
Wange … Beim Rauchen
klopfte Ossip die Asche hinter
die Schulter ab, auf der Schulter
jedoch wuchs in der Regel ein
kleiner Aschenberg." Papier,
Tusche, GLM

V. Milashevski, retrato de
Anna Ajmátova, 1922.
La poeta Anna Ajmátova conoce a Mandelstam en la «Torre»,
como le llamaban a la casa de
Viacheslav Ivánov: «Conocí a
Mandelstam en 1911… En ese
entonces, era un joven delgado,
con un muguete en el ojal, la
cabeza inclinada hacia atrás,
con pestañas hasta la mitad
de las mejillas… Cuando Ósip
fumaba echaba la ceniza detrás
de los hombros; no obstante,
sobre sus hombros crecía una
montañita de ceniza». Papel,
tinta china, GLM

Eintrag Mandelstams von 1914 im Album
Anna Achmatowas.
„An Anna Achmatowa:
Stand halb – o Trauer – abgewandt
Die auf die Teilnahmslosen blickte,
Ein Schal, der klassisch Schultern schmückte
Versteinernd da zu Boden fand..."
Handschrift, RGALI

Nota de Mandelstam en el álbum de Anna Ajmátova,
1914.
«Para Anna Ajmátova:
De perfil —¡ay, qué pena!—
A los indiferentes miraba.
Cayendo de los hombros, se hizo piedra
la estola pseudoclásica».
Manuscrito, RGALI

PAVEL NERLER
Dieser Essay wurde im Auftrag des Staatlichen Literaturmuseums Moskau in russischer Sprache verfasst
und von Martina Jakobson ins Deutsche übersetzt.

Sehnsucht nach Weltkultur
Wort und Schicksal im Schaffen Ossip Mandelstams

„Die Lippen rühren sich, ihr könnt sie mir nicht nehmen …"[1]
„Wir könnten lebenslang wie Stare pfeifen …"[2]
„Denn alles wird auf immer neu beginnen …"[3]

1

Seiner Herkunft nach war Ossip Emiljewitsch Mandelstam Jude, seine poetische Heimat war die russische Poesie, seine geistige Heimat aber fand er in Europa. Mandelstam war heimisch in der vielfältigen kulturellen, aufklärerischen Tradition Europas und dessen geistiger Werte.

Von großer Bedeutung für Ossip Mandelstams Schaffen waren die Monate, Wochen und Tage, die er während seiner Jugend im Ausland verbrachte. Sie umfassen einen begrenzten Zeitabschnitt, Herbst 1907 bis Herbst 1910, vermutlich aufgrund seines abgelaufenen ausländischen Reisedokuments. Mandelstam hielt sich in mindestens vier europäischen Ländern auf: in Frankreich, Italien, der Schweiz und in Deutschland.

In Frankreich war er von September 1907 bis März 1908. Er machte zunächst Station im Quartier Latin in Paris, unternahm aber auch Reisen nach Chartres, Reims und bis in den Süden, nach Arles. Fast zwei Semester lang war er Gasthörer an der Sorbonne und am Collège de France, hörte Vorlesungen bei Henri Bergson und Joseph Bédier und bewahrte eine lebenslange Affinität zur altfranzösischen Literatur, vornehmlich zu François Villon.

In Italien war Mandelstam zweimal. Im August 1908 machte er einen Abstecher nach Genua, wo er sich für einige Tage, wenn nicht gar nur Stunden aufhielt. Im März 1910 reiste er für mehrere Wochen nach Venedig, Florenz, Siena und Rom. Zwischen 1932 und 1934 widmete er sich Italien

PAVEL NERLER
Este ensayo redactado en ruso y traducido al español por Elionor Guntín Masot y Anastasia Konovalova fue concebido por encargo del Museo Estatal de Literatura de Moscú.

Nostalgia de una cultura universal

Palabra y destino en la obra de Ósip Mandelstam

> … apartar no pudisteis unos labios que tiemblan.[1]
> Y silbar y volar como un estornino...[2]
> … y esto empezará para siempre.[3]

1

Ósip Emílievich Mandelstam era judío debido a sus orígenes familiares; sin embargo, su vocación literaria estaba en la poesía rusa, mientras que su patria espiritual se situaba en Europa. Mandelstam perteneció por determinación propia a la vasta tradición cultural e ilustrada de Europa, con todos sus valores y referentes espirituales.

Los meses, semanas y días que el joven Mandelstam pasó en el extranjero tuvieron una gran importancia para su obra. Transcurrieron durante un breve período comprendido entre el otoño de 1907 y el de 1910, lo cual posiblemente obedeció a la fecha de caducidad de su pasaporte. Sabemos que durante ese tiempo Mandelstam visitó por lo menos cuatro países europeos: Francia, Italia, Suiza y Alemania.

Estuvo en Francia entre septiembre de 1907 y marzo de 1908: vivió en París, en el Barrio Latino, y posiblemente también viajó a Chartres, Reims e incluso Arlés. Cursó dos semestres incompletos en la Sorbona y en el Collège de France, y asistió a las clases de Henri Bergson y Joseph Bédier; allí afianzó la pasión por la literatura francesa antigua que lo iba a acompañar durante toda su vida, particularmente por François Villon.

Mandelstam visitó Italia en dos ocasiones. En agosto de 1908 hizo una excursión a Génova, donde permaneció unos pocos días, o quizá fueron solo unas horas. Y en marzo de 1910 recorrió durante algunas semanas Venecia,

dann erneut intensiv, als die von ihm hochverehrten Dichter Dante, Ariost und Petrarca sein gesamtes Denken gefangen nahmen.

Die Schweiz durchquerte Mandelstam ohne Hast: In Montreux und Beatenberg hielt er sich für einige Wochen auf, während er Bern, Lausanne und Genf rasch passierte.

Zwei Reisen brachten ihm Deutschland näher. Einen bleibenden Eindruck hinterließ sein Aufenthalt an der Universität Heidelberg im Herbst 1909 bis Frühjahr 1910, wo er ein Semester lang an der Philosophischen Fakultät Vorlesungen von Wilhelm Windelband, Emil Lask, Friedrich Neumann und Henry Thode hörte. Von Juli bis Oktober 1910 war Mandelstam in Berlin-Zehlendorf, wohin er seine Mutter zu einem Kuraufenthalt begleitete.

Während seiner Odyssee durch Europa legte Mandelstam den Grundstein zu seinem „Europäertum", das sein poetisches Konzept begründete und zum bestimmenden Teil seiner sich der gesamteuropäischen Kultur zugehörig fühlenden Persönlichkeit wurde.

Russlands Ursprünge hingegen, Mandelstam erkannte das sehr deutlich, lagen in der Sesshaftigkeit und bäuerlichen Bodenständigkeit. Eben diese gesellschaftlichen Hintergründe führten dazu, dass Mandelstam 1906 mit der Sozialrevolutionären Partei sympathisierte. Andererseits ließ er sich, um seinem Studium an der Petersburger Universität nachgehen zu können, 1911 in Viborg (Finnland) christlich taufen. Somit vereinte er in sich die zwei gegensätzlichen Pole von Recht und Freiheit. Seine historische Heimat fand er im Werk des russischen Philosophen und politischen Denkers Pjotr Tschaadajew (1794–1856), der als der erste russische Europäer gilt, und seine poetische Heimat im Werk des russischen Nationaldichters Alexander Puschkin (1799–1837). Dieser kam den Ideen des Akmeismus sehr entgegen, den Mandelstam mitbegründete und der die Harmonie von Logos und Melos einfordert: „So lernen wir denn Ernst und Ehre leichter/ Im Westen dort, in fremder Kumpanei …"[4], rief Mandelstam Jahre später im Gedicht „An die deutsche Sprache" (1932) aus.

Aus dieser europazentrierten Weltsicht heraus gelang es Mandelstam, Russland geopolitisch und geschichtsphilosophisch zu denken und zu beschreiben, wie er es im September 1914 vermochte, als er die ersten Ereignisse nach Ausbruch des Ersten Weltkrieges zum Anlass für dieses Gedicht nahm:

Florencia, Siena y Roma. Más adelante, entre 1932 y 1934, cuando aquel mundo exterior ya estaba cerrado a cal y canto para él, Italia se le reveló de nuevo, de tal modo que sus italianos predilectos (Dante, Ariosto, Petrarca) se apoderaron de todo su ser.

En Suiza estuvo prácticamente solo de paso; Mandelstam se detuvo unas semanas en Montreux y Beatenberg. En cambio, cruzó Berna, Lausana y Ginebra casi de forma fulminante.

Realizó dos viajes a Alemania. Lo más relevante es que, desde el otoño de 1909 hasta la primavera de 1910, pasó algo más de un semestre en la Universidad de Heidelberg, donde asistió a los cursos de Wilhelm Windelband, Emil Lask, Friedrich Neumann, Henry Tode... Y, en junio de 1910, se desplazó hasta Zehlendorf, cerca de Berlín, para acompañar a su madre, que había ido a tomar las aguas.

Durante esos años de periplo por el continente, Mandelstam sentó las bases del europeísmo que define su concepción poética; en efecto, la profunda identificación con la cultura paneuropea se convertiría en un rasgo esencial de su personalidad.

Pero los orígenes y la realidad de Rusia eran otros, bien lo sabía Mandelstam. Las durísimas condiciones en que malvivía el campesinado y la relegación de los judíos a la Zona de Asentamiento debieron de espolearle la conciencia, y ese trasfondo social explica que en 1906 Mandelstam mostrara sus simpatías por el Partido Social-Revolucionario. Por otra parte, y con el objetivo de poder iniciar sus estudios en la Universidad de San Petersburgo, en 1911 recibió el bautismo calvinista en Víborg (Finlandia). El consenso entre justicia y libertad que conciliaba esos dos polos se hallaba, desde el punto de vista histórico, en la obra del filósofo y politólogo Piotr Chaadáyev (1794-1856), considerado el primer ruso europeo; y, fuera de la dimensión histórica, en Aleksandr Pushkin (1799-1837) como primer poeta ruso que respondía de lleno a los criterios del acmeísmo, corriente que Mandelstam contribuyó a crear, entendida como la armonía del *logos* y el *melos* que respira donde y cuando quiere. «Aprendamos seriedad y honor / en Occidente, con una familia extranjera»,[4] exclamaba Mandelstam muchos años después en el poema «A la lengua alemana» (1932).

Solo con esta forma eurocéntrica de percibir el mundo se podía reflexionar y escribir sobre Rusia y la propia Europa de un modo tan ampliamente geopolítico y con un sentido de la filosofía de la historia tan profundo como lo hizo Mandelstam en septiembre de 1914, refiriéndose a los primeros acontecimientos del inicio de la Primera Guerra Mundial:

Europa

Wie eine Krabbe oder einen Seestern
Warf es ihn aus, den letzten Kontinent,
Und er, der Asien, Amerika längst kennt,
Umspült Europa jetzt mit sanften Gesten.

Lebendig sind die Küsten angelegt,
Die Halbinseln wie luftige Skulpturen,
Die Golfe dann recht weiblich und azuren:
Biskaya, Genua – die Bögen lässig-träg.

Europa, Urland der Eroberermeute
Im Lumpenkleid der Heiligen Allianz –
Die Ferse Spanien und Meduse du: Italiens
Und zartes Polen, ohne König heute.

Europa der Cäsaren! Seit auf Bonaparte
Mit einem Gänsekiel gezielt hat Metternich,
Verändert erstmals nun in hundert Jahren sich
Vor meinen Augen deine rätselhafte Karte![5]

2

Heimgekehrt aus Europa, glänzte der 19-jährige Mandelstam in St. Petersburg mit seinem literarischen Debüt. In der September-Ausgabe von 1910 der Literaturzeitschrift *Apollon* erschienen fünf Gedichte, darunter auch das berühmte „Silentium":

Sie ist noch immer ungeboren,
Sie ist Musik und sie ist Wort –
Und was da lebt, trägt unverloren
Sie unzertrennbar mit sich fort.

[...]

Du bleib der Schaum, o Aphrodite,
Du Wort, kehr um – in die Musik,

Europa

Como cangrejo mediterráneo, como estrella de mar,
el postrer continente fue arrojado a las aguas;
al Asia vasta, a América avezado,
lava a Europa el Océano y se calma.

Están cortadas sus orillas vivas,
y de penínsulas hay esculturas aéreas;
perfiles casi de hembra de los golfos:
arco indolente de Vizcaya y Génova.

De siempre tierra de conquistadores,
Europa con andrajos de Unión Sacra;
talón de España, itálica medusa,
tierna Polonia, donde no hay monarca.

¡Europa de los césares! Desde que a Bonaparte
Metternich apuntó con la pluma de ganso,
tu oculto mapa ante mis ojos cambia
por vez primera al cabo de cien años.[5]

2

En San Petersburgo, poco después de regresar de Europa, se produjo el espléndido debut literario de nuestro autor, que entonces contaba diecinueve
años. En el suplemento literario del número de septiembre de 1910 de la revista *Apolón* aparecieron cinco poesías suyas, entre ellas la célebre «Silentium»:

Él no ha nacido aún,
solo es palabra y música,
y por eso todo lo que vive
indisolublemente lo vincula.

[...]

Sigue, Afrodita, siendo espuma,
y vuelve tú a ser música, palabra,

> Dem Herzen nichts als Scham beschieden
> Das seinem Lebensgrund entfliegt![6]

Mandelstams poetische Stimme erregte Aufmerksamkeit aufgrund der Reinheit ihres Klangs und der harmonischen Unverfälschtheit. Seine glasklare, erstarkende Stimme war deutlich aus dem Umkreis des damals vorherrschenden Symbolismus herauszuhören. Über welch politisches Temperament Mandelstam verfügte, ließ seine Antwort auf das Attentat auf den österreich-ungarischen Thronfolger Franz Ferdinand erahnen.

Niemand hatte Mandelstam, nachdem die ersten folgenschweren Schüsse in Sarajevo gefallen waren und die Kanonen den Beginn der „Sozialistischen Oktoberrevolution" verkündeten, den revolutionären Geist des Märtyrers und Dichters André Chénier (1762–1794) zugetraut, als er 1917 ähnlich ungestüme Zeilen notierte. Darin sprach er sich offen gegen Lenin, den „Günstling des Oktober", und die mit ihm an die Macht gekommenen Bolschewiken aus:

> Als er das Joch von Bosheit und Gewalt
> Uns brachte, Günstling des Oktober,
> Ein Mörder-Panzerwagen borstig, kalt
> Und kleinstirnig ein MG-Schütze tobend
>
> Kerenskij kreuzigen! – hinschreiend hetzt,
> Der böse Mob noch Beifall klatschte:
> Da ließ Pilatus uns das Herz aufs Bajonett,
> Das Herz stand still, das Herz war Asche …[7]

Mandelstam beschreibt darin das rücksichtslose Verhalten der jungen Sowjetmacht, die zu diesem Zeitpunkt noch nicht ihre autoritären Ziele verschleierte und diese selbst mittels brutalster Gewalttaten durchsetzte.

Die ersten Jahre nach der Revolution wurden für Mandelstam, der während der Bürgerkriegswirren ruhelos umherirrte, über die von Wrangel besetzte Krim bis zu dem von den Menschewiken (Fraktion der Sozialdemokratischen Arbeiterpartei Russlands) besetzten Georgien, zu einem wahrhaftigen Epochenwechsel, der sich in seinem poetischen Schaffen niederschlug. Die langen und emotional aufgeladenen Gedichte aus *Tristia* (1922) unterschieden sich deutlich von den früheren, makellos gefeilten Versen aus dem Gedichtband *Der Stein* (1913).

ten, corazón, del corazón vergüenza
que al fundamento de la vida te ata.[6]

La voz poética de Mandelstam sorprendía al instante por la pureza de su timbre y una incapacidad orgánica para la afectación. En el espeso contexto simbolista de entonces, aquella voz de porcelana se fortalecía poco a poco y se diferenciaba del resto. Por la forma en que reaccionó al atentado contra el archiduque Francisco Fernando, incluso podía adivinarse el singular temperamento político de su poseedor.

En aquellos años, cuando con posterioridad al magnicidio de Sarajevo los cañones anunciaron el comienzo de la Revolución Socialista de Octubre, nadie esperaba encontrar en Mandelstam el espíritu de un nuevo André Chénier (1762-1794). Sin embargo, ya en noviembre de 1917 brotaron de su boca unos versos acusadores contra Lenin, el «favorito de Octubre», y los bolcheviques que con él acababan de tomar el poder:

Cuando el yugo de cólera y violencia
el favorito de Octubre nos preparaba,
y se erizaba un blindado asesino,
ametralladora en ristre, la frente baja,

«¡Crucificad a Kérenski!» —un soldado reclama,
mientras la vil plebe le aplaude:
con la bayoneta al corazón nos apunta Pilatos
para que su agitado latir se apague.[7]

Mandelstam se refiere al comportamiento despiadado de los dirigentes del joven poder soviético, que por entonces aún no ocultaba sus objetivos totalitarios y se abría camino mediante los actos de violencia más atroces.

Los primeros años tras la revolución supusieron para Mandelstam —quien durante los tiempos revueltos de la guerra civil tuvo que vagar sin descanso por ciudades rusas y ucranianas, a través de la Crimea de Wrangel y hasta la Georgia ocupada por los mencheviques— un auténtico cambio de paradigma que se reflejó en su obra poética. Los largos versos de *Tristia* (1922) transmiten una intensa carga emocional, y se diferencian claramente de los poemas más secos y comedidos, formalmente de factura impecable de su primer volumen (*La piedra*, 1913).

3

Allein der Titel *Der Stein* verhieß ein Manifest im Geiste des Akmeismus. Anfangs trug sich Mandelstam mit der Absicht, als Echo auf Nikolaj Gumiljows *Perlen* (1919), sein erstes Buch „Die Muschel" zu nennen. Ob nun Gumiljow ihn zu diesem neuen Titel anregte oder ob Mandelstam selbst diesen erfand, ist unerheblich. Wichtig allein ist die Tatsache, dass Mandelstam die romantische Tradition Fjodor Tjutschews und die mystischen Ideen des Symbolismus hinter sich ließ, um den Grundstein für den Akmeismus zu legen. Im Essay „Der Morgen des Akmeismus" (1919) setzt Mandelstam sich mit „dem bewussten Sinn des Wortes" auseinander. Die im Symbolismus zu Worthülsen erstarrte Natur überwindend, dürstet der Stein, den Logos verkörpernd, nach dem Hier und Jetzt und erschafft, sich verwandelnd, im Akmeismus eine neue Sprache. Sie ist plastisch und klar, sie repräsentiert die Architektur und das Urbane.

Daher rührt Mandelstams überschwängliche Würdigung der Baukunst und des kunstvollen Bauschaffens, das in seinen „gotischen" Versen in dieser Schaffensphase einen großen Raum einnahm. In diesem Zusammenhang steht auch Mandelstams Bewunderung für die meisterliche Handwerkskunst, für das Schöne als solches sowie für „das physiologisch-geniale Mittelalter"[8].

Mandelstam und die Akmeisten legten ihrer Theorie den Logos, das bewusste Wort und den transportierten Sinn zugrunde. Damit grenzten sie sich sowohl von den Symbolisten und deren Ideen der vergeistigten Musik ab als auch von den Futuristen, die mit Nonsens und gewagten phonetischen Wortspielen jonglierten. Im Akmeismus nimmt das Wort als solches „zum ersten Mal die würdigere, aufrechte Haltung ein und tritt in die Steinzeit seiner Existenz"[9]. Denn „der Stein dürstete gleichsam nach einem anderen Dasein. Er selbst entdeckte die in ihm verborgene Fähigkeit zur Dynamik – bat gleichsam darum, in freudiger Wechselwirkung mit seinesgleichen am »Kreuzgewölbe« teilzuhaben"[10]. Und er setzt fort: „Die Symbolisten waren schlechte Baumeister. Bauen bedeutet: gegen die Leere kämpfen, den Raum hypnotisieren"[11].

Mochten die führenden Köpfe des Symbolismus in der Literaturzeitschrift „Apollon" auch debattieren und den Akmeismus ins Abseits zu drängen versuchen, er gewann dennoch zunehmend an Terrain. Den entscheidenden Beweis der Existenz dieser literarischen Gruppierung erbrachten indessen nicht Nikolaj Gumiljows *Fremder Himmel* (1912) oder Sergej Gorodetzkijs *Weide* (1913), sondern Mandelstams *Der Stein*. Erst dieser vermoch-

3

Basta con el título para ver que *La piedra* aspiraba a ser un manifiesto acmeísta. Al principio Mandelstam tuvo la idea de que su primer libro se llamara *La concha*, algo que involuntariamente remitía a *Las perlas* de Nikolái Gumiliov. Si Gumiliov le sugirió el título definitivo o fue él mismo quien se decidió por este encabezamiento no es relevante. Lo que sí importa es el hecho de que Mandelstam se desprendió de la tradición romántica de Fiódor Tiútchev y de las ideas místicas del simbolismo, y puso la primera piedra de la nueva corriente literaria. En el ensayo «La mañana del acmeísmo» (1919), Mandelstam se ocupa del «sentido consciente de la palabra».[8] La piedra, identificada con el Logos, estaba ansiosa por existir; y, como liberada de un hechizo, logró sobreponerse a la naturaleza inmóvil y a las palabras desprovistas de sentido de los simbolistas, y empezó a hablar en un nuevo lenguaje, preciso y elevado. El lenguaje de la piedra es la arquitectura y el urbanismo, la vida de la ciudad.

De ahí el denodado interés por lo arquitectónico y el arte de la construcción, tan característico de los versos «góticos» del período de *La piedra*. Y de ahí también la admiración de Mandelstam por el dominio del oficio, lo artesano, la belleza de la obra acabada y, en suma, por la «época fisiológicamente brillante de la Edad Media» en que todo esto gozaba de un puesto de honor.[9]

Según la concepción mandelstamiana, los acmeístas fundamentan su poética en el Logos entendido como la palabra consciente y cargada de sentido, distinguiéndose así tanto de los simbolistas con su música espiritualizada y su aura de transcendencia, como de los futuristas con su sinrazón y sus atrevidos experimentos fonolingüísticos. Con el acmeísmo la palabra como tal «ha adoptado por primera vez una majestuosa postura erecta y ha entrado en la Edad de Piedra de su existencia».[10] En el mismo ensayo-manifiesto se afirma lo siguiente: «Fue como si la piedra ansiara otra existencia. Reveló el potencial dinámico oculto en su interior como si suplicara que la admitieran en la "bóveda de arista" con el fin de participar en la gozosa acción conjunta de sus compañeras».[11] Y prosigue Mandelstam: «[…] los simbolistas eran mediocres arquitectos. Construir significa conquistar el vacío, hipnotizar el espacio».[12]

Por mucho que los prebostes del simbolismo centraran los debates de la revista *Apolón* e intentaran relegar el acmeísmo a un segundo plano, este iba ganando terreno. Pero la demostración definitiva de la existencia del grupo acmeísta no fue *Cielo extraño* (1912) de Gumiliov ni tampoco *El sauce* (1913) de Serguéi Gorodetski, sino *La piedra* de Mandelstam. Este libro justificaba por sí solo la razón de ser e incluso el nombre de la editorial Akmé, fundada

te es, das Bestehen und die Bezeichnung des Verlags Akme, gegründet von Michail Losinskij, zu rechtfertigen, selbst wenn das Buch im April 1913 nur in einer Auflage von 300 Exemplaren erschien. Es war vom Autor finanziert worden, offenbar aus Mitteln des Vaters, und in der Buchhandlung M. W. Popow-Jasnows auf dem Petersburger Newskij-Prospekt in Kommission gegeben worden.

Die schmale Erstausgabe von *Der Stein* enthielt lediglich 23 Gedichte, die, obgleich datiert, nicht in chronologischer Reihenfolge abgedruckt waren. Erst ab der zweiten Auflage erhob Mandelstam die chronologische Anordnung der Texte zum bevorzugten poetologischen Prinzip seiner nachfolgenden Gedichtbände. Sie erschien im Dezember 1915 (auf dem Titelblatt ist 1916 vermerkt) in einer Auflage von 1000 Exemplaren, wobei 67 Gedichte aus den Jahren 1908 bis 1915 hinzukamen. Sergej Kablukow, Sekretär der Religionsphilosophischen Gesellschaft Petersburgs, ein enger Freund und Mentor Mandelstams, notierte am 30. Dezember 1915 in seinem Tagebuch: „… der Gedichtband hat bedauerlicherweise aufgrund der Zensur an Qualität eingebüßt, zwei Gedichte ‚Der Mob, er schläft. Der Platz da gähnt gebogen' und ‚Herrscherliches Prunkgeweb' durften nicht veröffentlicht werden. Hinzu kommt, dass diese Ausgabe gleichermaßen nicht vollständig war, weil 27 Gedichte, die durchaus beachtenswert gewesen wären, auf Wunsch des Autors, teils aus Misstrauen, teils aus Eigensinn, nicht in den Band aufgenommen wurden." [12]

Die dritte Auflage von *Der Stein* erschien nach der Revolution, im Juli 1923, in der vom Staat herausgegebenen Reihe „Die moderne Bibliothek der russischen Literatur" (die Auflage verdreifachte sich auf 3000 Exemplare). Darin sind die Gedichte undatiert und die Komposition hat einige Veränderungen erfahren, die die Chronologie durchbrachen. Von insgesamt 75 Gedichten entstanden 6 Gedichte später als 1916, sie gehörten strenggenommen nicht in die Schaffensperiode von *Der Stein*. Die letzte, maßgebliche Ausgabe des Buches zu Lebzeiten Mandelstams erschien 1928 unter dem Titel *Gedichte* und enthielt schließlich 73 Gedichte.

Seinen zweiten Gedichtband wollte Mandelstam „Neuer Stein" nennen: Diesen Titel sicherte ihm auch der Petropolis-Verlag im Vertrag zu, der im November 1920 unterzeichnet wurde.[13] Als Mandelstam im darauffolgenden Jahr Petrograd verließ (er floh zunächst in die Ukraine und dann in den Südkaukasus), war er während der Vorbereitungen für den Band unerreichbar. Als das Buch Anfang 1922 in der Berliner Zweigstelle des Verlags erschien, trug es nunmehr, in Anspielung an Ovid, den Titel *Tristia*. Dieser ging auf eine Idee von Michail Kusmin zurück, dessen Wahl auf das gleichnamige

por Mijaíl Lozinski, aun teniendo en cuenta que se publicó en abril de 1913 con una tirada exigua (trescientos ejemplares). La edición fue financiada por el autor (o mejor dicho, con dinero de su padre), y se vendió a comisión en la librería de M. V. Popov-Yasni de la avenida Nevski.

La primera edición de *La piedra* contenía solo veintitrés poemas, los cuales, aunque estaban fechados, no seguían un orden cronológico. Pero, a partir de la segunda edición, Mandelstam adoptó el criterio temporal de los textos como principio preferente para los siguientes libros de poesía. Este volumen se publicó en diciembre de 1915 (en la página de título se indica el año 1916) con una tirada de mil ejemplares, y contenía sesenta y siete poemas escritos entre 1908 y 1915. Serguéi Kablukov, secretario de la Sociedad Religioso-Filosófica de Petersburgo, y amigo íntimo y mentor de Mandelstam, anotó el 30 de diciembre de 1915 en su diario: «[…] el libro también se resiente de los efectos de la censura: dos poemas, "La plebe se ha dormido" y "Seda de mar imperial", no han obtenido el permiso. Además, la recopilación no ha salido lo suficientemente completa. El autor, en parte por recelo, en parte por capricho, ha descartado hasta veintisiete poesías que no estaban nada mal, algunas de ellas incluso eran excelentes».[13]

La tercera edición de *La piedra* vio la luz después de la revolución, en julio de 1923, en la serie «Biblioteka sovreménnoi rússkoi literatury» (Biblioteca de literatura rusa contemporánea) de la editorial estatal Gosizdat, con una tirada triplicada: tres mil ejemplares. En esta ocasión los poemas no están fechados, y se incluyen pequeñas modificaciones que alteran ligeramente el orden temporal. De las setenta y cinco poesías que incluye el libro, seis fueron escritas después de 1916 y, a decir verdad, no pertenecían al período creativo de *La piedra*. La última edición de esta obra en vida del autor fue la correspondiente sección del volumen *Poemas* (1928), que ya incluía setenta y tres poesías.

Mandelstam tenía la intención de titular su segundo libro *La nueva piedra*: este fue el nombre que hizo constar en el contrato firmado en noviembre de 1920 con la editorial Petrópolis.[14] Pero, tras abandonar Petrogrado en febrero del año siguiente durante casi un año (para viajar primero a Ucrania y después a Transcaucasia), Mandelstam se desentendió de la preparación del volumen. El libro se publicó a principios de 1922 (en la portada se indica el año 1921) en el departamento de la editorial en Berlín, con el título *Tristia*, que remitía a Ovidio. La idea fue de Mijaíl Kuzmín, que tomó el nombre de uno de los poemas clave de la edición. En el libro se incluyeron cuarenta y cinco poesías concebidas entre 1916 y 1920, distribuidas en un orden cronológico no muy riguroso.

Gedicht gefallen war. Der Band enthielt 45 Gedichte von 1916 bis 1920, die einer losen Chronologie folgten.

„Für den geschätzten N.N., in Erinnerung, dass der Band gegen meinen Willen und mein Einverständnis veröffentlicht worden ist", „Das Bändchen wurde gegen meinen Willen und von Stümpern aus einem ungeordneten Stapel loser Blätter zusammengestellt"[14], so rebellierte Mandelstam gegen die Willkür der Verleger, während er dennoch beschwingt den Band signierte.

Die Moskauer Ausgabe von *Tristia* enthielt 28 Gedichte, sie fanden Eingang in Mandelstams *Das zweite Buch*, das im November 1923 im Verlag Krug erschien (Auflage 3000 Exemplare) und die Widmung „Für N. Ch." enthielt – für Nadeschda Jakowlewna Chasina, die Ehefrau des Dichters. Der erhalten gebliebene Satz, die Druckfahnen und die Korrekturen zeugen davon, dass Mandelstam die Herstellung nunmehr mit der nötigen Sorgsamkeit verfolgen konnte. *Das zweite Buch* besteht aus 43 Gedichten aus den Jahren 1916 bis 1922.

Bemerkenswert ist, dass Mandelstam erneut mit dem Titel haderte. Zwei Vorschläge sind überliefert: „Aoniden" und „Blinde Schwalbe", beide finden im Gedicht „Schwalbe" Erwähnung. Die Ausgabe letzter Hand, die unter dem Titel *Gedichte* (Mai 1928) im staatlichen Verlag Gosizdat erschien, verzeichnete eine Auflage von 2000 Exemplaren. Dieser Band war das Resümee von Mandelstams 20-jährigem poetischem Schaffen. Das Buch hat drei Teile: *Der Stein*, *Tristia* und „1921–1925". Wohlgemerkt – *Tristia*, ein Titel gegen den sich Mandelstam anfangs vehement sträubte. Im gleichen Jahr, 1928, erschienen zwei weitere Bücher, in denen Mandelstam Rückschau hielt. Das war zunächst der Prosaband *Die ägyptische Briefmarke*. Dieser enthielt neben der gleichnamigen Erzählung auch die autobiografische Prosa *Das Rauschen der Zeit* (1925). Und es erschien der Essayband *Über Poesie*, der u. a. „Anmerkungen zu verschiedenen Zeiten von 1910 bis 1923" enthielt.[15]

4

Die Bücher erschienen in kurzer Folge inmitten von Mandelstams Schweigen. Fünf Jahre lang, zwischen den Gedichten für Olga Waksel im Frühjahr 1925 und dem „Armenien"-Zyklus im Herbst 1930, war kein einziges Gedicht mehr entstanden, abgesehen von den Versen für Kinder.

Warum schwieg der Dichter und Akmeist Ossip Mandelstam? Was ließ ihn verstummen und nahm ihm die Luft zum Atmen? Lähmende „Spinnen-

«A mi querido N. N., solicito que tenga en cuenta que este libro se ha publicado en contra de mi voluntad y sin que yo lo supiera»; «Este libro lo ha compuesto un grupo de personas incultas sin contar conmigo, en contra de mi voluntad, a partir de un montón de papeles desordenados»…[15] Con esta vehemencia se rebelaba Mandelstam contra la arbitrariedad de los editores, mientras firmaba *Tristia* alegremente.

Mandelstam incluyó veintiocho poesías de *Tristia* en su *El Segundo libro*, que se publicó con el sello de Krug, una cooperativa editorial de Moscú, en noviembre de 1923, con una tirada de tres mil ejemplares y la dedicatoria «Para N. J.» (Nadezhda Jázina, la mujer del poeta). El manuscrito para la imprenta, las galeradas y las correcciones que se han conservado demuestran que Mandelstam hizo esta vez un atento seguimiento de todo el proceso. *El Segundo libro* consta de cuarenta y tres poemas escritos entre 1916 y 1922.

Pero resulta curioso que Mandelstam vacilara de nuevo al elegir el título. Dos opciones han llegado hasta nosotros, *Aónides y La golondrina ciega*, y ambas remiten al poema «La golondrina». El último libro de poesía en vida del autor vio la luz con el título *Poemas*, y fue publicado por la editorial Gosizdat en 1928 con una tirada de dos mil ejemplares. Se trata de una retrospectiva de dos décadas de actividad poética. El libro consta de tres apartados: «La piedra», «Tristia» y «1921-1925». Nótese el título «Tristia», contra el que antes el autor había expresado su absoluta disconformidad. Y en el mismo año, 1928, aparecieron dos libros más, ambos con un plan en cierto modo recopilatorio. Se trata del volumen en prosa *El sello egipcio*, que incluye junto con el relato homónimo los textos autobiográficos de *El rumor del tiempo*, publicado previamente en 1925; y de los artículos críticos reunidos en *De la poesía*, que contiene «una serie de apuntes tomados en distintos momentos entre 1910 y 1923, relacionados entre sí por su unidad de pensamiento».[16]

4

Todos estos libros se fueron publicando uno tras otro en pleno silencio poético de Mandelstam. Durante cinco largos años, en el período que va de los poemas dirigidos a Olga Váksel en la primavera de 1925 hasta el ciclo «Armenia» del otoño de 1930, no consta ni una sola poesía nueva, a excepción de los poemas para niños.

¿Qué había ocurrido? ¿Por qué el poeta acmeísta Ósip Mandelstam se había quedado sin voz? Una «sordera arácnida», según la acertada expresión del poeta en «Lamarck» (1932), reinaba en todo el país.

taubheit", wie Mandelstam sich später treffend in seinem Gedicht „Lamarck" (1932) ausdrückte, beherrschte das gesamte Land.

Neben Mandelstam hüllten sich auch andere Autoren wie Anna Achmatowa, Boris Pasternak und Benedikt Liwschiz in Schweigen. Die beklemmende gesellschaftliche Atmosphäre drohte eine ganze Schriftstellergeneration mit ihrem Stumpfsinn zu ersticken. In den 1930er Jahren folgten offene Hetzkampagnen gegen Schriftsteller und Intellektuelle. Die Veröffentlichungsmöglichkeiten wurden zunehmend beschnitten. Das literarische Übersetzen war fast die einzige Rückzugs- und Verdienstmöglichkeit für Schriftsteller. Die Ausnutzung von „Fachkräften" beim Aufbau des kulturellen, totalitären Gebäudes geschah vorsätzlich.

Auch Mandelstam war als literarischer Übersetzer von einer ganzen Reihe von Büchern hervorgetreten, vorwiegend aus dem Französischen. Mit jedem Jahr jedoch wurde deutlich, dass ihn der Rückzug lähmte und ihn schließlich mehr als fünf Jahre zum Schweigen brachte.

5

In diese Zeit fiel die Verleumdungskampagne um den „Eulenspiegel"-Roman des belgischen Schriftstellers Charles De Coster. Mandelstam beging den folgenschweren Fehler, den Verlagsauftrag mit Bitte um Überarbeitung der Übersetzung anzunehmen. Auf dem Titelblatt des Buches erschien nur sein Name, der Verlag hatte versäumt, den Namen des wahren Übersetzers hinzuzufügen. Obgleich Mandelstam keine Schuld traf, beschuldigte man ihn nach Erscheinen des Romans des Plagiats.

Man warf ihm 1928 in der Presse vor, geistigen Diebstahl betrieben zu haben. Dem „Eulenspiegel"-Skandal verdankt Mandelstam jedoch gewissermaßen seine zweite Geburt als Schriftsteller. Er verarbeitete ihn literarisch im Werk *Vierte Prosa*. In Anspielung an eines der Urmotive der russischen Literatur – den „Mantel" (nach der gleichnamigen Erzählung Nikolaj Gogols) – greift Mandelstam zu einem ungewöhnlichen Befreiungsschlag und reißt förmlich den „Mantel der Literatur" von sich:

> Ich, ein Kürschner kostbarer Pelze, der beinah erstickt wäre unter der Pelzware der Literatur, trage die moralische Verantwortung dafür, daß ich in einem Petersburger Schurken den Wunsch geweckt habe, in seiner Schmähanekdote den warmen Gogolschen Pelz zu beschwören, der in der Nacht auf einem großen Platz dem allerältesten Komsomolzen,

En aquellos años, no solo Mandelstam guardó silencio: hicieron lo propio Anna Ajmátova, Borís Pasternak, Benedikt Lívshits… La agobiante atmósfera social amenazaba con sofocar con su sorda hostilidad a toda una generación de escritores. Y más tarde, en la década de 1930, aquella situación se tornó abiertamente en campañas de acoso contra escritores e intelectuales. Publicar iba siendo cada vez más difícil, y la traducción literaria era para ellos casi la única válvula de escape, además de una de las pocas maneras que tenían de ganarse la vida. Además, la designación de «especialistas» procedentes de estamentos completamente ajenos a este ámbito para que se encargaran de la política cultural no se consideraba algo vergonzoso, sino que incluso se fomentaba.

El propio Mandelstam tradujo decenas de libros, principalmente del francés. Pero cada año que pasaba se hacía más evidente que aquella válvula de escape resultaba asfixiante y tóxica para su energía creadora, y finalmente fue la causante de más de cinco años de silencio.

5

Y fue en esta época cuando se desató la campaña de calumnias en torno a la novela del belga Charles de Coster sobre Till Eulenspiegel. Mandelstam cometió el fatídico error de aceptar una propuesta editorial que consistía en revisar una traducción de esa obra. En un descuido, la editorial hizo constar en el libro solo el nombre de Mandelstam, olvidándose de añadir al verdadero traductor. A pesar de que nuestro autor no tenía ninguna culpa, al salir la novela fue acusado de plagio.

En 1928 se le recriminó en la prensa haber atentado contra la propiedad intelectual. A pesar de todo, Mandelstam debe en cierta medida al «*affaire* Eulenspiegel» su segundo nacimiento como escritor, puesto que en *La cuarta prosa* reelaboró literariamente lo sucedido. Aludiendo a uno de los temas más recurrentes de la literatura rusa, el «capote» o la «pelliza» (a partir del relato *El capote* de Gógol), Mandelstam convierte todo ello en un insólito golpe de liberación, y se despoja de su «pelliza literaria»:

> Soy un peletero de pieles preciosas; yo, casi asfixiado por la peletería literaria, soy moralmente responsable de haber infundido en un bribón petersburgués el deseo de citar como una anécdota difamatoria la cálida pelliza de Gógol, arrancada de noche en la plaza de las espaldas del viejo miembro del *Komsomol* (Juventudes Comunistas), Akaki

Gogols Akakij Akakjewitsch, von den Schultern gerissen wurde. Ich rei-
ße selber den Pelz der Literatur von meinen Schultern und zertrete ihn
mit meinen Füßen. Nur mit der Joppe auf den Schultern werde ich bei
dreißig Grad unter Null dreimal alle Ringstraßen Moskaus ablaufen.
Ich werde aus dem gelben Krankenhaus unter den Komsomol-Arkaden
weglaufen, der tödlichen Verkühlung entgegen, nur um die zwölf er-
leuchteten Judasfenster des unflätigen Hauses am Twerskoj-Boulevard
nicht sehen zu müssen […]. [16]

Die *Vierte Prosa*, eine polemische Auseinandersetzung mit dem Skandal,
leitete Mandelstams Bruch mit der offiziellen Literatur ein, zwang ihn aber
auch dazu, sich neu zu erfinden. Im Oktober 1930 geschah in Tiflis das Un-
erwartete: Nach der belebenden Reise durch Armenien griff Ossip Mandelstam erneut zur Feder:

Die Angst ist bei uns, mit im Bund,
Gefährtin du – mit breitem Mund!

Ach, wie bröcklig der Tabak,
Du Freundchen, Narr und Nüßchenknack!

Wir könnten lebenslang wie Stare pfeifen
Und Torten essen, Nüsse greifen …

Unmöglich, geht nicht, weggepackt. [17]

Das Ergebnis war eine Reihe neuer Gedichte, die sich durch ihren außer-
gewöhnlichen Klang unterschieden. Mandelstam beabsichtigte, sie deshalb
„Neues Buch" oder „Neue Gedichte" zu nennen.

6

Die 1930er Jahre gehörten zu einer der schöpferischsten Phasen im Schaffen Mandelstams. Inhaltlich und stilistisch knüpfte er an die kühle Klarheit
und Ausgesuchtheit von Puschkins Poesie an. Von Oktober 1930 bis Juli 1937
entstanden weit über 200 Gedichte, vergleichsweise ebenso viele wie im vo-
rangegangen Vierteljahrhundert. Ohne diese gewichtige Zahl, ohne diesen
Schaffensabschnitt, den wir heute als den „späten Mandelstam" bezeichnen,

Akákievich. Me quito mi pelliza literaria y la pisoteo. Enfundado en una chaqueta y con treinta grados bajo cero, daré tres vueltas por el anillo de los bulevares de Moscú. Huiré del hospital amarillo del pasaje del *Komsomol* al encuentro de una pleuresía, con un resfriado de muerte, para no ver las doce ventanas judías iluminadas de la casa obscena en el bulevar Tverskói [...][17]

La cuarta prosa, que supone un muy personal ajuste de cuentas con aquel escándalo, marca la ruptura definitiva del poeta con la literatura oficial, y lo obliga a redescubrirse como escritor. Y por fin, en octubre de 1930 en Tiflis, adonde acababa de llegar después de su vivificante viaje por Armenia, sucedió lo que parecía imposible: Mandelstam se puso de nuevo a escribir versos:

¡Qué miedo tenemos los dos,
mi camarada de la boca grande!

¡Oh, cómo se deshace nuestro tabaco,
amiguete cascanueces, tontorrón!

Y silbar y volar como un estornino
quisiera yo, y comer pasteles...

Pero ya se ve que no hay manera.[18]

El resultado fue una colección de poemas completamente diferentes, absolutamente nuevos. Y fue así, *Nuevos versos*, como Mandelstam acabó titulando este nuevo libro (aunque también se barajó la posibilidad de llamarlo *El libro nuevo*).

6

Con el paso del tiempo se demostró que precisamente los años treinta iban a ser la época de mayor actividad del Mandelstam poeta. Un período de combustión casi ininterrumpida que, en su incandescencia, en ocasiones alcanza la brillantez y densidad de Pushkin en su famoso otoño de Bóldino. Durante algo menos de siete años, entre octubre de 1930 y julio de 1937, surgieron más de doscientos poemas, es decir, casi la misma cantidad que en el cuarto de siglo anterior. Sin ese importante bagaje, sin la fase creativa que actualmente

wäre die russische Poesie des 20. Jahrhunderts, die russische Poesie überhaupt, undenkbar. Einzelne Autoren waren sich damals schon der Bedeutung von Mandelstams Lyrik bewusst, etwa Anna Achmatowa, Boris Pasternak oder Viktor Schklowskij.

Im Mai 1934 wurde Mandelstam wegen seiner Verse gegen Stalin, die er im Oktober und November zuvor verfasst hatte, verhaftet und zunächst nach Tscherdyn (eine Kleinstadt im Gebiet Perm, Ural), daraufhin nach Woronesch verbannt.

Etwas schien Mandelstam immer wieder zu Taten zu verleiten, die unvernünftig und gefährlich für ihn und seine Wegbegleiter waren und heute von wahrhaftig heldenhaftem Auftreten zeugen. Das trifft etwa auf die schicksalhaften Gedichte der 1930er Jahre zu oder auch seine Publikumsauftritte, die ihn zu Äußerungen veranlassten wie: „Ich bin ein Zeitgenosse Achmatowas!“, „Ich sage mich weder von den Lebenden los noch von den Toten“ (womit Mandelstam an den 1921 erschossenen Nikolaj Gumiljow, Freund, Dichter und Ehemann Anna Achmatowas erinnerte) sowie seine Paraphrase: Akmeismus – das war „Sehnsucht nach […] Weltkultur!“ [18]

Während Wahrheit und Aufrichtigkeit zunehmend durch das totalitäre stalinistische System aus dem öffentlichen Bewusstsein verdrängt wurden, beraubte es den Dichter förmlich der Luft zum Atmen und drohte den „warmen […] und menschlichen Mund“, der „spricht deutlich sein ‚Nein‘“ [19] für immer mit einem Pflaster zu verschließen oder ihn lebendig zu begraben, wie in den späten „Woronescher Gedichten“: „Ich liege in der Erde, rühre meine Lippen …“ [20]

Zum Schweigen verurteilt, aber nicht verstummt – Mandelstams Poesie der Wahrhaftigkeit machte keine Zugeständnisse:

Genommen habt ihr mir: die Meere, Lauf und Flug,
Und gebt den Schritten Zwang der Erde, ihrer Lehme.
Und was habt ihr erreicht? Erfolg und Glanz genug:
Die Lippen rühren sich, ihr könnt sie mir nicht nehmen. [21]

7

Neue Gedichte, *Reise nach Armenien*, *Gespräch über Dante* – diese Texte fallen in den Schaffensabschnitt der 1930er Jahre. Doch welche Werke gelangten tatsächlich an die Öffentlichkeit?

conocemos como el «Mandelstam tardío», la poesía rusa del siglo XX (y la poesía rusa en general) sería inconcebible. Ya entonces algunos autores eran conscientes de la magnitud de la lírica mandelstamiana, como por ejemplo Ajmátova, Pasternak o Víktor Shklovski.

En mayo de 1934 Mandelstam fue detenido por haber compuesto el año anterior unos versos satíricos sobre Stalin y un poema sobre la deskulakización de Crimea («Staryi Krym»). Primero fue desterrado a Cherdyn, una pequeña ciudad en la región de Perm, en los Urales; y más tarde a Vorónezh.

Siempre había algo que empujaba al poeta a prodigarse en acciones que a los ojos de sus contemporáneos parecían absurdas o peligrosas, y que hoy en día podrían parecer incluso heroicas. Es el caso, sin ir más lejos, de los fatídicos versos de 1933, o de sus desafiantes respuestas a las provocaciones que se daban a veces en las veladas en las que participaba: «¡Yo soy contemporáneo de Ajmátova!»; «¡No renuncio ni a los vivos ni a los muertos!» (con estas palabras recordó Mandelstam al poeta Nikolái Gumiliov, fusilado en 1921, quien había sido su amigo y primer marido de Anna Ajmátova); o el famoso comentario que Nadezhda Mandelstam recoge en sus memorias, según el cual el acmeísmo era «la nostalgia por la cultura universal».[19]

Al pretender desplazar la verdad y la sinceridad de la conciencia de la gente, aquella época también privaba al poeta del aire para respirar, envolvía su alma con la falsedad y la mentira, y amenazaba con cubrir para siempre con una pesada losa «la humana boca torcida y ardiente».[20] De ahí la imagen conmovedora del poeta enterrado vivo, como se nos presenta en los *Cuadernos de Vorónezh*: «Sí, estoy tendido en la tierra, moviendo los labios...».[21]

Sepultado en vida el poeta, condenado al silencio, pero no enmudecido, y muy lejos de rendirse: la veracidad de la palabra de Mandelstam se resiste a sucumbir a los embates de su tiempo:

Con apartarme de los mares, del impulso y el vuelo
y dar al pie el apoyo de una violenta tierra,
¿qué habéis logrado? Unos excelentes beneficios:
apartar no pudisteis unos labios que tiemblan.[22]

7

Detengámonos un poco más en los años treinta: *Nuevos versos, Viaje a Armenia, Coloquio sobre Dante* y algunos textos más. Pero, ¿qué obras llegaron a ver la luz?

Eine kleine Auswahl fand in fünf schmalen, wenngleich publikums-wirksamen Druckwerken die Aufmerksamkeit der Leser, etwa in der *Litera-turnaja Gazeta*, in den Literaturzeitschriften *Swesda* oder *Nowyj Mir*; nicht zu vergessen *Die Reise nach Armenien*, die in der Mai-Ausgabe von *Swesda* (1933) erschien.

Mandelstam war mit der Zusammenstellung neuer Gedichtbände be-fasst, als einige Verlage die ursprünglichen Autorenverträge abänderten. Mandelstam erhielt zwar das vereinbarte Honorar, wie für die zweibändige Ausgabe, die im staatlichen Literaturverlag GICHL erschien – wobei die *Reise nach Armenien* ein dreimaliges Lektorat erfuhr –, doch weder *Ausgewählte Werke*, *Gedichte* noch *Gespräch über Dante* wurden, anders als zunächst ver-einbart, je veröffentlicht.

In der Verbannung in Woronesch und auf der Suche nach Veröffent-lichungsmöglichkeiten – Mandelstam sandte seine Gedichte an Zeitschrif-ten, etwa an *Krasnaja now* – wurde Mandelstam im Mai 1938 ein zweites Mal verhaftet. Die Kunde von seinem Tod am 27. Dezember 1938 im Durch-gangslager Wtoraja Retschka sprach sich erst Anfang des Jahres 1939 herum. Mandelstams Werk kam auf Umwegen an die Öffentlichkeit. Die Ehefrau des Dichters, Nadeschda Jakowlewna Mandelstam, ihre gute Bekannte Natascha Schtempel und andere lernten seine Gedichte auswendig und bewahrten sie in ihrem Gedächtnis auf oder notierten sie auf Zetteln, hüteten sie viele Jahre, obwohl sie sich selbst in Gefahr brachten.

In den 1960er Jahren, ein Vierteljahrhundert nach Mandelstams Tod, gingen seine Gedichte in der Sowjetunion von Hand zu Hand und wurden in der gesamten Welt als Samisdat, also in Form von selbst vervielfältig-ten, maschinengeschriebenen Niederschriften festgehalten. Ab Mitte der 1960er-Jahre erschienen Mandelstams Gedichte in renommierten Litera-turzeitschriften wie *Moskwa*, *Literaturnaja Armenia*, *Den Poezii*, mögen sie auch aufgrund der Gedächtnisleistung Einzelner nicht immer textgetreu gewesen sein.

Im Mai 1967 erschien im Verlag Iskusstwo der erste posthume, exem-plarische Essayband Mandelstams mit *Gespräch über Dante*, herausgege-ben von Alexander Morozow. Erst 1973 erschien in der angesehenen Reihe *Biblioteka poeta* eine seit 1956 geplante Mandelstam-Ausgabe in einer Auf-lage von 15.000 Exemplaren. Die Druckzahlen von Mandelstams Werk *Der Stein* erreichte ihren Höhepunkt in den 1990er Jahren mit 150.000 Exempla-ren, übertroffen von der zweibändigen Mandelstam-Ausgabe in einer Auflage von 200.000 Exemplaren.

Dos decenas y media de poemas repartidos en cinco recopilaciones que, aun siendo modestas, muchos lectores guardaron en su memoria. Se publicaron en *Literatúrnaya Gazeta*, en *Zvezdá* y, sobre todo, en *Novyi Mir*. Sin olvidar el *Viaje a Armenia*, que apareció en el número de mayo de 1933 de la revista literaria *Zvezdá*.

Mandelstam estaba ultimando nuevos libros para la imprenta. Para algunos de ellos ya se habían preparado los contratos e incluso pagado honorarios, como por ejemplo de la edición en dos tomos que debía publicar la Editorial Estatal de Literatura (*Gosudárstvennoye izdátelstvo judózhestvennoi literatury*, GIJL), y el *Viaje a Armenia* había pasado hasta tres revisiones. Pero ninguno de estos libros, ni los volúmenes *Obras escogidas* y *Versos* en la editorial Gosizdat, ni tampoco el *Coloquio sobre Dante* llegaron a ver la luz.

Y aunque incluso estando desterrado en Vorónezh Mandelstam no cejó en su empeño de llegar al lector —enviaba sus poemas a *Krásnaya Nov*, *Zvezdá*, *Znamia* y otras revistas—, el muro que se había levantado entre los lectores y el poeta resultó ser infranqueable. En mayo de 1938 Mandelstam fue arrestado por segunda vez, y la notificación de su muerte, acaecida el 27 de diciembre de 1938 en el lejano campo de tránsito de Vtoraya Rechka, cerca de Vladivostok, no se divulgó hasta principios de 1939. La obra de Mandelstam llegó al público por vía indirecta. La mujer del poeta, Nadezhda Yákovlevna, y algunos fieles amigos como Natasha Stempel memorizaron los poemas o los copiaron en trozos de papel. Así preservaron durante largos años el legado del escritor, a sabiendas de que con ello se ponían a sí mismos en peligro.

En la década de 1960, un cuarto de siglo después de la muerte del autor, sus versos se esparcieron por la Unión Soviética y el resto del mundo en infinidad de copias escritas a máquina. A partir de mediados de los años sesenta toda una serie de revistas se hace eco de esas notas, y los poemas de Mandelstam aparecen en publicaciones como *Moskvá*, *Prostor*, *Literatúrnaya Armenia*, *Literatúrnaya Gruzia*, *Den Poezii* o *Literatúrnaya Rossiya*, aunque debido a las difíciles condiciones de transmisión no sean siempre fieles a los textos originales.

En mayo de 1967 la editorial Iskusstvo publicaba el primer libro póstumo de Mandelstam que veía la luz en Rusia, el *Coloquio sobre Dante*, a cargo de Aleksandr Morózov. Y no fue hasta finales de 1973 que apareció el volumen correspondiente a Mandelstam en la colección «Biblioteka poeta», cuya preparación se había iniciado nada menos que en 1956, con una tirada de 15.000 ejemplares. En 1990, la magnífica edición de *La piedra* con el sello de Naúka a cargo de A. Mets, L. Ginzburg, S. Vasilenko y Yu. Freidin elevó

8

Die Jahre der offiziellen Nicht-Anerkennung Mandelstams als Dichter, das Veröffentlichungsverbot und die scheinbare Auslöschung seiner Gedichte aus der literarischen Öffentlichkeit, hatten nicht den erwünschten Effekt.

Mandelstam hatte es schon in sehr jungen Jahren vermocht, in seinem eigenen Namen zu sprechen, und später wurde er zum Sprachrohr vieler. So notierte Nikolaj Punin, Ehemann Anna Achmatowas, schon am 23. September 1929 in einem Brief an seine erste Ehefrau, Anna Arens-Punina: „Ich denke an mein Schicksal, das mir genommene, wie Mandelstam treffend über uns alle dichtete."[22] Mandelstam hat sich der Aufgabe verschrieben, die Widersprüche der Epoche in Worte zu fassen und ihre Schrecken und den Terror in Gedichten zu notieren, wie im „Epigramm gegen Stalin":

> Und wir leben, doch die Füße, sie spüren keinen Grund,
> Auf zehn Schritt nicht mehr hörbar, was er spricht unser Mund …[23]

Und auch ihre Hoffnungen:

> Doch ich bin nicht von wölfischem Blut,
> Stopf mich Mütze hinein in den Ärmel getrost,
> In den Pelz der sibirischen Glut […][24]

Dass Mandelstams Gesamtwerk heute in Russland erschlossen ist, ist ein Beleg für die fortlaufende öffentliche Auseinandersetzung mit dem kulturellen Erbe. Das wieder erwachte Interesse an unserem Autor markiert ein allgemeines Interesse an der russischen Literatur des 20. Jahrhunderts. Doch während die Ablehnung der Gedichte Mandelstams zumindest ein Dritteljahrhundert dauerte, fanden die Werke von Schriftstellern wie Nikolai Gumiljow, Wladislaw Chodassewitsch, Georgij Iwanow fast ein halbes Jahrhundert keine Beachtung, was dazu geführt hat, dass heute eine ganze Generation von Lesern keinerlei Kenntnisse von einer gesamten Periode der russischen Poesie besitzt.

9

Zwei Revolutionen, die Februar- und die Oktoberrevolution, und zwei Kriege, der Erste Weltkrieg und der Bürgerkrieg, die Mandelstam am eigenen Leib erfuhr, erschütterten sein Weltbild.

el listón hasta los 150.000. Ese mismo año, de la recopilación en dos tomos preparada por Pavel Nerler en colaboración con Serguéi Avérintsev y A. D. Mijáilov se imprimieron 200.000 ejemplares, que se agotaron en apenas dos semanas.

8

Durante los años en que la obra lírica de Mandelstam no gozó de reconocimiento oficial y estuvo prohibida de forma categórica y condenada a un olvido aparente, todo un mito sobre Mandelstam fue tomando forma y cobrando fuerza.

Mandelstam había aprendido muy pronto a hablar en su propio nombre; luego se convirtió en la voz de muchos; hasta que, más adelante, logró hablar en nombre de todos. Vean si no la carta cargada de dramatismo que Nikolái Punin, esposo de Anna Ajmátova, dirigió a su primera mujer, Anna Arens-Púnina, el 23 de septiembre de 1929: «Pienso en el destino que me han arrebatado, como dijo Mandelstam de todos nosotros».[23]

Y no es casual que le fuese dado, precisamente a él, expresar el carácter dual y contradictorio de la época en la que vivió y murió. Un tiempo cuya tesis estaba formada de miedo y silencio, como en el célebre epigrama contra Stalin:

> Vivimos sin sentir el país bajo nuestros pies,
> nuestras voces a diez pasos no se oyen [...][24]

Mientras que su antítesis combinaba valor y esperanza:

> Porque no tengo yo sangre de lobo
> y solo mi igual podrá matarme.[25]

El hecho de disponer de ediciones exhaustivas de la obra de un gran poeta (en este caso, Mandelstam) en su propio país (Rusia) es un indicador del respeto que esa sociedad profesa hacia su legado cultural. Hoy en día, el interés que despierta la obra de nuestro autor se enmarca en un interés compartido por la literatura rusa del siglo XX en general. Téngase en cuenta que, mientras que la exclusión de los versos de Mandelstam del acervo cultural se prolongó durante algo más de tres décadas, la obra de autores como Nikolái Gumiliov, Vladislav Jodasévich o Gueorgui Ivánov fue dejada de lado durante casi medio siglo. Esta circunstancia engendró toda una generación de lectores que fueron privados de conocer una parte importante de la poesía rusa contemporánea.

Als der 22-jährige Lyriker Lew Gornung im Sommer 1923 Mandelstam ein schmales Heft mit seinen Gedichten mitbrachte und ihn um seine Einschätzung bat, traf er nicht mehr auf den „Maître" des Akmeismus, ihm stand ein gewandelter Dichter gegenüber, der kein Blatt vor den Mund nahm: „In diesen [Gedichten] ringt der lebendige Wille mit der Last der Toten, mit vermeintlich ‚akmeistischen' Worten. Sie lieben das Pathos. Ihnen kommt es auf das Gespür für die Zeit an. Doch das Gespür für die Zeit unterliegt dem Wandel. Der Akmeismus des Jahres 1923 ist ein anderer als der im Jahre 1913. Es gibt ihn nicht mehr. Er stellte den Anspruch, das ‚Gewissen' der Poesie zu sein. Doch er war nur ein Gericht über die Poesie, nicht aber die Poesie selbst."[25]

Diese Erkenntnis ist im Grunde ein Anti-Manifest des Akmeismus. Mandelstam distanziert sich von der statischen Herangehensweise des Akmeismus an das Wort, von der Gefahr des erstarrenden Wortes, das zwar den Inhalt in sich trägt, aber nicht mehr im Kontakt mit dem historischen Kontext steht und dem daher der „lebendige Wille" fehlt.

Mandelstam behält den Begriff Akmeismus weiterhin bei, verwendet diesen aber von da an als internen, familiären Begriff, der für eine Gruppe von Dichtern gültig ist, die sich durch ihre einstige Zusammenarbeit verbunden fühlen. In diesem Zusammenhang ist 1933 auch Mandelstams Antwort auf die Frage „Was ist der Akmeismus?" im Leningrader Haus der Presse zu verstehen: „Der Akmeismus *war* [Hervorhebung P. N.] – Sehnsucht nach Weltkultur."

Vom Akmeismus losgesagt hat Mandelstam sich letztlich schon früher, kurz nach der Revolution: „Es ist nicht nötig, irgendwelche Dichterschulen zu gründen. Nicht nötig, sich seine eigene Poetik auszudenken […] Verlangt von der Poesie keine übermäßige Dinglichkeit, Konkretheit, Materialität"[26], schreibt er im Essay „Das Wort und die Kultur", der im Mai 1921 im Almanach „Drakon" der dritten „Dichterzunft" erschien. Er unternimmt darin den Versuch, sich die historischen Veränderungen zu vergegenwärtigen und sich selbstbewusst auf etwas Neues zuzubewegen. Mandelstam weist darauf hin, dass die Kultur in der damals noch jungen Sowjetrepublik die Kirche ersetzt: „Die Kultur ist zur Kirche geworden." Er setzt fort: Zwischen der „Kultur-Kirche und dem Staat hat sich eine Trennung vollzogen", wobei die Menschheit zweigeteilt wurde, und zwar in „Freunde und Feinde des Wortes"[27].

Während Mandelstam analysiert, dass „das Ausgeschlossensein des Staates von den kulturellen Werten" folglich zu dessen „völliger Abhängigkeit von der Kultur"[28] führe, wusste er vorerst selbst nicht, wie sich das Verhältnis Autor und Staat tatsächlich auf ihn auswirken würde.

9

Dos revoluciones (la de Febrero y la de Octubre) y dos guerras (la Primera Guerra Mundial y la Guerra Civil Rusa): Mandelstam se vio obligado a ser testigo directo de todos estos acontecimientos, que sacudieron los pilares de su concepción del mundo…

Cuando en verano de 1923 el poeta Lev Górnung, que entonces tenía veintidós años, hizo llegar a Mandelstam un cuadernillo con sus versos, ya no se estaba dirigiendo a un maestro del acmeísmo, sino a un poeta completamente distinto. Y este, sin ningún tipo de ostentación, le respondió en una nota adjunta a los poemas: «[...] hay en ellos [en sus versos, P. N.] una lucha, una voluntad viva contra la carga de los muertos, como contra las palabras "acmeístas". A usted le gusta el *pathos*. Usted quiere sentir el tiempo. Pero la percepción del tiempo cambia. El acmeísmo del año 1923 no es el mismo que el del año 1913. Probablemente el acmeísmo haya dejado de existir por completo. Tan solo pretendía ser la "consciencia" de la poesía. Era un juicio sobre la poesía, pero no la poesía misma».[26]

Esta confesión constituye una especie de antimanifiesto acmeísta. ¿De qué se está retractando Mandelstam? Del carácter estático del acmeísmo, del peligro de la inmovilización de la palabra, que sigue estando llena de un sentido propio, aunque privada del contacto con su tiempo histórico y de una «voluntad viva».

De hecho, Mandelstam ya había renegado del acmeísmo anteriormente, poco después de la revolución: «No es necesario crear escuelas poéticas. No es necesario inventarse una poética propia. [...] No pidáis a la poesía ningún tipo especial de "sustancialidad", de materialidad o concreción».[27] Así se expresaba el autor en el artículo «La palabra y la cultura», que en mayo de 1921 apareció en el almanaque del Taller de los Poetas *Drakón*. En este texto el autor intenta interpretar los cambios históricos de que ha sido testigo, y al mismo tiempo se prepara a conciencia para ir al encuentro de lo nuevo con actitud orgullosa e independiente. Mandelstam advierte que en aquella aún joven república soviética a la cultura se le había encomendado la misión de reemplazar a la Iglesia: «La Cultura se ha convertido en Iglesia». Y el autor insiste: «Se ha producido una separación de la Cultura Eclesiástica y del Estado». A partir de entonces, la humanidad pasó a dividirse entre «amigos y enemigos de la palabra».[28]

Al creer firmemente que el «aislamiento del Estado en lo que se refiere a valores culturales» lleva en buena lógica a hacerlo «por completo dependiente de la cultura»,[29] Mandelstam no intuyó cómo se desarrollaría en su caso particular la relación entre el escritor y el Estado.

Im Essay „Humanismus und Gegenwart" (1923) denkt er eingehender über die künftige „gesellschaftliche Architektur"[29] nach und stellt der „gesellschaftlichen Pyramide"[30], die über dem Menschen steht, „eine soziale Gotik"[31] gegenüber: Denn, „wenn nicht eine wahrhaftig humanistische Rechtfertigung die Grundlage der künftigen gesellschaftlichen Architektur bildet, wird diese den Menschen zermalmen, wie Assyrien und Babylon es getan haben"[32]. Mandelstam hoffte, dass die humanistischen Werte nicht auf Dauer verschwunden seien, sie sich vielmehr „nur zurückgezogen haben"[33] und sich gegenwärtig verborgen hielten „als eine goldene Währung"[34] und „wie ein Goldvorrat [...] den ganzen Ideenverkehr des modernen Europa"[35] absicherten. „Und nicht unter dem Spaten des Archäologen werden die herrlichen Florine des Humanismus aufklingen, sondern sie werden ihren Tag erleben und als gebräuchliche klingende Münze durch die Hände gehen, wenn die Zeit gekommen ist."[36]

Mandelstam erweist sich als guter und schlechter Prophet zugleich. Als er im sowjetischen Lager am Ende der Welt im Sterben lag, erfuhr er sicher nicht, dass zu dieser Zeit in seinem innig geliebten Heidelberg, wie in anderen deutschen Städten auch, die Synagogen brannten. Laut Semjon Lipkin sagte er: „Hitler und Stalin sind die Schüler Lenins." (In der schriftlichen Version seiner Erinnerungen bezeugt Lipkin Mandelstams Worte: „Dieser Hitler, den die Deutschen vor einigen Tagen zu ihrem Reichskanzler gewählt haben, wird die Sache unserer Führer fortsetzen. Sie waren sein Ausgangspunkt, er wird wie sie."[37])

Noch weniger ahnte Mandelstam, dass seine Gedichte zu eben jenen goldenen „Florinen des Humanismus"[38] und zum „goldenen Schatz" des kulturellen Gedächtnisses werden würden. „Poesie ist ein Pflug, der die Zeit in der Weise aufreißt, daß ihre Tiefenschichten, ihre Schwarzerde zutage tritt"[39], heißt es im Essay „Das Wort und die Kultur" (1921). 78 Jahre nach Mandelstams Tod stehen seine Worte auf einer Gedenktafel in Heidelberg, die an jenem Haus Platz gefunden hat, wo er womöglich die schönsten, sorglosesten, freiesten und glücklichsten Jahre verbracht hat.

10

Noch vor der Revolution und während des Bürgerkriegs versuchten die verschiedensten Machthaber, den Dichter Mandelstam zu prüfen, sie verhafteten ihn, entließen ihn wieder und drohten ihm. Die Sowjetmacht jedoch fand besonders perfide Methoden: Sie erließ Veröffentlichungsverbote, entfesselte

Pero muy pronto, en el artículo «El humanismo y el presente» (1923), Mandelstam reflexiona con detalle acerca de la futura «arquitectura social»,[30] y contrapone al mundo de la «pirámide», construido a partir del individuo, el «gótico social»,[31] edificado para él: «Si la arquitectura social del futuro no se cimenta en una justificación genuinamente humanista, aplastará al hombre como Asiria y Babilonia lo hicieron en el pasado».[32] Mandelstam tiene la esperanza de que los valores humanos no hayan desaparecido, quiere pensar que solo «se han retirado, se han ocultado como las monedas de oro», y que «igual que las reservas de este metal […] garantizan toda circulación de ideas en la Europa contemporánea».[33] Y concluye así su reflexión: «[…] los magníficos florines del humanismo sonarán una vez más, pero no al chocar contra la pala del arqueólogo; cuando llegue el momento, reconocerán su época y resonarán como las tintineantes monedas de la divisa común que pasa de mano en mano».[34]

Mandelstam resultó ser a la vez un mal y un buen profeta. Mientras se consumía en un campo soviético perdido en el fin del mundo, a buen seguro no le llegó la noticia de que, en aquel tiempo, en su amado Heidelberg y en otras ciudades alemanas ardían las sinagogas. Según el testimonio de Semión Lipkin, Mandelstam dijo: «Hitler y Stalin son alumnos de Lenin». De hecho, en las memorias de Lipkin encontramos una versión parecida de aquellas palabras: «Este Hitler, al que hace unos días los alemanes han elegido canciller, será el continuador de la causa de nuestros líderes. Estos fueron su punto de partida, y habrá de volver a ellos».[35]

Pero en ningún caso imaginaba Mandelstam que, un cuarto de siglo más tarde, sus poemas iban a convertirse precisamente en aquellos «florines de oro del humanismo» que él había profetizado, en una «reserva de oro» del patrimonio cultural europeo.

«La poesía es el arado que desentierra el tiempo, poniendo al descubierto sus estratos más profundos, su tierra negra»,[36] podemos leer en el artículo «La palabra y la cultura», que hemos mencionado antes. Y resultó que Mandelstam estaba escribiendo sobre sí mismo: setenta y ocho años después de su muerte, estas palabras están labradas en la placa conmemorativa que se colocó en Heidelberg en su honor, en la casa en la que pasó sus días estudiantiles quizá más despreocupados, más libres y felices.

10

Ya antes de la revolución, y también durante los años de la guerra civil, las distintas autoridades sometieron a Mandelstam a todo tipo de pruebas: en-

Hetzkampagnen, engagierte Spitzel. Es folgten Verhaftungen, Verbannung, Verurteilung, Begnadigung und wieder Verurteilung.

Ossip Mandelstam, der beiden Revolutionen mit intuitiver Skepsis entgegensah – „Nun los, versuchen wirs: das Steuer linkisch wenden / Wir um, und mags auch knirschen sehr!"[40] –, suchte in den 1920er Jahren noch nach der richtigen Form für seine Beziehungen mit den ihm wesensfremden Machthabern.

Mandelstam war als Dichter für viele Jahre verstummt, erst seine Armenien-Reise, überschattet von der Hetzkampagne um die „Eulenspiegel"-Übersetzung, schenkte ihm neuen Mut. Seine Stimme gewann an neuer poetischer Kraft. Mandelstam ging zu metrischen Wellen und semantischen Gedichtzyklen über; aus dem ihn stärkenden Gedichtzyklus „Armenien" resultierten Gedichte wie „Für den pochenden Mut einer künftigen Zeit" (März 1931).

Als Mandelstam mit eigenen Augen den Holodomor sah, die schlimmste Hungersnot in der Ukraine in den Jahren 1932 und 1933, hielt ihn nichts mehr zurück. Er schrieb Zeilen gegen den „Verderber der Seelen und Bauernabschlächter" nieder, wie es im „Epigramm gegen Stalin" heißt, und besiegelte damit sein baldiges Todesurteil. Stalin gewährte ihm 1934 einen Aufschub. Dieser wurde ihm nicht aus Lust und Laune zugebilligt, sondern um dem „Meister" anzudeuten, dass er sich mit einem künstlerischen „Gegengeschenk" zu bedanken habe. Ihn verhöhnend, ließ Stalin fallen: „Unsere Stärke besteht darin, dass wir erst Mandelstam und später Bulgakow dazu gebracht haben, für uns zu arbeiten."[41] In der Tat verfasste Mandelstam einige Jahre darauf eine lange, zweideutige „Stalin-Ode" (1937).

In der gegenwärtigen Mandelstam-Forschung sorgt die Ode nach wie vor für zahlreiche Spekulationen zum Thema Kollaboration: Wann, warum und ob aus Mandelstam ein gebrochener Dichter geworden sei und worauf einzelne stilistische Feinheiten und Anspielungen zurückzuführen seien.

Der Aufschub war von kurzer Dauer. Das Zeitfenster, in dem es einen Spielraum gab, schloss sich 1938 endgültig. Die Zuschauerreihen hatten sich längst gelichtet, Stalins Säuberungsmaschinerie mit Verhaftungen und Erschießungen war seit 1937 in vollem Gange.

Der damalige Generalsekretär des Schriftstellerverbandes, Wladimir Stawskij, verfasste einen denunzierenden Brief an den Geheimdienstchef des NKWD (Volkskommissariat für innere Angelegenheiten), Jeschow, in dem er Mandelstams satirisches „Epigramm gegen Stalin" von 1933 anführt. Dieser Brief führte 1938 zu Mandelstams zweiter Verhaftung. Diese geschah am 2. Mai in Samaticha, zunächst aufgrund geheimdienstlicher Vorermittlun-

viaban informes sobre él, lo arrestaban, lo soltaban, negaban con la cabeza en un gesto de reproche. Pero el poder soviético lo trató con métodos represivos particularmente implacables: prohibía imprimir sus obras, orquestaba campañas calumniosas, le mandaban espías a casa… Más adelante siguieron los arrestos, el destierro, la condena, el indulto y de nuevo la condena, esta vez definitiva.

Ósip Mandelstam, que vivió las dos revoluciones con una angustia intuitiva —«Pues bien, probemos: del timón la enorme, / y torpe y chirriante rueda»—,[37] no dejó de buscar durante los años veinte la forma adecuada de relacionarse con aquel poder que tan ajeno le resultaba.

El Mandelstam poeta guardó silencio durante largos años, y solo su viaje a Armenia, que fue ensombrecido por el «*affaire* Eulenspiegel», fue capaz de infundirle nueva energía. Aquella voz había recobrado su vigor. El poeta se entregaba a la experimentación métrica y a los ciclos sobre un mismo tema. Fortalecido por el ciclo «Armenia», concibió poemas audaces como el famoso «Por la gloria ruidosa de siglos futuros» de marzo de 1931.

Tras presenciar con sus propios ojos los estragos del Holodomor, la hambruna que asoló Ucrania entre 1932 y 1933, Mandelstam no pudo contenerse más. Y entonces escribió aquello sobre el «pervertidor de almas y descuartizador de campesinos», como se dice en el epigrama sobre Stalin, certificando con ello su prematura condena a muerte. Pero en 1934 Stalin le concedió un aplazamiento de la pena. Aunque ni mucho menos fue por antojo o de forma desinteresada, sino para quedar como un taumaturgo y transmitir al «maestro» una suerte de favor creativo, de gratitud elemental, y afirmar luego en tono de burla y por enésima vez: «Nuestra fuerza reside en que hemos obligado primero a Mandelstam y después a Bulgákov a trabajar para nosotros».[38] Y, en efecto, Mandelstam escribió unos años más tarde una larga y ambigua «Oda a Stalin» (1937).

A partir de los versos de la «Oda» surgió toda una rama de los estudios modernos sobre Mandelstam que especula apasionadamente sobre el «colaboracionismo» del poeta: cuándo, en qué sentido y en qué medida Mandelstam «se quebró», y a qué se deben los desacuerdos «estilísticos» con la época que le tocó vivir.

Pero en 1938 no quedaba ya tiempo para jugar, ni siquiera al gato y el ratón. El público al que todo aquello pudiera divertir había menguado en gran medida, puesto que desde el año anterior las purgas de Stalin con sus arrestos y fusilamientos se encontraban en pleno apogeo.

El secretario general de la Unión de Escritores de entonces, Vladímir Stavski, envió una carta de denuncia al jefe del NKVD (Comisariado del

gen. Das NKWD-Sondergericht fällte schließlich das Urteil – fünf Jahre Arbeitslager. Im Gefängnis, während des Transports im Gefangenenzug und im Durchgangslager hatte sich Mandelstams Gesundheitszustand zunehmend verschlechtert. Er starb am 27. Dezember 1938 im brutalen Durchgangslager Wtoraja Retschka bei Wladiwostok. Sein Leichnam blieb bis in den Frühling hinein unbestattet und fand seine letzte Ruhe in einem Massengrab.

11

Mandelstam zählt heute zu den bedeutendsten Dichtern der russischen Lyrik des 20. Jahrhunderts. Sein Werk zeugt von gleicher Größe und Begabung wie die Dichtung Alexander Puschkins, von gleicher philosophischer Tiefe wie die Lyrik Fjodor Tjutschews. Mandelstam war ausgestattet mit einem seltenen politischen Zorn, vergleichbar dem Nikolaj Nekrassows. Sein literarischer Rang entspricht dem seines Zeitgenossen Boris Pasternak.

Das Schicksal, das Mandelstam widerfuhr, ist das bittere, schwere Schicksal eines russischen Dichters in den dunkelsten Zeiten Russlands. Er war wie kein anderer Dichter seiner Epoche ausgestattet mit einem Gespür für „das Rauschen der Zeit".

In den 1930er Jahren betrachteten Zeitgenossen den *Tristia*-Gedichtband als Höhepunkt seiner Dichtkunst, sie bewunderten Mandelstam vor allem für seine frühe Lyrik. In den 1950er Jahren verlagerte sich die Aufmerksamkeit auf Texte wie die „Griffel-Ode" und „Bahnhofskonzert" sowie auf die „Wolfs"-Gedichte genannten Texte, etwa „Für den pochenden Mut einer künftigen Zeit" (1931), wo es heißt: „Und das Wolfshund-Jahrhundert, es springt auf mich los, / doch ich bin nicht von wölfischem Blut", die in die von Gleb Struwe und Boris Fillipow 1955 zusammengestellte Mandelstam-Ausgabe eingegangen waren.

Mit Beginn der 1960er Jahre bis zum Ende der Sowjetmacht konzentrierte man sich auf die Gedichte aus den *Moskauer Heften*. Nahezu jeder Intellektuellen-Haushalt hütete ein „Gedichtbändchen" von Mandelstam aus dem Samisdat oder dem Tamisdat (im Westen gedruckte und nach Russland geschmuggelte Bücher regimekritischer Autoren), das das berühmte „Für den pochenden Mut einer künftigen Zeit" und das wiederum aufgrund des Mutes Mandelstams in die Geschichte eingegangene „Epigramm gegen Stalin" (1933) enthielt.

In den 1990er Jahren fanden die Gedichte aus den *Woronescher Heften* (1935 bis 1937) zunehmend Aufmerksamkeit. Insbesondere „Die Verse

Pueblo para Asuntos Internos), Nikolái Yezhov, en la cual se mencionaba como prueba de cargo el susodicho epigrama contra Stalin. Aquella carta propició que el poeta rebelde fuera detenido por segunda vez. El 2 de mayo de 1938, en efecto, Mandelstam fue arrestado en Samátija. En un principio se iniciaron diligencias, y después se le abrió un expediente de reclusión. Un jurado del NKVD dictó sentencia: cinco años en un campo de trabajos forzados. En la cárcel, durante el destierro, en el convoy y en el campo de tránsito la salud de Mandelstam se había deteriorado mucho. Murió el 27 de diciembre de 1938, como sabemos, en un campo de deportados del Lejano Oriente, convertido en una sustancia irreconocible, la que sus enemigos habían querido. Su cuerpo no fue enterrado hasta la primavera, y encontró su último reposo en una fosa común.

11

Mandelstam es considerado hoy uno de los poetas más importantes de la poesía rusa del siglo XX. Su obra tiene una magnitud y un talento comparables a la poesía de Aleksandr Pushkin, y una profundidad filosófica análoga a los versos de Fiódor Tiútchev. Mandelstam estaba dotado de un excepcional temperamento político, o cívico si se prefiere, de un modo que recuerda a Nikolái Nekrásov. Y por su altura literaria es equiparable a la de su coetáneo Borís Pasternak.

El destino deparó a Mandelstam las más duras y amargas vicisitudes de un poeta ruso en los tiempos más oscuros de Rusia. Nuestro autor atesoraba como ningún otro poeta de su época una sensibilidad especial para captar el «rumor del tiempo».

En la década de 1930 el poemario *Tristia* era considerado por sus contemporáneos como la culminación de su poesía, mientras seguían viendo en Mandelstam sobre todo al poeta de la lírica temprana. En los años cincuenta, el interés por su obra recayó sobre poemas como «Oda al estilete» y «Concierto en la estación», así como sobre los del «lobo», llamados así porque en ellos aparece el motivo de este animal. El más conocido es sin duda «Por la gloria ruidosa de siglos futuros» (1931), o «El lobo» según la denominación popular, que fue incluido en el último momento en la edición de Gleb Struve y Borís Filíppov de 1955: «el siglo perro-lobo se me abalanza por la espalda, / mas no tengo yo sangre de lobo…».[39]

Desde comienzos de la década de 1960 hasta el final del régimen soviético la atención se centró de manera preferente sobre los poemas de los *Cua-*

vom unbekannten Soldaten" und die „Stalin-Ode", die in den 2000er Jahren hinzukamen, lösten eine Reihe von Debatten um Mandelstams angeblichen Konformismus aus.

Zum 125. Geburtstag Mandelstams rücken die philosophischen Aspekte seiner Lyrik in den Fokus, weil sie auf der Suche nach tiefgründigen Erklärungen ist, das Alltägliche scheut; seine Poesie bewegt aufgrund ihrer Suche nach Ewigkeit und Universalität. Dazu gehören Gedichte wie „An die deutsche Sprache" (1932) oder das Natascha Stempel gewidmete Gedicht: „Die leere Erde unwillkürlich rührend":

Es gibt sie: Frauen, feuchter Erde nah Verwandte,
Und ihre Schritte – Schluchzen, Widerhall.
Die Toten zu geleiten sind sie Abgesandte,
Als erste grüßen sie die Auferstandenen all […] [42]

12

Mandelstams Stimme ist heute keineswegs geschwächt, im Gegenteil, sie hat an Kraft gewonnen. Das trifft nicht nur auf seine Lyrik zu, sondern auch auf seine Prosa, die durch ihre Farbigkeit, die ausgesuchten Metaphern, die Klarheit und die Originalität der Sprache besticht.

Motive und Themen des frühen autobiografischen Prosawerks *Das Rauschen der Zeit* (1925) und von *Die ägyptische Briefmarke* (1928) sowie die *Vierte Prosa* (1929) und die *Reise nach Armenien* (1933) werden auf subtile Weise im Essay *Gespräch über Dante* (1933) wieder aufgegriffen, das auf seine Weise eine Ars Poetica Mandelstams ist. Das fiktive Gespräch umkreist die Natur des Poetischen und die Materie des Gedichts. Darin meidet Mandelstam den Begriff „das Wort"; er ersetzt es durch Begriffe wie „Poesie" oder die „poetische Sprache". Und das ist nicht die entscheidendste Wandlung, die Mandelstam an dieser Stelle vollzieht. Er dringt im *Gespräch über Dante* in ein neues Gebiet vor und verfasst eine dynamische Poetik über das im Werden begriffene, über das vor unseren Augen Entstehende.

Ihn beschäftigt vornehmlich der Prozess des „beweglichen und in verschiedene Richtungen Strebenden" [43] und des Springenden, das den „Sinn der poetischen Sprache entstehen" [44] lässt. Auf diese Weise „entsteht der Text in seiner Ganzheit als Ergebnis eines einzigen differenzierenden Ausbruchs, von dem er überall durchdrungen ist. Nicht eine Minute bleibt er sich selber gleich[…]" [45] Nicht die Entstehung der Form, sondern die Entstehung des

dernos de Moscú. En casi todos los hogares de intelectuales podía encontrarse una edición clandestina en *samizdat* o bien en *tamizdat* (libros de autores críticos con el régimen impresos en Occidente e introducidos ilegalmente en la URSS) con poemas de Mandelstam, en la que se encontraban el mencionado «El lobo» (1931) y el epigrama contra Stalin (1933), poema por el que la valentía de Mandelstam pasaría a la historia.

En la década de 1990 el interés por la obra de nuestro autor se desplazó a los poemas de los *Cuadernos de Vorónezh* (1935-1937). Sobre todo los «Versos del soldado desconocido» y la «Oda a Stalin», reinterpretados durante la primera década del siglo XXI, provocaron una serie de debates sobre el supuesto conformismo del escritor.

El reciente 125º aniversario del nacimiento de Mandelstam nos ha brindado la ocasión para discutir los aspectos filosóficos de su poesía, pues esta es una búsqueda de explicaciones fundamentales, una huida de lo cotidiano. La lírica mandelstamiana conmueve por su búsqueda de eternidad y universalidad, tal como se observa en los versos de «A la lengua alemana» (1932) o en el poema dedicado a Natasha Stempel «En la tierra desierta cayendo sin querer» (1937):

Hay mujeres nacidas en terreno lluvioso
y es cada paso suyo un sonoro sollozo,
acompañar resucitados es su carrera
y a los muertos saludar por vez primera.[40]

12

En la actualidad, la voz de Mandelstam no ha perdido fuerza poética. Más bien al contrario, se ha visto fortalecida, algo que no solo atañe a su poesía sino que se extiende también a sus textos en prosa, caracterizados por el colorido, las metáforas audaces, la claridad y la originalidad de su lenguaje.

En el ensayo *Coloquio sobre Dante* (1933), obra que en buena medida constituye su *ars poetica*, Mandelstam retoma sutilmente motivos y temas ya presentes en sus artículos de juventud, así como en sus escritos *La cuarta prosa* (1929) y *Viaje a Armenia* (1933). El coloquio ficticio es un diálogo sobre la naturaleza de lo poético y la materia de la poesía.

En el *Coloquio sobre Dante* Mandelstam evita a menudo el término «palabra», sustituyéndolo por otros como «poesía» o «lenguaje poético». Y este no es el único desvío acometido por Mandelstam en la obra. El *Coloquio*

oben erwähnten Ausbruchs veranlasst Mandelstam, Dante zu analysieren und sich insbesondere der Rangfolge von Ausbruch und Text zu widmen.[46]

13

So wenig wie sich Mandelstams Lyrik gegen eine bloße Nacherzählung sträubt, so schwierig gestaltet sich die schlichte Nacherzählung seines Schicksals. Mandelstam schrieb in jungen Jahren, damals aufgewühlt durch Skrjabins Tod, im Aufsatz „Puschkin und Skrjabin" (1915), dass der Tod eines Künstlers im Grunde sein wichtigster und schöpferischster Akt sei: „[…] Ich möchte von Skrjabins Tod als vom höchsten Akt seines Schaffens sprechen. Mir scheint, man dürfe den Tod eines Künstlers nicht von der Kette seiner schöpferischen Leistungen ausschließen, sondern müsse ihn vielmehr als das letzte, das Schlußglied der Kette betrachten. Von diesem gänzlich christlichen Gesichtspunkt aus macht einen der Tod Skrjabins staunen. Er ist nicht nur bemerkenswert als das unglaubliche posthume Wachstum eines Künstlers in den Augen der Masse, sondern wirkt auch gleichsam als Quelle dieses Schaffens, als dessen teleologischer Grund. Nimmt man die Decke des Todes ab von diesem schöpferischen Leben, so wird es frei aus seinem Grunde, aus dem Tod hervorströmen, sich um diesen Tod herum anordnen wie um eine Sonne und deren Licht in sich aufnehmen."[47]

Die Worte zeugen von starker Ausdruckskraft und hoher Verantwortung zugleich. Der Tod als teleologische Quelle des Lebens, das eigene Schicksal als genetischer Code oder eine Art Abdruck der schöpferischen Evolution? Der Dichter selbst trifft eine bewusste Wahl und wird damit zum Werkzeug einer höheren Schöpfung.

Betrachtet man Mandelstams Tod unter diesem Aspekt, erreichten darin, als er „im Fäustepaar", die eigene „Jahrzahl"[48] zerreibend, im November 1933 die verhängnisvollen Zeilen über Stalin verfasste, poetisches Schaffen, Zivilcourage und Menschlichkeit ihren Höhepunkt.

Als Dichter entschied er sich dafür, den Tyrannen mit seinem Epigramm zu ohrfeigen – niemals würde er den Schierlingsbecher aus dessen Händen leeren.

Wählte Mandelstam bewusst dieses Ende? Sein Leben war geprägt durch beispiellose Lebensfreude, der freiwillige Opfertod passt an dieser Stelle kaum ins Bild. Nicht eine höhere Macht verursachte Mandelstams Tod, sondern die Mühlsteine eines totalitären Systems, personifiziert im „Knechter" Stalin.

sobre Dante sirve al autor para adentrarse en un terreno nuevo y desarrollar una poética dinámica del surgir, de aquello que nace ante nuestros ojos.

Mandelstam está particularmente preocupado por el proceso del ser en movimiento que se expande en diversas direcciones, lo dinámico, el ímpetu creador, lo que hace brotar el sentido de la lengua literaria.[41] De este modo «la obra surge como el todo resultante de un único impulso diferenciador que la atraviesa. Ni un solo instante permanece parecida a sí misma».[42] No es el surgimiento de la forma sino el nacimiento de ese impulso el motor que lleva a Mandelstam a analizar la obra de Dante y a entregarse a estudiar «la subordinación mutua del impulso y el texto».[43]

13

Tan poco se opone la poesía de Mandelstam a una simple narración como difícil resulta la mera narración de su destino. En sus años de juventud, conmovido por la muerte de Skriabin, Mandelstam afirmó en su breve ensayo «Pushkin y Skriabin» (1915) que la muerte de un artista es su acto más importante y creativo: «Quiero hablar de la muerte de Skriabin como del acto más elevado de su arte. Me parece que no se debe separar la muerte de un artista de la cadena de sus logros creativos, sino que hay que considerarla como el último eslabón, aquel que cierra la cadena. Desde este punto de vista absolutamente cristiano, la muerte de Skriabin es algo asombroso. No solo es destacable como el fabuloso ensalzamiento póstumo de un artista ante la mirada de la masa, sino que también se presenta como la fuente de su arte, como su razón teleológica. Si a esa vida creadora se le quita el manto de la muerte, entonces se la libera de su propio fundamento haciéndola emanar de la muerte para ordenarse en torno suyo como si rodeara un sol y absorbiese su luz».[44]

Estas palabras muestran al mismo tiempo una intensa expresividad y una enorme responsabilidad. ¿La muerte como fuente teleológica de la vida, el propio destino como código genético o una especie de impronta que deja la evolución creativa? El propio poeta toma una decisión consciente, convirtiéndose así en la herramienta de una creación mayor.

Si se observa la muerte de Mandelstam desde esta perspectiva, la creación poética, el coraje civil y la humanidad salieron triunfadores en noviembre de 1933, cuando el poeta escribió aquellos aciagos versos sobre Stalin con «el puño desgastado apretando» el año de su propio nacimiento.[45]

Como poeta, Mandelstam decidió darle una bofetada al tirano con su epigrama: él nunca habría bebido la cicuta de sus manos.

Betrachtet man Mandelstams Werk, ging es ihm gewiss nicht um Selbstdarstellung, für ihn zählte allein das Wort: „Jedes Wort ist ein Strahlenbündel: Der Sinn bricht in verschiedene Richtungen aus ihm hervor und eilt nicht auf den einen, offiziellen Punkt zu. Wenn wir »Sonne« sagen, machen wir eine gewaltige Reise, an die wir uns so sehr gewöhnt haben, daß wir sie im Schlaf absolvieren. Poesie unterscheidet sich gerade dadurch von einer automatischen Rede, daß sie uns weckt und aufrüttelt in der Mitte des Wortes. Dann erweist dieses sich als weitaus länger, als wir gedacht haben, und wir erinnern uns, daß Sprechen bedeutet – immer unterwegs zu sein."[49]

1 „Genommen habt ihr mir: die Meere, Lauf und Flug", in: Ossip Mandelstam: *Woronescher Hefte. Letzte Gedichte 1935–1937*, aus dem Russischen übertragen und herausgegeben von Ralph Dutli, Ammann Verlag, Zürich 1996, S. 39.

2 „Die Angst ist bei uns, mit im Bund", in: Ossip Mandelstam: *Mitternacht in Moskau, Die Moskauer Hefte, Gedichte 1930–1934*, aus dem Russischen übertragen und herausgegeben von Ralph Dutli, Ammann Verlag, Zürich 1991, S. 7.

3 „Die leere Erde unwillkürlich rührend", in: Ossip Mandelstam: *Die Woronescher Hefte. Letzte Gedichte 1935–1937*, aus dem Russischen übertragen und herausgegeben von Ralph Dutli, Ammann Verlag, Zürich 1996, S. 215.

4 „An die deutsche Sprache", in: Ossip Mandelstam: *Mitternacht in Moskau. Die Moskauer Hefte, Gedichte 1930–1934*, aus dem Russischen übertragen und herausgegeben von Ralph Dutli, Ammann Verlag, Zürich 1991, S. 139.

5 „Europa", in: Ossip Mandelstam: *Der Stein. Frühe Gedichte 1908–1915*, aus dem Russischen übertragen und herausgegeben von Ralph Dutli, Ammann Verlag, Zürich 1988, S. 145.

6 „Silentium", in: Ossip Mandelstam: *Der Stein. Frühe Gedichte 1908–1915*, aus dem Russischen übertragen und herausgegeben von Ralph Dutli, Ammann Verlag, Zürich 1988, S. 33.

7 „Als er das Joch von Bosheit und Gewalt", in: Ossip Mandelstam: *Tristia. Gedichte 1916–1925*, aus dem Russischen übertragen und herausgegeben von Ralph Dutli, Ammann Verlag, Zürich 1993, S. 179.

8 Ossip Mandelstam: „Der Morgen des Akmeismus", in: *Über den Gesprächspartner. Gesammelte Essays I, 1913–1924*, aus dem Russischen übertragen und herausgegeben von Ralph Dutli, Ammann Verlag, Zürich 1991, S. 20.

9 Ebd., S. 18.

10 Ebd., S. 19.

11 Ebd., S. 20.

12 Sergej Kablukov: O. Ė. Mandel'štam v zapisjach dnevnika i perepiske S. P. Kablukova, in: O. Ė. Mandel'štam. *Kamen'*. Leningrad 1990, S. 251–252.

13 RGALI (Staatliches Russisches Archiv für Literatur und Kunst), Bt. 1893, Fb. 1, Nr. 8.

14 In: *Inskripty i marginalii Osipa Mandel'štama*, herausgegeben von Sergej Vasilenko und Pavel Nerler. Veröffentlichungen der Mandelstam-Gesellschaft, Moskau 2011, S. 210.

15 Osip Mandel'štam: *O poėzii. Sbornik statej.* Academia, Leningrad 1928, S. 3.

16 Ossip Mandelstam: „Vierte Prosa", in: Ossip Mandelstam: *Das Rauschen der Zeit. Gesammelte »autobiographische Prosa« der 20er Jahre*, aus dem Russischen übertragen und herausgegeben von Ralph Dutli, Ammann Verlag, Zürich 1985, S. 267–268.

17 „Die Angst ist bei uns, mit im Bund", in: Ossip Mandelstam: *Mitternacht in Moskau. Die Moskauer Hefte, Gedichte 1930–1934"*, aus dem Russischen übertragen und herausgegeben von Ralph Dutli, Ammann Verlag, 1991, S. 7.

18 Nadeschda Mandelstam: *Das Jahrhundert der Wölfe*. Fischer Taschenbuch Verlag, Frankfurt am Main 1991, S. 285.

19 „Fragmente aus vernichteten Gedichten", in: Ossip Mandelstam: *Mitternacht in*

¿Acaso eligió conscientemente ese final? Mandelstam amaba la vida de tal modo que resulta difícil imaginarse al poeta eligiendo la muerte. Su final no fue ejecutado por un poder superior; fue la trituradora de un sistema totalitario personificado en el «peón» Stalin.

Al contemplar la obra de Mandelstam uno comprende que la intención de su escritura no era la representación narcisista de sí mismo, pues para él solo contaba la palabra: «Cualquier palabra es un haz de significados que se yerguen en diversas direcciones y no tienden hacia un único punto oficial. Al decir "sol", es como si realizáramos un largo viaje al que estamos tan acostumbrados que podríamos hacerlo dormidos. La poesía se diferencia del lenguaje automático en que nos despierta y nos sacude a mitad de una palabra. Entonces la palabra se revela como mucho más larga de lo que nos imaginábamos, y recordamos que hablar es estar siempre en camino».[46]

1 «Al privarme de los mares, de correr y del vuelo…», en: Mandelstam, Ossip (2010): *Poesía*. Trad. de Aquilino Duque. Madrid / México: Vaso Roto, p. 239.

2 «¡Qué miedo tenemos los dos…!». Cf. Mandel'štam, Osip (1990): *Sočinenija v dvuch tomach*. Ed. de Pavel Nerler. Moskva: Chudožestvennaja literatura, vol. 1, p. 160. (Cuando las citas provienen de textos inéditos en castellano, se aporta una versión —si no se indica otra cosa— a cargo de las traductoras de este artículo. En tales casos, damos además la referencia bibliográfica del original ruso).

3 «En la tierra desierta cayendo sin querer…», en: *Poesía* (como en la nota 1), p. 375.

4 Versión de Tatjana Portnova a propósito para esta edición. Véase *Sočinenija v dvuch tomach*, vol. 1, p. 193.

5 *Poesía* (como en la nota 1), p. 115.

6 *Poesía* (como en la nota 1), p. 31.

7 *Sočinenija v dvuch tomach*, vol. 1, p. 302.

8 «La aurora del acmeísmo» [sic], en: Mandelstam, Osip (2005): *Sobre la naturaleza de la palabra y otros ensayos*. Trad. de José Casas Risco. Madrid: Árdora, p. 16.

9 *Ibidem*, p. 18.

10 *Ibidem*, p. 16.

11 *Ibidem*, p. 17.

12 *Ibidem*, p. 18.

13 Kablukov, Sergej (1990): «O. È. Mandel'štam v zapiskach dnevnika i perepiske S. P. Kablukova», en: Mandel'štam, Osip: *Kamen'*. Ed. de L. Ginzburg, A. Mec, S. Vasilenko y Ju. Frejdin. Leningrad: Nauka (Akademija nauk SSSR), «Literaturnye pamjatniki», pp. 241-258 [pp. 251-252].

14 RGALI (Archivo Estatal Ruso de Literatura y Arte): fondo 1893, registro 1, expediente 8.

15 Mandel'štam, Osip (2011): *Inskripty i marginalii Osipa Mandel'štama*. Ed. de Sergej Vasilenko y Pavel Nerler. Moskva: Mandel'štamovskoe obščestvo, p. 210.

16 Mandel'štam, Osip (1928): *O poèzii. Sbornik statej*. Leningrad: Academia, p. 3.

17 Mandelstam, Osip (1995): *Coloquio sobre Dante. La cuarta prosa*. Trad. de Jesús García Gabaldón. Madrid: Visor, pp. 83-84.

18 *Sočinenija v dvuch tomach*, vol. 1 (como en la nota 2), p. 160.

19 Mandelstam, Nadiezhda (1984): *Contra toda esperanza. Memorias*. Madrid: Alianza Editorial, p. 305.

20 Mandel'štam, Osip (1994): *Sobranie sočinenij v četyrëch tomach. Stichi i proza 1930-1937*. Ed. de P. Nerler y A. Nikitaev (Mandel'štamovskoe obščestvo). Moskva: Art-Biznes-Centr, vol. 3, p. 308.

21 *Poesía* (como en la nota 1), p. 239.

Moskau, *Die Moskauer Hefte, Gedichte 1930–1934*, aus dem Russischen übertragen und herausgegeben von Ralph Dutli, Ammann Verlag, Zürich 1991, S. 89.

20   „Ich liege in der Erde", in: Ossip Mandelstam: *Die Woronescher Hefte, Letzte Gedichte 1935–1937*, aus dem Russischen übertragen und herausgegeben von Ralph Dutli, Ammann Verlag, Zürich 1996, S. 19.

21   „Genommen habt ihr mir", in: Ossip Mandelstam: *Die Woronescher Hefte, Letzte Gedichte 1935–1937*, aus dem Russischen übertragen und herausgegeben von Ralph Dutli, Ammann Verlag, Zürich 1996, S. 39.

22   In: Nikolaj Punin: *Mir svetel ljubov'ju. Dnevniki. Pis'ma.* Tagebücher. Briefe, Moskau 2000, S. 309.

23   Ossip Mandelstam: *Mitternacht in Moskau. Die Moskauer Hefte. Gedichte 1930–1934*, aus dem Russischen übertragen und herausgegeben von Ralph Dutli, Ammann Verlag, Zürich 1991, S. 165.

24   „Für den pochenden Mut einer künftigen Zeit", in: Ossip Mandelstam: *Mitternacht in Moskau, Die Moskauer Hefte. Gedichte 1930–1934*, aus dem Russischen übertragen und herausgegeben von Ralph Dutli, Ammann Verlag, Zürich 1991, S. 56.

25   Osip Mandel'štam: *Sobranie sočinenij v četyrëch tomach*, t. 4, sostaviteli P. Nerler, A. Nikitaev, Ju. Frejdin, S. Vasilenko, Moskau 1999, S. 33.

26   Ossip Mandelstam: „Das Wort und die Kultur", in: Ossip Mandelstam: *Gesammelte Essays I, 1913–1924*, aus dem Russischen übertragen und herausgegeben von Ralph Dutli, Ammann Verlag, Zürich 1991, S. 85–87.

27   Ebd., S. 83.

28   Ebd., S. 84.

29   Ossip Mandelstam: „Humanismus und Gegenwart", in: *Über den Gesprächspartner, Gesammelte Essays I*, 1913–1924, aus dem Russischen übertragen und herausgegeben von Ralph Dutli, Ammann Verlag, Zürich 1991, S. 175.

30   Ebd., S. 175.

31   Ebd., S. 176.

32   Ebd., S. 177.

33   Ebd., S. 177.

34   Ebd., S. 177.

35   Ebd., S. 178.

36   Ebd., S. 178.

37   Semen Lipkin: *Ugl'*, pylajuščij ognëm, Moskau 2008, S. 34.

38   Ossip Mandelstam: "Humanismus und Gegenwart", in: Ossip Mandelstam: *Über den Gesprächspartner. Gesammelte Essays I, 1913–1924*, aus dem Russischen übertragen und herausgegeben von Ralph Dutli, Ammann Verlag, Zürich 1991, S. 178.

39   Ossip Mandelstam: „Das Wort und die Kultur", in: Ossip Mandelstam: *Über den Gesprächspartner. Gesammelte Essays I, 1913–1924*, aus dem Russischen übertragen und herausgegeben von Ralph Dutli, Ammann Verlag, Zürich 1991, S. 84.

40   „Dämmerung der Freiheit", In: Ossip Mandelstam: *Tristia, Gedichte 1916–1925*, aus dem Russischen übertragen und herausgegeben von Ralph Dutli, Ammann Verlag Zürich 1993, S. 63.

41   Paraphrase einer später gemachten Äußerung Stalins über den Schriftsteller Michail Bulgakow, der ein Theaterstück über ihn verfasste. In: Anatolij Smeljanskij: Uchod: *Bulgakov, Stalin, „Batum".* Pravda, Moskau 1988, S. 45.

42   „Die leere Erde unwillkürlich rührend", In: Ossip Mandelstam: *Die Woronescher Hefte. Letzte Gedichte 1935–1937*, aus dem Russischen übertragen und herausgegeben von Ralph Dutli, Ammann Verlag, Zürich 1996, S. 215.

43   Ossip Mandelstam: „Gespräch über Dante", in: *Gespräch über Dante, Gesammelte Essays II, 1925–1935*, aus dem Russischen übertragen und herausgegeben von Ralph Dutli, Ammann Verlag, Zürich 1991, S. 115.

44   Ebd., S. 120.

45   Ebd., S. 120.

46   Ebd., S. 175.

47   Ossip Mandelstam: „Puschkin und Skrjabin", in: Ossip Mandelstam: *Über den Gesprächspartner. Gesammelte Essays I, 1913–1924*, aus dem Russischen übertragen und herausgegeben von Ralph Dutli, Ammann Verlag, Zürich 1991, S. 62.

48   „Von dem Blut schwellen an die Aorten", in: Ossip Mandelstam: *Die Woronescher Hefte. Letzte Gedichte 1935–1937*, aus dem Russischen übertragen von Ralph Dutli, Ammann Verlag, Zürich 1996, S. 181.

49   Ossip Mandelstam: „Gespräch über Dante", in: *Gespräch über Dante, Gesammelte Essays II, 1925–1935*, aus dem Russischen übertragen und herausgegeben von Ralph Dutli, Ammann Verlag, Zürich 1991, S. 127.

22 *Ibidem*, p. 239.
23 Punin, Nikolaj (2000): *Mir svetel ljubov'ju. Dnevniki. Pis'ma*. Ed. de L. A. Zykov. Moskva: Artist. Režissër. Teatr, p. 309.
24 Mandelstam, Osip (1998): *Tristia y otros poemas*. Trad. de Jesús García Gabaldón. Montblanc, Tarragona: Igitur, «Poesía», 6, p. 136.
25 *Sočinenija v dvuch tomach*, vol. 1 (como en la nota 2), p. 172.
26 Mandel'štam, Osip (1999): *Sobranie sočinenij v četyrëch tomach. Pis'ma*. Ed. de P. Nerler, A. Nikitaev, Ju. Frejdin y S. Vasilenko (Mandel'štamovskoe obščestvo). Moskva: Art-Biznes-Centr, vol. 4, p. 33.
27 «La palabra y la cultura», en: *Sobre la naturaleza de la palabra y otros ensayos* (como en la nota 8), pp. 43-49 [pp. 46-47].
28 *Ibidem*, p. 44.
29 *Ibidem*, p. 45.
30 «El humanismo y el presente», en: *Sobre la naturaleza de la palabra y otros ensayos* (como en la nota 8), pp. 51-54 [p. 51].
31 *Ibidem*, p. 52.
32 *Ibidem*, p. 53.
33 *Ibidem*, p. 53-54.
34 *Ibidem*, p. 54.
35 Lipkin, Semën (2008): *Ugl', pylajuščij ognëm...* Moskva: RGGU, p. 34.
36 «La palabra y la cultura», en: *Sobre la naturaleza de la palabra y otros ensayos* (como en la nota 8), p. 45.
37 «¡Gloria al ocaso de la libertad, hermanos...!», en: *Poesía* (como en la nota 1), p. 187.
38 Paráfrasis de una afirmación posterior de Stalin sobre Bulgákov, quien había escrito la obra de teatro Batum sobre la juventud del líder soviético. Véase Smeljanskij, Anatolij (1988): *Uchod: Bulgakov, Stalin, «Batum»*. Moskva: Pravda, p. 45.
39 *Sočinenija v dvuch tomach*, vol. 1 (como en la nota 2), p. 172.
40 *Poesía* (como en la nota 1), p. 375.
41 Mandelstam, Ósip (2004): *Coloquio sobre Dante*. Trad. de Selma Ancira. Barcelona: Acantilado, p. 12.
42 *Ibidem*, p. 18.
43 *Ibidem*, p. 97.
44 Mandel'štam, Osip (1990): *Sočinenija v dvuch tomach*. Ed. de Pavel Nerler y Sergej Averincev. Moskva: Chudožestvennaja literatura, vol. 2, p. 157.
45 «Se tensan con la sangre las aortas...», en: *Poesía* (como en la nota 1), p. 337.
46 *Coloquio sobre Dante* (como en la nota 41), p. 28.

Ossip Mandelstam, Fotografie des Porträts von
Anna Selmanowa-Tschudowskaja, 1913, GLM

Ósip Mandelstam. Fotografía del retrato de
Anna Selmanova-Chudovskaia, 1913, GLM

„Das Wort bleibt ungesagt, ich finds nicht wieder.

Die blinde Schwalbe flog ins Schattenheim,

Zum Spiel, das sie dort spielen. (Zersägt war ihr Gefieder.)

Tief in der Ohnmacht, nächtlich, singt ein Reim."

1913 ≈ 1922

«Olvidé la palabra que quería decir.

Una golondrina ciega con las alas cortadas

regresa al reino de las sombras

para jugar con la claridad.

En el olvido se canta la canción nocturna».

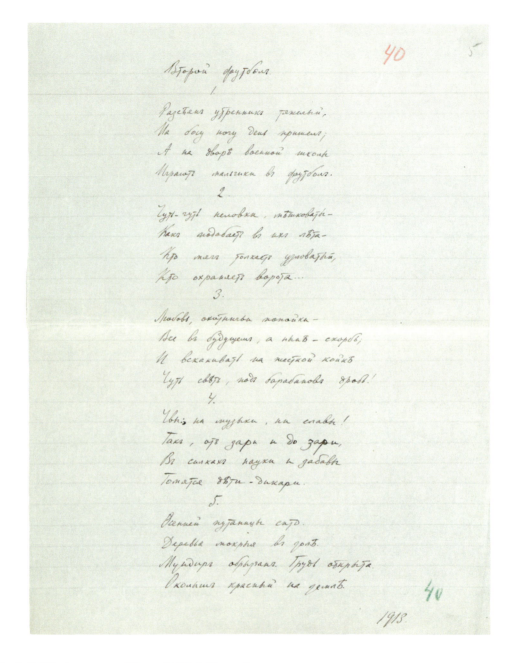ALBUM 1913≈1922

„Zweiter Fußball" in der
Handschrift Mandelstams
von 1913, IRLI

«El segundo fútbol». Manuscrito
de Mandelstam, 1913, IRLI

98

Zweiter Fußball

Vom Morgenfrost bleiben kaum Spuren,
Der Tag kam barfuß an sein Ziel;
Und auf dem Hof der strammen Schule
Spielen die Jungs ihr Fußballspiel.

Ein bißchen plump und ungelenkig
In diesem kleinen Jungenchor
Tritt der den Ball samt seinen Ecken,
Hütet der andere das Tor …

Die Liebe, Trinkfeste, Gezwitscher –
Alles in Zukunft, Kummer jetzt
Heißt Aufstehn von der harten Pritsche
Vom Trommelwirbel aufgehetzt!

Ach, noch kein Ruhm! Nicht Melodien!
Vom Morgen bis zum Abend bang
Im Netz von Wissenschaft und Spielen
Schmort heiß der wilde Kinderstamm.

Herbstlicher Wirrwarr rinnt durch Siebe.
Die Bäume naß, von Asche überdeckt.
Bespritzt die Uniform, der Körper siedet.
Die rote Mütze liegt im Dreck.

1913

Übersetzt von Ralph Dutli

El segundo fútbol

La mañana lastimera está difusa,
El día llegó descalzo;
Y en el patio de la escuela militar
Los chicos juegan al fútbol.

Algo torpes y desmañados,
Como corresponde a su edad,
Unos empujan el balón irregular,
Otros defienden la portería...

El amor y la francachela tras la caza
Esperan en el futuro, pero ahora solo es el pesar
Y el levantarse sobre el catre duro
Al despuntar el alba al repiqueteo del tambor.

¡Ay, no hay ni música ni fama!
Así, de alba en alba,
Se aburren los niños salvajes,
Prisioneros del saber y la distracción.

Es la criba de embrollo otoñal.
Los árboles mojados se cubren de ceniza.
El uniforme está salpicado. El pecho, abierto.
El cintillo rojo yace en el suelo.

1913

Traducción de Tatjana Portnova

Am 1. August 1914 erklärte das Deutsche
Reich Russland den Krieg. Mandelstams
Dichterfreunde wie der führende „Akmeist"
Nikolaj Gumiljow (1886–1921) und der
Übersetzer Benedikt Liwschiz (1887–1938)
zogen gleich in den Krieg. Mandelstam
selbst war wegen Herzschwäche vom
Kriegsdienst befreit.
Seegefecht, 1914, D. Mitrochin, Ausgabe von
R. Golicke und A. Wilborg, St. Petersburg,
Farblithografie, GLM

1 de agosto de 1914: el Imperio alemán le
declara la guerra a Rusia. Amigos del poeta,
como el líder «acmeísta» Nikolái Gumiliov
(1886-1921) y el traductor Benedikt Lívshits
(1887-1938), van a la guerra. Mandelstam
queda exento de prestar el servicio militar
por insuficiencia cardíaca.
D. Mitrojin, Combate naval, 1914. Ejemplar
de R. Golike y A. Wilborg, San Petersburgo,
litografía en color, GLM

МОРСКОЙ БОЙ.

Карта военныхъ дѣйствій 1914 г.

Издание журнала „КРИВОЕ ЗЕРКАЛО".

Am 22. Dezember 1914 fuhr Mandelstam
nach Warschau. Dort meldete er sich frei-
willig als Sanitäter. Er hielt aber nicht länger
als zwei Wochen aus, wurde als untauglich
befunden – laut Anna Achmatowa „erschüttert vom Anblick des Warschauer Ghettos" –
und war schon im Januar 1915 zurück in
Petrograd.
Karte der Kriegshandlungen, 1914, Ausgabe
der Zeitschrift Nowoje Kriwoje Serkalo,
Moskau, Farblithografie, GLM

22 de diciembre de 1914: Mandelstam viaja
a Varsovia. Se alista voluntariamente como
enfermero. No aguanta más de dos semanas,
es considerado inepto —según Anna Ajmátova, «conmovido por el aspecto del gueto
de Varsovia»— y ya en enero de 1915 está de
vuelta en Petrogrado.
Mapa de las acciones militares, 1914. Ejemplar de la revista Nóvoye Krivoye Zérkalo,
Moscú, litografía en color, GLM

Nachdem im September 1914 die Kathedrale
von Reims zerstört wurde, reagierte Man-
delstam mit dem ersten Antikriegsgedicht
„Reims und Köln": „... Das Dunkel wächst
und wächst, zur schwarzen Stunde / Haben
die deutschen Glocken laut gesungen: /
„Was habt in Reims ihr meinem Bruder
angetan!". Auch seine Gedichte „Europa",
„Der deutsche Helm", „Enzyklika" nehmen
Bezug auf die ersten Kriegsmonate.
Krieg in der Luft, 1914, Ausgabe von
I. Sytin, Moskau, Farblithografie, GLM

Después de la destrucción de la catedral de
Reims, en septiembre de 1914. Mandelstam
reacciona con sus primeros versos antibélicos
en «Reims y Colonia»: «... crece y crece lo
oscuro, hacia la hora negra / Sonaron alto las
campanas alemanas: / ¡Qué le hicieron a mi
hermano en Reims!». También sus poemas
«Europa», «El casco alemán» y «Encíclica»
hacen referencia a los primeros meses de la
guerra.
Guerra aérea, 1914, edición de I. Sytin,
Moscú, litografía en color, GLM

Война въ воздухѣ.

№ 45

Наш вѣкъ. — вѣкъ завоевания воздуха. Техники всѣхъ странъ неустанно работаютъ надъ устройствомъ летательныхъ аппаратовъ. Этими аппаратами воспользовались прежде всего въ цѣляхъ войны. Маленькіе аппараты, аэропланы, для одного, двухъ пассажировъ служатъ для развѣдки расположенія непріятельскихъ силъ. Поднявшись высоко въ воздухъ, они все видятъ и даютъ знать своимъ, направляютъ стрѣльбу изъ орудій и т. х. Не-даромъ наши солдаты зовутъ ихъ „дьявольскими очами". Дирижабли и нѣмецкіе цеппелины поднимаютъ громадный грузъ, могутъ перевозить по 40—70 человѣкъ солдатъ и сбрасывать на землю бомбы страшной силы. И какъ только появятся надъ войсками непріятельскіе воздушные корабли, ихъ сейчасъ же стремятся уничтожить выстрѣлами изъ орудій и винтовокъ. Отважные летчики взлетаютъ и вступаютъ въ бой съ непріятелемъ въ воздухѣ, высоко надъ землею. Большею частью этотъ бой кончается гибелью обоихъ противниковъ. Они падаютъ на землю вмѣстѣ со своими аппаратами.

101

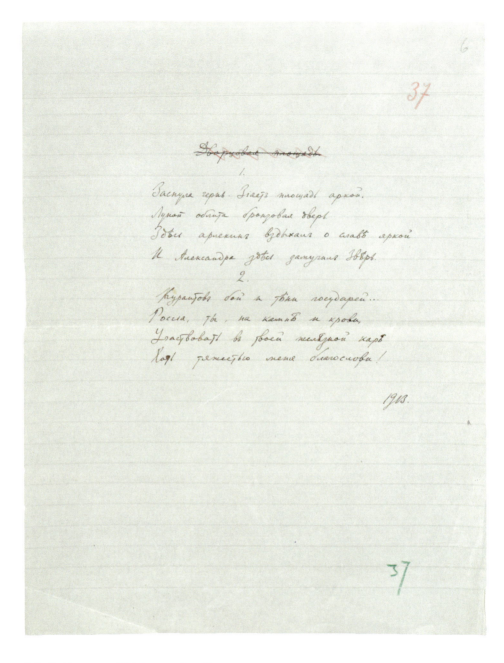

Der ursprüngliche Titel lautete
„Palastplatz". Mandelstams
Zeitgenosse S. Kablukow
vermerkte in seinem Tagebuch,
dass die Zensur die Veröffentlichung des Gedichtes in der
Ausgabe von *Der Stein* von
1916 untersagte. Handschrift
Mandelstams, IRLI

El título original era «Plaza
del palacio». Un coetáneo de
Mandelstam, S. Kablukov, anotó
en su diario que la censura prohibió la publicación del poema
en la edición de *La piedra*, 1916.
Manuscrito de Mandelstam,
IRLI

Der Mob, er schläft. Der Platz da gähnt gebogen.
Vom Mond begossen steht die Bronze-Tür.
Hier seufzte Harlekin von Ruhm und Roben
Und Alexander quälte hier das Tier.

Der Schlag der Turmuhr, Schatten von Monarchen …
O Rußland du, du ganz auf Stein und Blut,
Dein Teil zu sein bei deiner letzten Strafe,
O segne mich, sei's voller Schwere – gut!

1913

Übersetzt von Ralph Dutli

La plebe duerme. El arco hiende la plaza.
La puerta de bronce se baña en la luz de la luna.
Aquí Arlequín suspiraba por la fama brillante,
Y la fiera torturó a Alejandro.

Las campanadas del carrillón y las sombras de soberanos:
Rusia, te elevas sobre piedra y sangre;
Bendíceme con tu peso
para formar parte de tu férreo castigo.

1913

Traducción de Tatjana Portnova

1915 lernte Mandelstam in Koktebel die Dichterin Marina Zwetajewa (1892–1941) kennen. Mandelstam suchte Zwetajewa in Petrograd auf – neun Gedichte Zwetajewas und vier Mandelstams umfasst die Zeit ihrer innigen Beziehung 1916: „Du wirfst den Kopf zurück beim Reden – / Du Stolzkopf, immer lügenschwer. / Welch einen lustigen Gefährten / Hat mir der Februar beschert!" 1914, Moskau, Fotokopie, GLM

Koktebel, 1915: Mandelstam conoce a la poeta Marina Tsvetáyeva (1892-1941). Mandelstam visita a Tsvetáyeva en Petrogrado; el tiempo de su estrecha relación en 1916 comprende nueve poemas de Tsvetáyeva y cuatro de Mandelstam: «Echas la cabeza hacia atrás, al hablar — / Tu orgullosa cabeza, difícil de engañar. / ¡Qué divertido compañero / Me ha regalado febrero!». 1914, Moscú, reproducción fotográfica, GLM

Nadeschda Mandelstam (geb. Chasina, 1899–1980), hier in den 1920er-Jahren in Moskau, wuchs in Kiew auf, wo sie Malerei studierte und Englisch, Französisch und Deutsch lernte. Später schrieb sie in ihrer Autobiografie: „Erst seit der Begegnung mit Mandelstam begann mein Leben …". Die Bekanntschaft fand am 1. Mai 1919 im poetischen Kiewer Café „ChLAM" statt. Sieben Monate später schrieb Mandelstam an sie aus Feodossija: „… Ich bete zu Gott, dass Du hören könntest, was ich sage: mein Kindchen, ohne Dich kann ich und will ich nicht leben, Du bist meine ganze Freude, Du bist meine Liebste, das ist für mich so klar wie Gottes heller Tag …". 1922 heiratete das Paar. Fotokopie, GLM

Nadezhda Mandelstam (apellido de soltera Jázina, 1899-1980), en Moscú, en los años veinte. Creció en Kiev, donde estudió pintura, inglés, francés y alemán. Escribe posteriormente en su autobiografía: «Mi vida comenzó después del encuentro con Mandelstam…». La amistad comenzó el 1 de mayo en el café JLAM. Luego de siete meses, Mandelstam le escribe desde Feodosia: «…Ruego a Dios que puedas escuchar lo que digo: mi niñita, sin ti no puedo, no quiero vivir, tú eres toda mi alegría, tú eres mi amada, esto es para mí tan claro, como el día más claro de Dios…». La pareja contrae nupcias en 1922. Reproducción fotográfica, GLM

Maximilian Woloschin in
den 1920er-Jahren vor seiner
Staffelei. GLM

Maksimilián Voloshin en los
años veinte, frente a su caballe-
te. GLM

Das Haus von Maximilian
Woloschin in Koktebel in den
1920er-Jahren. K. Kostenko,
Papier, Bleistift, Aquarell,
RGALI

La casa de Maksimilián Voloshin en Koktebel en los años
veinte. K. Kostenko, papel,
lápiz, acuarela, RGALI

Ossip Mandelstam 1919 in Koktebel (v. l. n. r.: Jelena Woloschina, unbekannt, Michail Feldstein, Maximilian Woloschin, Ljudwik Kwjatkowskij, Nadeschda Peschkowa, Ossip Mandelstam). „Koktebel ist für alle, die dort gelebt haben, eine zweite Heimat, für viele – der geistige Geburtsort", schrieb einst Marina Zwetajewa. In Woloschins Haus, das in der Zeit von 1903 bis 1913 nach eigenen Entwürfen errichtet wurde, waren von 22 Zimmern allein 15 für Gäste vorgesehen. Hier verweilten viele Künstler und Intellektuelle, zeitweise wurde Koktebel so etwas wie ein kulturelles Zentrum der Halbinsel Krim, eine „künstlerische Kolonie für Dichter, Wissenschaftler und Maler", wie Woloschin selbst seine Vorstellung beschrieb. Fotokopie, GLM, Standort des Originals unbekannt

Ósip Mandelstam en Koktebel, 1919 (de izquierda a derecha: Yelena Volóshina, un desconocido, Mijaíl Feldstein, Maksimilián Voloshin, Liúdvik Kviatkovski, Nadezhda Pechkova, Ósip Mandelstam). «Koktebel fue para todos los que allí vivieron una segunda patria, para tantos el lugar de nacimiento espiritual», escribe Marina Tsvetáyeva. En la casa de Voloshin, construida en el periodo de 1903-1913, según bocetos personales, había 22 habitaciones, de las cuales 15 eran exclusivamente para huéspedes. Allí pernoctaron muchos artistas e intelectuales, y de vez en cuando Koktebel se transformaba en un centro cultural de la península de Crimea, una «colonia artística para poetas, científicos y pintores», según la idea descrita por el mismo Voloshin. Reproducción fotográfica, GLM, ubicación del original desconocida

Von 1915 bis Juli 1920 verbrachte Mandelstam fast jeden
Sommer bei Max Woloschin
in Koktebel, dann brach die
Beziehung zwischen den beiden
Künstlern für mehrere Jahre
ab. Die Krimlandschaft spiegelt
sich in Mandelstams Gedichten
jener Zeit wider. Maximilian
Woloschin, Koktebel, 1926,
Papier, Aquarell, GLM

Desde 1915 hasta julio de 1920,
Mandelstam pasa casi todos los
veranos en casa de Maksimilián
Voloshin en Koktebel. Después,
y por varios años, se rompe la
relación entre ambos poetas.
El paisaje de Crimea se refleja
en los poemas de Mandelstam
de esa época. Maksimilián
Voloshin, Koktebel, 1926, papel,
acuarela, GLM

Als „das Gespött von ganz Koktebel" bezeichnete der Dichter
Wladislaw Chodassewitsch
(1886–1939) Mandelstam in
einem Brief vom 18. Juli 1916,
seinen zweiten Gedichtband
Tristia beurteilte er dennoch
wohlwollend. Später erinnerte
sich Mandelstam an seinen
„Nachbarn im Kamtschatka der
ehemaligen möblierten Zimmer,
wohin sie uns ob der Platznot
in den Gemächern des Hauses
der Künste abgewimmelt hatten
…" (in dieser Art Petersburger „Schriftstellerkommune"
verbrachte Mandelstam Herbst
und Winter 1920/1921) und an
„dessen verhaltene, greisenhafte
Silberstimme", „bezaubernd wie
das Schlagen der Nachtigall,
überraschend und hellklingend
wie das Mädchenlachen in einer
Frostnacht". N. Andrejew, 1922,
Papier, Pastell, GLM

Como «el hazmerreír de todo
Koktebel» fue catalogado
Mandelstam por el poeta
Vladislav Jodasévich
(1886-1939) en una carta de
18 de julio de 1916. Mandelstam, sin embargo, lo juzga
de modo benevolente en su
segundo libro *Tristia*. Posteriormente, Mandelstam se
acuerda de sus «vecinos en la
Kamchatka de las habitaciones
amuebladas de aquel entonces,
donde nos hicieron deshacernos
del arte por falta de espacio en
los salones de la casa…» y de
su desinhibida, anciana voz de
plata, «fascinante como el canto
del ruiseñor, sorprendente y de
sonido claro, como risa de muchacha en una helada noche».
Mandelstam pasa el otoño y el
invierno de 1920/1921 en ese
tipo de comuna de escritores en
San Petersburgo. N. Andréyev,
1922, papel, pastel, GLM

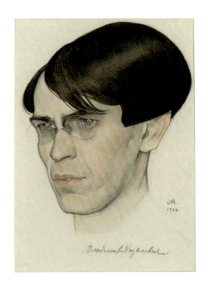

Zu dem Lyriker, Prosaisten und Theoretiker des russischen Symbolismus Andrej Belyj (1880–1934) hatte Mandelstam ein ambivalentes Verhältnis: „… Doch über Belyj lachen möchte man nicht, denn er hat *Petersburg* geschrieben. Bei keinem russischen Schriftsteller ist die der Revolution vorausgehende Unruhe und tiefe Verwirrung so stark zum Ausdruck gebracht worden wie bei Belyj …", schrieb er 1923. Zehn Jahre später, im Sommer 1933, war Belyj für ihn ein wichtiger Gesprächspartner für sein *Gespräch über Dante*. N. Wyscheslawzew, 1929–1933, Kutschino-Moskau, Papier, Rötel, Pastell, Bleistift, GLM

Mandelstam sostiene una relación ambivalente con Andréi Beli (1880-1934), poeta, prosista y teórico del simbolismo ruso: «… Sin embargo, uno no debería reírse de Beli, pues él escribió *Petersburgo*. Ningún escritor ruso ha expresado de manera tan contundente como Beli la inquietud y la profunda confusión provocada por la revolución…», escribe Mandelstam en 1923. Diez años más tarde, en el verano de 1933, Beli fue para él un importante interlocutor mientras escribía el *Coloquio sobre Dante*. N. Vysheslávtsev, 1929-1933, Kúchino-Moscú, papel, sanguina, lápiz, GLM

Illustration zum Gedicht „Im Restaurant" von Alexander Blok (1880–1921), den Mandelstam 1912 kennenlernte. Der frühe durch Hunger und Depression bedingte Tod des bedeutendsten russischen Symbolisten schockierte 1921 die literarischen Kreise. Mandelstam würdigte Alexander Blok zum ersten Todestag mit dem Essay „Der Dachsbau".
A. Rodtschenko, 1915, Papier auf Karton, Gouache, Öl, Lack, Applikation, GLM

Ilustración del poema «En el restaurante», de Aleksandr Blok, (1880-1921), a quien Mandelstam conoce en 1912. La temprana muerte del más importante de los simbolistas rusos, a causa del hambre y la depresión, en 1921, horroriza a los círculos literarios. Mandelstam rinde homenaje a Aleksandr Blok en el primer aniversario de su muerte, por medio de su ensayo «La tejonera».
Aleksandr Ródchenko, 1915, papel sobre cartón, gouache, óleo, laca, aplicación, GLM

Ossip Mandelstam mit Rurik Iwnew, Adolf Milman und Alexander Mandelstam (v. r. n. l.). 1919 in Charkow, wohin er kurz nach dem Kiewer Einmarsch der Freiwilligenarmee gefahren war: „Er packte innerhalb von wenigen Minuten, eine plötzliche Möglichkeit in Anspruch nehmend – nach Charkow wurde ein Spezialwaggon mit den Schauspielern geschickt", erinnerte sich Nadeschda Mandelstam. GLM

Ósip Mandelstam con Riúrik Ívnev, Adolf Milman y Aleksandr Mandelstam (de derecha a izquierda), en Járkov, 1919. Allí se fue poco después de la entrada del ejército de voluntarios en Kiev. «Hizo la maleta en pocos minutos, aprovechando una repentina posibilidad de salir, pues se enviaba a Járkov un vagón especial con artistas», recuerda Nadezhda Mandelstam. GLM

Ossip Mandelstam ist in der Karikatur „Feldzug Igor Sewerjanins nach Berlin" mittig auf dem Stein sitzend mit hochgehaltener karierter Hose zu erkennen – eine Anspielung auf sein Gedicht „Dombey und Sohn" von 1913 aus *Der Stein*. Michail Le Dentue, 1914, Papier, Aquarell, GLM

En la caricatura «Expedición de Ígor Severianin a Berlín» se puede reconocer a Ósip Mandelstam en el medio, sentado sobre la piedra y levantando un pantalón a cuadros —haciendo alusión a su poema «Dombey y su hijo» de 1913, de su libro *La piedra*. Mijaíl Le Dentue, 1914, papel, acuarela, GLM

Ossip Mandelstams Silhouette aus der Hand Jelisaweta Kruglikowas aus den 1910er-Jahren trägt eine Widmung an E. Nikitina vom 23. Januar 1923. Papier, Druck, Signatur, blauer Bleistift, GLM

Silueta de Ósip Mandelstam, de Yelisaweta Krúglikova, hacia 1910, con una dedicatoria a Ye. Nikítina del 23 de enero de 1923. Papel, impresión, firma, lápiz azul, GLM

28

ЛѢТНІЙ ТЕАТРЪ ГОРОДСКОГО САДА

25-го іюля 1916 года

Вечеръ-Концертъ

ВЪ ПОЛЬЗУ
недостаточныхъ курсистокъ

ПРОГРАММА

I отдѣленіе.

I. Изъ книги „Камень“ Осипа Мандельштама,
   прочтетъ авторъ

II. Изъ книги „Счастливый домикъ“ Владислава Ходасевича
    прочтетъ авторъ

III. Изъ книги „Anno mundi ardentis“ Максиміліана Волошина
     прочтетъ авторъ

IV. Декламація **О. В. Бакланова.**

V. „Мнѣ грустно“ муз. Ренчицкаго исп. **Л. К. Некрасова**

VI. Соло на віолончели исп. **А. А. Борисякъ.**

II отдѣленіе.

СЦЕНА изъ оперы „Демонъ“ муз. Рубинштейна

Демонъ — **А. М. Бастіановъ**

Тамара — **Н. А. Боровиковская**

Auf dem Plakat des Stadtgartens zum Abendkonzert des 25. Juli 1916 in Feodossija zugunsten der Hörerinnen der Höheren Kurse für Frauen wird neben Woloschin und Chodassewitsch Mandelstams Deklamation aus dem *Stein* angekündigt. Im Dezember 1915 (1916 auf dem Titelblatt) erschien in einer Auflage von 1000 Exemplaren die zweite Ausgabe des Gedichtbandes mit 67 Gedichten, ohne die von der Militärzensur untersagten Gedichte „Der Mob, er schläft …“ und „Palastplatz“. Papier, Druck, GLM

En el programa de los Jardines de la ciudad de Feodosia, con motivo de un concierto nocturno a beneficio de las oyentes de los cursos superiores para mujeres, se anuncia, junto a Voloshin y Jodasévich, el recital de Mandelstam de su libro *La piedra*. En diciembre de 1915 (1916 en la portada) aparece una tirada de 100 ejemplares de la segunda edición del libro con 67 poemas, excepto los poemas «La plebe duerme…» y «Frente al Palacio de Invierno», excluidos por la censura militar. Papel, impresión, GLM

Die Literatengruppe „Verrücktes Schiff" mit Georgij Iwanow, Nikolaj Gumiljow, Wladislaw Chodassewitsch, Wjatscheslaw Schischkow, Viktor Schklowskij, Michail Slonimskij, Ossip Mandelstam, Akim Wolinskij (v. l. n. r.). „Die ‚stille Freude, zu atmen und zu leben' hat ihn lange nicht verlassen. Sie war auch in seinen funkensprühenden, fröhlichen Augen zu sehen und in seiner zielstrebigen, fast jungenhaften Art zu gehen. Meist traf ich ihn in jener Zeit bei Anna Achmatowa. Schon daran, wie kräftig er am Türglöckchen zog, erkannte sie ihn: Das ist Ossip. Sofort begann im kleinen Zimmerchen ein ganzes Lach-Gelage", erinnerte sich Literaturwissenschaftler und Kinderbuchautor Kornej Tschukowskij (1882–1969). Karikatur von N. Radlow, 1920er, Papier, Bleistift, Farbstift, GLM

El grupo literario El Barco Loco con Gueorgui Ivánov, Nikolái Gumiliov, Vladislav Jodasévich, Viacheslav Chichkov, Víktor Shklovski, Mijaíl Slonimski, Ósip Mandelstam, Akim Volinski (de izquierda a derecha). La «serena alegría de respirar y de vivir no lo abandonó durante mucho tiempo. Se le notaba en sus alegres y chispeantes ojos y hasta en el modo de caminar, resuelto, casi juvenil. Generalmente, me lo encontraba en la casa de Anna Ajmátova. Ya la reconocía por su manera enérgica de sonar la campanita de la puerta: ahí está Ósip Mandelstam. Enseguida comenzaba un gran banquete de risas en la pequeña habitación», recuerda el filólogo, especializado en literatura y autor de libros infantiles, Kornéi Chukovski (1882-1969). Caricatura de N. Radlov, hacia 1920, papel, lápiz, lápiz de color, GLM

Ossip Mandelstam mit Kornej Tschukowskij, Benedikt Liwschiz, Juri Annenkow (v.l.n.r.) 1914 in St. Petersburg. Der Künstler Juri Annenkow (1889–1974) erinnerte sich an die Entstehung des Fotos: „Eines Tages, wissend, dass die Mobilisierten den Newskij-Prospekt passieren würden, entschieden Kornej Tschukowskij und ich uns, diese Hauptstraße aufzusuchen. Dort trafen wir ganz zufällig Ossip Mandelstam, der sich uns anschloss … Als die Mobilisierten, noch nicht in der Dienstuniform, vorbeigingen, mit Bündeln auf den Schultern, rannte plötzlich aus ihren Reihen, auch mit einem Bündel, der Dichter Benedikt Liwschiz auf uns zu. Wir umarmten ihn und drückten seine Hände, als uns ein unbekannter Fotograf um die Erlaubnis bat, ein Foto zu machen. Wir nahmen uns an den Händen und wurden auch so fotografiert …". GLM

Ósip Mandelstam con Kornéi Chukovski, Benedikt Lívshits y Yuri Ánnenkov (de izquierda a derecha) en San Petersburgo, 1914. El artista Yuri Ánnenkov (1889-1974) recuerda cuándo se hizo esta foto: «Un día, a sabiendas de que los movilizados pasarían la avenida Nevski, Kornéi Chukovski y yo decidimos visitar esa avenida. Allí nos encontramos por casualidad a Ósip Mandelstam, quien se unió a nosotros… Cuando los movilizados pasaron por ahí, aún sin el uniforme puesto, con su lío de cosas sobre los hombros, el poeta Benedikt Lívshits se salió de la fila y vino hacia nosotros. Le estrechábamos la mano y lo abrazábamos cuando de repente un fotógrafo desconocido nos pidió permiso para hacer una foto. Nos tomamos de las manos y, así, fuimos fotografiados…». GLM

Ossip Mandelstam liest Gedichte im Kunstkabarett „Rastplatz der Komödianten". Im Auditorium sind u. a. Arthur Lourié, Georgij Iwanow, Georgij Adamowitsch, Fjodor Sologub, Nikolaj Gumiljow, Anna Achmatowa, Natan Altman, Konstantin Balmont, Michail Kusmin, Nikolaj Agniwzew zu erkennen.
Serge Poljakow, Karikatur, 1920er, Papier, Bleistift, Farbstift, GLM

Ósip Mandelstam recita sus poemas en el cabaret artístico y literario El Sótano de los Comediantes: En el auditorio puede verse, entre otros, a Arthur Lourié, Gueorgui Ivánov, Gueorgui Adamóvich, Fiódor Sologub, Nikolái Gumiliov, Anna Ajmátova, Nathan Altman, Konstantín Balmont, Mijaíl Kuzmín, Nikolái Agnívtsev.
Serge Poliakoff, caricatura, hacia 1920, papel, lápiz, lápiz de color, GLM

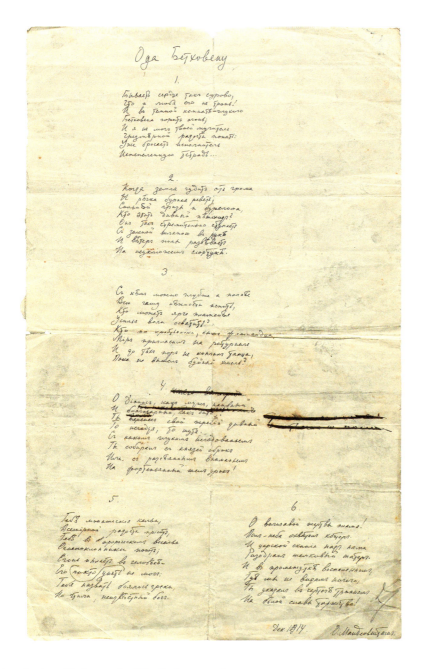

Die „Ode an Beethoven" in der Handschrift Mandelstams mit Korrekturen, Dezember 1914, IRLI

La «Oda a Beethoven» en el manuscrito de Mandelstam, con correcciones, diciembre de 1914, IRLI

Ode an Beethoven

Das Herz ist oft so harsch, drum glaub mir –
Auch wenn du liebst, rühr es nicht an!
Ein Feuer brennt im Raum beim tauben
Beethoven vor der dunklen Wand.
Ich konnte deine große Freude,
Mein Peiniger, nie ganz verstehn.
Nun wirft er's hin, es ist zu Ende,
Und Asche war das Heft seitdem.
…
…
…

Wer ist der wundersame Fußgänger?
Da geht er hin, der ungestüme,
Den grünen Hut in seiner Hand,
…
…

Mit wem trinkt man in solcher Tiefe
Den Kelch der Zärtlichkeiten aus?
Wer schafft es, noch die Kraft des Willens
Zu heiligen, daß sie leuchtend rauscht?
Wer lud die Welt, du Sohn des Flamen,
Auf Bauernart zum Ritornell
Und brach den Tanz nie ab, solange
Der Rausch noch lebte, wild und hell?

Dionysos, naiver Gatte
Und dankerfüllt, ein Kinderherz!
Ertrugst dein seltnes Los und jagst es
Bald voll Empörung, bald im Scherz!
Du nahmst – mit welchem tauben Unmut! -
Der Fürstenwelt ihr Scherflein ab,
Zerstreut und aufmerksam die Stunde,
Wenn du Piano-Stunden gabst!

Für dich die mönchischen, die Zellen –
Zuflucht der Freude weltenweit,
Die Feueranbeter, sie singen
Prophetisch deine Heiterkeit;
Ein Feuer brennt in jedem Menschen,
Und keiner je nahm es ihm fort.
Die Griechen konnten dich nicht nennen,
Doch ehrten sie dich, fremder Gott!

Die Himmelshälfte: Scheiterhaufen –
O Flamme, großen Opfermuts!
Die Tempelseide tat sich auf nun,
Zerrissen hoch da über uns.
Im Zwischenraum, dem grell entfachten,
Wo wir nur eines sehn: ein Nichts –
Wiesest du hin im Throngemache
Auf weißen Ruhm, Triumph des Lichts!

1914

Übersetzt von Ralph Dutli

Oda a Beethoven

Pasa que el corazón es tan severo,
que es mejor al amor no tocarlo siquiera.
Y en la sombría habitación del sordo
Beethoven arde la candela.
Y yo no puedo comprender, tirano,
tu alegría excesiva...
Arroja ya el intérprete el cuaderno
hecho cenizas.
…
…
…

¿Quién es este admirable transeúnte?
Camina de modo tan resuelto
con un sombrero verde en la mano,
…
…

¿Con quién cabe más honda y plenamente
un cáliz de ternura beberse todo entero?
¿Quién puede, más que llama luminoso
consagrar de la voluntad el esfuerzo?
¿Qué campesino, hijo de flamenca,
invitó al mundo a un ritornelo
y no dio fin al baile hasta salir
de aquel estado de ebriedad violento?

¡Oh, Dionisos, como un marido, ingenuo
y agradecido, como un niño, soportas
tu admirable destino, tan pronto enfurecido,
tan pronto haciendo mofa!
¡Con qué sorda irritación cobrabas
de los príncipes la pensión
o con atención distraída ibas
a dar de piano la lección!

Para ti son las celdas de los monjes
el refugio de un goce de universo,
a ti con profética alegría
te cantan los que adoran el fuego;
prende el fuego en el hombre,
nadie aplacarlo ha conseguido.
¡Los griegos no se atrevían a nombrarte
pero te veneraban, dios desconocido!

¡Oh, llama grandiosa de la víctima!
Medio cielo abarcó la hoguera,
y abatida por el rey sobre nosotros
se desgarró la tienda de seda.
Y en el espacio llameante
en que nosotros no vemos nada,
tú nos mostraste en el salón del trono
una solemnidad de gloria blanca.

1914

Traducción de Aquilino Duque

„Rotes Moskau – das Herz der proletarischen Weltrevolution" vom Juni 1921. 1922 verglich Mandelstam Moskau mit Peking: „Hier triumphiert das Festland, der Geist des Reiches der Mitte, hier verschlingen sich die schweren Stränge der Eisenbahnlinien zum festen Knoten, hier feiert der Kontinent Eurasien seinen immerwährenden Namenstag." Papier, Farblithografie, GLM

«El Moscú Rojo es el corazón de la revolución mundial del proletariado», junio de 1921. En 1922, Mandelstam compara Moscú con Pekín: «Aquí triunfa la tierra firme, el espíritu del Imperio del Medio, aquí se devoran las pesadas cadenas de las líneas ferroviarias hasta los nudos fijos, aquí celebra el continente euroasiático su sempiterno santo». Papel, litografía en color, GLM

Im Jahre 1928 meinte Mandelstam in dem Fragebogen „Ein Dichter über sich selbst", dass die Oktoberrevolution ihm „die Biographie wegnahm" und „das Gefühl einer persönlichen Bedeutsamkeit". Er fühle sich „als Schuldner der Revolution, bringe ihr jedoch Gaben dar, die sie vorläufig noch nicht benötigt." M. Dobuschinskij, Plakat, Papier, Tempera, GLM

1928: Mandelstam emite su opinión en la encuesta «Un poeta sobre sí mismo», donde dice que la Revolución de Octubre «le arrebató su biografía» y «la sensación de un significado personal». Se siente, además, «deudor de la revolución, sin embargo, le obsequio dotes que no necesita por el momento». M. Dobuzhinski, cartel, papel, tempera, GLM

Das „Jahr der proletarischen Diktatur" von 1918. Als die Revolution ausbrach, stand Mandelstam auf ihrer Seite, zeigte sich aber bald kritisch und war unfähig, Kompromisse zu schließen oder Aufträge zu erfüllen. „Die Dämmerung der Freiheit lasst uns preisen / Ihr Brüder, dieses große Dämmerjahr! / Hinabgetaucht der schwere Wald der Reusen / Ins Brodeln, nachtschwarz, unzähmbar.", heißt es in dem Gedicht „Die Dämmerung der Freiheit" aus dem Jahre 1918. A. Apsit (Apsītis), Plakat, Papier, Farbdruck, GLM

El «año de la dictadura del proletariado» de 1918. Cuando estalla la revolución, Mandelstam se pone de su lado, pero rápidamente se muestra crítico e incapaz de asumir compromisos o de cumplir con encargos. «¡Gloria al ocaso de la libertad, hermanos; / Es el gran año del ocaso! / En las aguas hirviendo de la noche / sumergido se halló de añagazas un bosque. Entras tú en los años espesos, / oh sol, juez, pueblo!». Así el poema «El ocaso de la libertad» de 1918. A. Apsit (Apsītis), cartel, papel, impresión a color, GLM

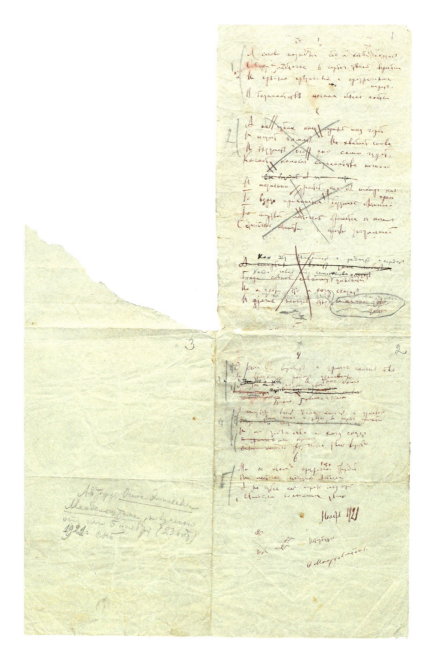

„Das Wort bleibt ungesagt" von 1920 in der Handschrift Ossip Mandelstams. Auf dem Blatt der Vermerk von N. Lerner: „Autor Ossip Emiljewitsch Mandelstam, erhalten von ihm am 5. November (23. Okt.) 1921, Sankt Petersburg". RGALI

«Olvidé la palabra que quería decir», de 1920, manuscrito de Ósip Mandelstam. En el folio la nota de N. Lérner: «Autor Ósip Emílievich Mandelstam, recibido de su mano, el 5 de noviembre (23 de octubre) 1921, San Petersburgo». RGALI

Das Wort bleibt ungesagt, ich finds nicht wieder.
Die blinde Schwalbe flog ins Schattenheim,
zum Spiel, das sie dort spielen. (Zersägt war ihr
                                        Gefieder.)
Tief in der Ohnmacht, nächtlich, singt ein Reim.

Die Vögel – stumm. Und keine Immortelle.
Glashelle Mähnen – das Gestüt der Nacht.
Ein Kahn treibt, leer, es trägt ihn keine Welle.
Das Wort: umschwärmt von Grillen, unerwacht.

Und wächst, wächst wie es Tempeln, Zelten eigen,
steht, jäh umnachtet, wie Antigone,
stürzt, stygisch-zärtlich und mit grünem Zweige,
als blinde Schwalbe stürzt es nieder, jäh.

Beschämung all der Finger, die da sehen,
O die Erkenntnis einst, so freudenprall.
O Aoniden, ihr – ich muß vor Angst vergehen,
vor Nebeln, Abgrund, Glockenton und Schall.

Wer sterblich ist, kann lieben und erkennen,
des Finger fühlt: ein Laut, der mich durchquert …
Doch ich – mein Wort, ich weiß es nicht zu nennen,
ein Schemen war es – es ist heimgekehrt.

Die Körperlose, immer, Stund um Stunde,
Antigone, die Schwalbe, überall …
Wie schwarzes Eis, so glüht auf meinem Munde
Erinnerung an Stygisches, an Hall.

1920

Übersetzt von Paul Celan

Olvidé la palabra que quería decir.
Una golondrina ciega con las alas cortadas
regresa al reino de las sombras
para jugar con la claridad.
En el olvido se canta la canción nocturna.

No se oyen los pájaros. La siempreviva no florece.
Transparentes crines de caballos nocturnos.
En el río seco flota una barca vacía.
Entre los saltamontes, la palabra olvida.

Lentamente crece, como templo o tienda
lo que de repente se arroja a los pies,
como loca Antígona, golondrina muerta,
con dulzura estigia y una rama verde.

¡Oh, si regresara el pudor de los videntes dedos
y la alegría convexa del reconocimiento!
Temo tanto el sollozo de las Aónides,
del ruido, de la bruma y del hiato!

A los mortales les fue dado el poder de amar y
                                        reconocer,
para ellos el ruido se vierte en los dedos,
pero yo olvidé lo que quería decir
y un pensamiento incorpóreo regresa al reino
                                        de las sombras.

No es eso lo que repite la transparente
golondrina, amiga, Antígona…
Y en los labios, como hielo negro, arde
el recuerdo del sonido estigio.

1920

Traducción de Jesús García Gabaldón

Олечке Арбениной

Возьми на радость из моих ладоней
Немного солнца и немного меда,
Как нам велели пчелы Персефоны.

Не отвязать неприкрепленной лодки,
Не услыхать в меха обутой тени,
Не превозмочь в дремучей жизни страха.

Нам остаются только поцелуи,
Мохнатые, как маленькие пчелы,
Что умирают, вылетев из улья.

Они шуршат в прозрачных дебрях ночи,
Их родина — дремучий лес Тайгета,
Их пища — время, медуница, мята.

Возьми ж на радость дикий мой подарок,
Невзрачное сухое ожерелье
Из мертвых пчел, мед превративших в солнце.

Р. Мандельштам

„Aus meinen Händen, dich zu freuen" in der 1920 von Mandelstam autorisierten Niederschrift von Olga Arbenina (1897–1980), mit der von ihm an die leidenschaftlich geliebte Petersburger Schauspielerin gerichteten Widmung („An Olechka Arbenina") und der Unterschrift Mandelstams. IRLI

«Toma para tu gozo de mis manos», en el escrito de Olga Arbénina (1897-1980) autorizado por Mandelstam, 1920, con la dedicatoria a la amada artista de Petersburgo («A Ólechka Arbénina») y la firma de Mandelstam. IRLI

Aus meinen Händen, dich zu freuen, nimm
ein wenig Sonne und ein wenig Honig: dies
ist, was Persephoneias Bienen uns zu tun geheißen.

Nicht loszumachen ist das unvertäute Boot,
des Schattens Schuh und Schritt – nicht zu erlauschen,
die Angst im Lebensdickicht hier – nicht zu bezwingen.

Uns bleibt nur dies: die bienengleichen Küsse,
die kleinen Immen, haarig, in den Stöcken –
ihr Flug ins Freie ist ihr Todesflug.

Der Hain der Nacht, wie Glas: der Raum, den sie durchschwärmen.
Der dichte Wald auf dem Taygetos: die Heimat und die Herkunft.
Die Nahrung dies: Zeit, Honigblume, Minze.

So nimm dies Waldgeschenk, nimms, dich zu freuen:
das Halsband, unscheinbar, aus toten Bienen –
sie woben Honig, woben ihn zu Sonne.

1920

Übersetzt von Paul Celan

Toma para tu gozo de mis manos
un poco de sol y de miel,
como nos ordenaron las abejas de Perséfone.

No soltar una barca a la deriva,
no sentir en la piel la sombra de una bota,
no vencer al dolor en esta vida dormida.

Sólo nos quedan los besos,
afelpados como abejitas
que mueren lejos de la colmena,

y que murmuran en la transparente espesura de la noche,
su patria es el bosque dormido de Taigeto
y su alimento, el tiempo, la pulmonaria y la menta.

Toma para tu gozo mi regalo salvaje,
este feo y seco collar
de abejas muertas que convirtieron su miel en sol.

1920

Traducción de Jesús García Gabaldón

Ossip Mandelstams Entwurf des Artikels „Pjotr Tschaadajew", der 1915 in der Zeitschrift *Apollon* (Nr. 6-7) veröffentlicht wurde. Über den westeuropäisch und katholisch orientierten Philosophen Pjotr Tschaadajew (1794–1856) – vor allem bekannt durch seinen „Ersten philosophischen Brief" zum Paradigma Russland-Europa und die Antwort von Alexander Puschkin von 1836 – schrieb Mandelstam begeistert: „Ach, das Erbe eines Denkers! Diese kostbaren Fetzen! Fragmente, die gerade dort abbrechen, wo man sich dringlichst eine Fortsetzung wünschte, die grandiosen Vorspiele, von denen man nicht weiß, was sie sind: hingeworfener Plan oder bereits dessen Aufführung? ...". Fragment, Handschrift, 1915. Anna Achmatowa-Museum im Fontannyj Haus

Borrador del ensayo «Piotr Chaadáyev», que Ósip Mandelstam publicó en la revista *Apolón* (núm. 6-7). Sobre el filósofo ruso Piotr Chaadáyev (1794-1856), partidario de Europa occidental y del catolicismo —conocido sobre todo por su «Primera carta filosófica» acerca del paradigma Rusia-Europa y por la respuesta de Aleksandr Pushkin de 1836—, escribe Mandelstam emocionado: «¡Ah, la herencia de un pensador! ¡Esos exquisitos jirones! Fragmentos, los grandiosos preludios que se suspenden exactamente ahí, cuando se desea, urgente, una continuación, que no se sabe ni qué son: ¿un abandonado plan o ya una representación? ...». Fragmento, manuscrito, 1915. Museo Anna Ajmátova, Casa del Fontanka

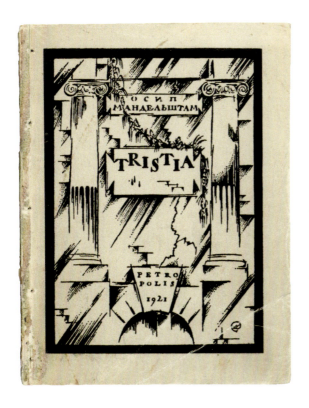

Ossip Mandelstams Gedichtsammlung *Tristia* erschien beim
Petersburg-Berliner Verlag der
russischen Emigranten „Petropolis" erst im August 1922,
obwohl der Umschlag auf 1921
datiert ist. Den Titel des Bandes
wählte der Dichter Michail
Kuzmin, für die Gestaltung war
Michail Dobuschinskij verantwortlich. GLM

El poemario *Tristia* de Ósip
Mandelstam aparece en Petrópolis, la editorial de los emi-
grantes rusos establecida en San
Petersburgo y Berlín, en agosto
de 1922, aunque la cubierta del
libro lo data en 1921. Mijaíl
Kuzmín escoge el título y Mijaíl
Dobuzhinski es el responsable
del diseño. GLM

Auf der Schmutztitelseite der
Tristia-Ausgabe findet sich
in Mandelstams Handschrift
folgender Vermerk: „Das Buch
wurde ohne meinen Zugriff und
gegen meinen Willen von un-
wissenden Menschen aus einem
Haufen wahllos vermischter
Blätter zusammengestellt." In
den literarischen Kreisen wird
das poetische Werk überwie-
gend wohlwollend rezensiert.
1923 wird das Buch bearbeitet
und neu herausgegeben, unter
dem Titel *Das zweite Buch* mit
der Widmung an Nadeschda
Chasina. Ossip Mandelstam:
Tristia, Petropolis Verlag, Pe-
tersburg-Berlin 1921, GLM

En la anteportada de este
ejemplar de la primera edición
de *Tristia* se encuentra una nota
escrita por Mandelstam: «El
libro fue impreso en contra de
mi voluntad y por gente ignorante con un montón de hojas
tomadas al azar y desprovistas
de todo contexto».
La obra poética obtiene, en su
mayoría, buena resonancia en
los círculos literarios. El libro
es revisado y reeditado en 1923
bajo el título *El segundo libro*
con dedicatoria a Nadezhda
Jázina. Ósip Mandelstam:
Tristia. Editorial Petrópolis,
Petersburgo-Berlín 1921, GLM

RALPH DUTLI
Dieser Essay wurde im Auftrag der UNESCO City of Literature Heidelberg verfasst.

Die Spindel fliegt

Ein junger russischer Student und werdender Dichter:
Mandelstam in Heidelberg [1]

Ossip Mandelstam, am 15. Januar 1891 in Warschau geboren und am 27. Dezember 1938 in einem Transitlager für Zwangsarbeiter bei Wladiwostok ums Leben gekommen, wird immer eine exemplarische Dichterfigur des von Totalitarismus und Diktatur, von ideologischer Verblendung und Gewalt geprägten 20. Jahrhunderts bleiben. Sein Beharren auf der Menschenwürde, seine Zivilcourage, seinen Mut – er schrieb im November 1933 ein Epigramm gegen Stalin, in dem der Diktator als „Seelenverderber und Bauernschlächter" bezeichnet wurde [2] – musste dieser „moderne Orpheus" (so der Literaturnobelpreisträger Joseph Brodsky) mit dem Leben bezahlen.

Dabei darf das Wichtigste nicht vergessen werden: Mandelstam ist jenseits seiner tragischen Lebensumstände einer der besten Vertreter der Weltpoesie. Einer der Entstehungsorte seiner Dichtung – neben Sankt Petersburg, Moskau, Paris, Koktebel und Feodossija auf der Krim, Tiflis in Georgien und Woronesch im südrussischen Schwarzerdegebiet – trägt einen deutschen Städtenamen: Heidelberg.

Bereits in einem Brief aus Paris an seine Mutter vom 20. April 1908 hatte er von seinem Plan berichtet, an einer deutschen Universität Literatur und Philosophie zu studieren. Ein Studienplatz an der Petersburger Universität war vorläufig unerreichbar: Aufgrund einer diskriminierenden Quote durften nur gerade drei Prozent der Studenten an den hauptstädtischen Hochschulen Juden sein. Und sie brauchten dafür beste Zeugnisse. Mandelstam war jedoch ein mittelmäßiger Schüler, und die Dreiprozentquote blieb eine abschreckende Hürde, die er 1911 in Finnland mit der Taufe formell überwinden wird.

RALPH DUTLI
Este ensayo, redactado en alemán y traducido al español por Geraldine Gutiérrez-Wienken, fue concebido por encargo de Heidelberg Ciudad de Literatura UNESCO.

Vuela el huso

Un joven estudiante ruso y su devenir poético:
Mandelstam en Heidelberg [1]

Ósip Mandelstam, nacido el 15 de enero de 1891 en Varsovia y fallecido el 27 de diciembre de 1938 cerca de Vladivostok, en un campo de transición para trabajadores forzados, será siempre una figura poética ejemplar del siglo XX, marcada por el totalitarismo y la dictadura, por la obcecación ideológica y la violencia. Este «moderno Orfeo» (así lo calificó el Premio Nobel Joseph Brodsky) tuvo que pagar con su propia vida su insistencia en la defensa de la dignidad humana, su valor cívico y su coraje, tras escribir en noviembre de 1933 un epigrama contra Stalin, en el cual el dictador es desenmascarado como un «pervertidor de almas y descuartizador de campesinos».[2]

En este sentido, no debemos olvidar lo más importante: Mandelstam es uno de los mejores representantes de la poesía universal, al margen de las trágicas circunstancias de su vida. Uno de los lugares de origen de su poesía —junto a San Petersburgo, Moscú, París, Koktebel y Feodosia en Crimea, Tiflis en Georgia y Vorónezh en las tierras negras del sur de Rusia— lleva el nombre de una ciudad alemana: Heidelberg.

Ya en una carta enviada a su madre el 20 de abril de 1908 desde París, Mandelstam había informado acerca de su plan de estudiar Literatura y Filosofía en una universidad alemana. En aquellos momentos, conseguir plaza en la Universidad de San Petersburgo era inalcanzable debido a una cuota discriminatoria: solo el tres por ciento de los estudiantes de las principales universidades capitalinas podían ser judíos. Y para esto se necesitaban las mejores calificaciones. Pero Mandelstam era un estudiante regular. Por tanto la cuota del tres por ciento representaba una barrera disuasoria, que él superaría formalmente en 1911 con su bautizo en Finlandia.

Tatsächlich waren die deutschen Universitäten, zumindest jene, die nicht wie Bonn oder Berlin von preußischem Geist beherrscht waren, damals weitaus liberaler als die russischen. Eine diskriminierende Quote für jüdische Studenten gab es hier nicht. Boris Pasternak studierte 1912 Philosophie in Marburg. Ossip Mandelstams Wahl fiel auf Heidelberg.

Die Stadt galt in der zweiten Hälfte des 19. Jahrhunderts – wie zuvor Göttingen – als ein „Mekka der russischen Wissenschaft". Die russische Kolonie war zeitweise so zahlreich, dass Heidelberg auf Zeitgenossen den Eindruck einer russischen Kleinstadt machte.[3] Für den im Londoner Exil lebenden Zarenkritiker Alexander Herzen und den Anarchisten Michail Bakunin war Heidelberg ein wichtiger Umschlagplatz für anti-zaristische, revolutionäre Literatur, für Zeitschriften und Flugblätter. In der 1862 gegründeten „Russischen Lesehalle" alias „Pirogowsche Lesehalle" in Heidelberg – eine Wanderbibliothek mit wechselnden Adressen (Plöck 52, Märzgasse 4, Untere Neckarstraße 64), die zu Beginn des Ersten Weltkriegs geschlossen wurde – konnten die russischen Studenten all jene Literatur lesen, die in Russland verboten war. Es war eine kleine exterritoriale russische Gesandtschaft der Bücher, Debattierklub, Treffpunkt für Heimwehgeplagte. Mandelstams revolutionäre Versuchung, die er als Schüler in Sankt Petersburg für kurze Zeit durchlebte, war Ende September 1909, als er in Heidelberg eintraf, bereits überwunden. Als junger Dichter kam er in die Stadt am Neckar.

Ein Zimmer fand er in der Familienpension „Continental" der Kapitänswitwe Frau Johnson, an der „Anlage 30". Heute lautet die Adresse: Friedrich-Ebert-Anlage 30. Seit 1993 zeugt dort eine Gedenktafel von Mandelstams Aufenthalt. Die Pension lag am Rand der Altstadt, am Fuß des Gaisberges. Die ersten fünf bis sechs Wochen ließ der russische Student mit Flanieren und Erkunden der Stadt vergehen und notierte Gedichte in ein Heft, dann schrieb sich „Joseph Mandelstamm" (so die Namenslautung im Anmeldeformular) am 12. November 1909 endlich für das Wintersemester 1909/1910 an der Philosophischen Fakultät der „Großherzoglich Badischen Universität Heidelberg" ein.[4]

Ein 1907/1908 bei Mandelstams Aufenthalt in Paris[5] gewecktes Interesse wird in Heidelberg entschieden bekräftigt: Der junge Russe belegt die Vorlesungen des Romanisten Friedrich Neumann zur Geschichte der französischen Literatur des Mittelalters. Spuren dieser Faszination sind in Mandelstams dichterischem Werk wahrnehmbar. Sein Essay über den spätmittelalterlichen Poeten und Vagabunden François Villon, 1913 in der Petersburger Literaturzeitschrift „Apollon" (Nr. 4) abgedruckt, wurde vermutlich in Heidelberg entworfen. In der Essaysammlung *Über Poesie* von 1928

En efecto, en aquel entonces las universidades alemanas eran en general mucho más liberales que las rusas; por lo menos en aquellas en las que no reinaba el espíritu prusiano como en Bonn o en Berlín, no había una cuota discriminatoria para estudiantes judíos. Borís Pasternak estudió Filosofía en Marburgo en 1912. Ósip Mandelstam escogió Heidelberg.

En la segunda mitad del siglo XIX, dicha ciudad era conocida como la «meca de la ciencia rusa», como lo fuera antes Gotinga. En algunos momentos, la colonia rusa llegó a ser tan numerosa que, según los coetáneos de la época, Heidelberg daba la impresión de ser una pequeña ciudad rusa.[3] Para el crítico del zarismo Aleksandr Bakunin, exilado en Londres, Heidelberg era un importante lugar de difusión de literatura antizarista y revolucionaria, así como de revistas y volantes. En la «Sala de Lectura rusa» fundada en 1862 en Heidelberg, conocida como Sala de Lectura Pirogov, una biblioteca móvil que tuvo varias direcciones (Plöck 52, Märzgasse 4, Untere Neckarstraße 64) y que fue cerrada a comienzos de la Primera Guerra Mundial, los estudiantes rusos podían leer toda la literatura que estaba prohibida en su país. Era una pequeña legación extraterritorial rusa de libros, clubes de debate, un lugar de encuentro para aquellos que sufrían de nostalgia. El impulso revolucionario que tuvo Mandelstam de estudiante en San Petersburgo fue algo efímero, ya estaba superado a finales de septiembre de 1909, al llegar a Heidelberg. Mandelstam llega como joven poeta a la ciudad a orillas del Neckar.

Encuentra una habitación en la pensión familiar Continental de la señora Johnson, viuda de un capitán, ubicada en la dirección Anlage 30. Dicho lugar es conocido hoy como Friedrich-Ebert-Anlage 30. Desde 1993 una placa conmemorativa recuerda allí la estadía de Mandelstam. La pensión está al margen del centro histórico, al pie del monte Gaisberg. El estudiante ruso pasa las primeras cinco o seis semanas paseando y explorando la ciudad, anota poemas en un cuaderno hasta que, por fin, se matricula como «Joseph Mandelstamm» (así consta en el formulario de matriculación) el 12 de noviembre de 1909, para cursar el semestre de invierno 1909–1910 en la Facultad de Filosofía de la Universidad del Gran Ducado de Baden de Heidelberg.[4]

En Heidelberg se afianza definitivamente un interés que se había despertado en Mandelstam durante su estancia en París[5] entre 1907 y 1908: el joven ruso se matricula en las clases dictadas por el romanista Friedrich Neumann sobre Historia de la literatura francesa de la Edad Media. Las huellas de esta fascinación de Mandelstam se pueden apreciar en su obra poética. Su ensayo sobre el vagabundo y poeta del medievo tardío François Villon, publicado en 1913 en la revista de literatura de San Petersburgo *Apolón* (núm. 4), fue probablemente concebido en Heidelberg. En todo caso, él

jedenfalls wird er ihn auf 1910 datieren.[6] Im Jahr 1922 wird Mandelstam beim Staatsverlag eine Anthologie von Fragmenten aus altfranzösischen Heldenepen einreichen, die er selbst übertrug, unter anderem Ausschnitte aus dem *Rolandslied* und aus dem *Leben des Heiligen Alexius* (11. Jh.). Das Projekt wurde abgelehnt, es war mit den revolutionären und proletarischen Erfordernissen der Epoche unvereinbar. Dennoch waren es bekenntnishafte Übersetzungen, aus denen laut den Memoiren der Witwe des Dichters, Nadeschda Mandelstam, „das Schicksal sprach": Sie bezeichnet diese Übersetzungen als „Schwur" und „Gelübde".[7]

Es ist naheliegend, dass auch die in Heidelberg gehörten Vorlesungen vielfältige Anregungen zu diesem Anthologie-Projekt und somit zu späteren existentiellen „Schwüren" boten. Der zweite Studienschwerpunkt war die Kunstgeschichte: Bei Henry Thode belegte der russische Student die Vorlesungen „Grundzüge der Kunstgeschichte" und „Die großen venezianischen Maler des 16. Jahrhunderts". Auch hier gab es Keime eines fortdauernden Interesses. Ein ganzes Kapitel von Mandelstams Prosa *Die Reise nach Armenien* (1931/1933) führt unter dem Titel *Die Franzosen* eine Beschwörung von Gemälden der Impressionisten und Postimpressionisten sowie eine eigenwillige Anleitung zur souveränen Bildbetrachtung vor.[8] Und die Venezianer des 16. Jahrhunderts, Tizian und Tintoretto, werden im Gedicht „Mir fehlt noch etliches zum Patriarchen" (1931) während einer einsamen Erkundung Moskaus ihren unerwarteten Auftritt haben.[9]

Ein damaliger Mitstudent, Aaron Steinberg, erinnert sich, dass Mandelstam auch bei den Heidelberger Philosophen Vorlesungen hörte: Wilhelm Windelband hielt im Wintersemester 1909/1910 eine „Einführung in die Philosophie" und sein Kollege Emil Lask eine Vorlesung zur „Geschichte der Philosophie bis Kant". Tatsächlich sprach bereits Mandelstams Brief aus Paris an seine Mutter vom Plan, ein Literaturstudium mit dem Studium der Philosophie zu verbinden.

Die in Heidelberg gehörten Vorlesungen und die Umstände von Immatrikulierung, Unterkunft und Alltag eines russischen Studenten mögen biographische Kuriositäten sein, aber sie sind nicht das eigentlich Wesentliche. Schließlich war der junge Mann nicht irgendein ausländischer Student, der hier ein Semester absolvierte, sondern ein werdender Dichter, der einmal zu den bedeutendsten russischen Autoren des 20. Jahrhunderts zählen sollte. Das Wesentliche sind – wie könnte es anders sein – die Gedichte.

Der Heidelberger Studienaufenthalt bedeutete eine ungewöhnlich fruchtbare Schaffensperiode des jungen Dichters Ossip Mandelstam. Für den „Heidelberger Zyklus" werden bisher 15 bis 25 Gedichte angenommen,

lo data en 1910 en su colección de ensayos *Sobre poesía* de 1928.[6] En 1922 Mandelstam presenta a la editorial del Estado una antología con fragmentos de epopeyas francesas medievales traducidas por él mismo, y también fragmentos del *Cantar de Roldán* y de la *Vida de San Alejo* (siglo XI). Dicho proyecto fue rechazado, ya que no era compatible con las exigencias revolucionarias y proletarias de la época. No obstante, sus traducciones eran como una confesión, en ellas hablaba el destino, según escribe la viuda del poeta, Nadezhda Mandelstam, en sus memorias, quien considera sus traducciones como «promesas» y «votos».[7]

Es evidente que las clases magistrales de Heidelberg ofrecieron diversos estímulos al proyecto de la antología y, por consiguiente, a las promesas existenciales que haría más tarde. Aparte de la literatura francesa medieval Mandelstam se interesa también por el estudio de la historia del arte: el estudiante ruso se matricula de las asignaturas «Principios de la historia del arte» y «Los grandes maestros venecianos del siglo XVI» a cargo de Henry Thode. Estas asignaturas contribuyen a alimentar un interés por esos temas que Mandelstam conservará. Un capítulo completo del *Viaje a Armenia* (1931–1933) titulado «Los franceses» ofrece una evocación de pinturas impresionistas y postimpresionistas, así como también una guía autónoma para la observación autónoma de la imagen.[8] Y los venecianos del siglo XVI, Tiziano y Tintoretto, aparecerán inesperadamente en el poema «Todavía estoy lejos de ser un patriarca» (1931) durante una visita solitaria a Moscú.[9]

Un antiguo compañero de estudio, Aaron Steinberg, recuerda que Mandelstam también asistía a las clases de los filósofos de Heidelberg. Wilhelm Windelband dictó en el semestre de invierno 1909–1910 la asignatura «Introducción a la Filosofía» y su colega Emil Lask «Historia de la Filosofía hasta Kant». De hecho, ya Mandelstam le había mencionado a su madre en una carta desde París su plan de combinar los estudios de literatura con los de filosofía.

Si bien sus estudios en Heidelberg y las circunstancias acerca de la matriculación, el alojamiento y la vida cotidiana de un estudiante ruso exponen curiosidades biográficas, tal asunto no es realmente lo esencial. Después de todo, este joven no era un estudiante extranjero cualquiera que estaba cursando un semestre, sino un naciente poeta que un día se contaría entre los autores rusos más importantes del siglo XX. Lo esencial, evidentemente, son sus poemas.

La estancia de estudios en Heidelberg significó un período creativo extraordinariamente fértil para el joven poeta Ósip Mandelstam. Hasta ahora se supone que el «ciclo de Heidelberg» está conformado por un grupo de 15 a

vielleicht waren es sogar 30. 14 von diesen Gedichten legte er, energisch um Aufmerksamkeit bittend, seinen zwischen Oktober und Ende Dezember 1909 verfassten Schreiben an die symbolistischen Dichter Maximilian Woloschin und Wjatscheslaw Iwanow bei. Der letzte erhaltene Brief aus Heidelberg, an Iwanow adressiert, datiert vom 30. Dezember 1909. Es gibt keinen Hinweis darauf, dass die beiden Dichter auf die Briefe des achtzehn-, bald (am 15. Januar 1910) neunzehnjährigen Nachwuchspoeten, der bis dahin noch nichts veröffentlicht hatte, geantwortet hätten.

Aber es gibt auch keine Veranlassung, anzunehmen, dass der jugendliche Poet, der schon im Brief aus Paris an seine Mutter von seinem „Gedichtfieber" berichtete, das Dichten plötzlich eingestellt hätte. Immerhin blieb Mandelstam noch mindestens bis zum 15. März 1910 in Heidelberg, bis zum Ende des damaligen Wintersemesters. Man darf annehmen, dass das besagte „Gedichtfieber" auch im neuen Jahr 1910 und auch in Heidelberg noch eine ganze Weile vorhielt …

Mandelstams Jugendgedichte zeigen viele Motive, die für sein späteres Werk bedeutsam sein werden. Sie stellen ein frühes Laboratorium dar, zeigen den achtzehn- bis neunzehnjährigen Dichter auf der Suche nach seinem dichterischen Weg, seiner Beziehung zum Leben, zur Welt, zur Natur, zur Liebe. Es sind zarte sprachliche Gebilde von zuweilen erstaunlicher Reife und Tiefgründigkeit.

Als Mandelstam sich in Heidelberg aufhielt, befand er sich in einer merkwürdigen Zwischenposition: Nicht mehr völlig in der Epoche des russischen Symbolismus und bereits unterwegs zum Neuen, das der Akmeismus bedeuten wird, jene im März 1912 in Petersburg gegründete Dichtergruppierung, deren prominentestes Mitglied Mandelstam – neben Nikolaj Gumiljow und Anna Achmatowa – werden sollte und der er sich sein Leben lang zugehörig fühlte. Der Name leitet sich vom griechischen Wort „akmē" ab: Spitze, Blüte, Reife. Ziel der jungen Dichter war die Überwindung der Jenseitsbezogenheit des altväterisch raunenden russischen Symbolismus, seiner religiösen Spekulationen (Theosophie, Okkultismus), seines Denkens in vagen Symbolen und Analogien. Ihre neue Poetik forderte – nach den symbolistischen Nebeln – eine Rückkehr zum Irdischen, Organischen, Konkreten, zum plastisch-dreidimensionalen Gegenstand. Sie war ein Bekenntnis zur kunstvollen Genauigkeit des Handwerks, zum Prinzip der Identität, zum Hier und Jetzt, zu „apollinischer Klarheit" und „romanischer Ironie" (im Gegensatz zum „germanischen" Geist des Symbolismus). Und der Akmeismus propagierte nicht zuletzt eine Bejahung dieser Welt, als der einzigen, die dem Menschen und Dichter zugänglich sei.

25 poemas, quizá sean hasta 30. Mandelstam anexó 14 de estos poemas a una carta escrita entre octubre y finales de diciembre de 1909 a los poetas simbolistas Maksimilián Voloshin y Viacheslav Ivánov, suplicándoles que les dedicaran su máxima atención. La última carta dirigida a Ivánov que se conserva en Heidelberg data del 30 de diciembre de 1909. Hasta ahora no hay ningún indicio de que alguno de estos poetas hubiera respondido al novel poeta de dieciocho años, quien el 15 de enero de 1910 cumpliría los diecinueve sin ninguna publicación en su haber.

Pero tampoco hay ningún motivo para suponer que el joven poeta, que ya había informado a su madre en una carta desde París acerca de su «fiebre poética», hubiera dejado súbitamente de escribir poemas. Mandelstam permanece en Heidelberg como mínimo hasta el 15 de marzo de 1910, fecha en la que finalizaba en ese entonces el semestre de invierno. Se puede suponer que dicha «fiebre poética» se mantuvo por un buen tiempo, durante todo el año de 1910.

Ya en los poemas juveniles de Mandelstam se manifiestan muchos motivos que alcanzarán gran significado en su obra tardía. Representan el laboratorio de sus primeros intentos, muestran al joven poeta entre los dieciocho y los diecinueve años en la búsqueda de su camino poético, en la formación de su relación con la vida, el mundo, la naturaleza, el amor. Se trata de estructuras lingüísticas sumamente sensibles; en ocasiones, de una asombrosa madurez y profundidad.

Durante su estancia en Heidelberg, Mandelstam se encontraba en una curiosa posición intermedia: no estaba del todo en la época del simbolismo ruso y, al mismo tiempo, ya estaba en camino hacia algo nuevo que resultaría el acmeísmo, una agrupación de poetas fundada en marzo de 1912 en San Petersburgo, cuyos miembros más célebres serían Anna Ajmátova, Nikolái Gumiliov y el propio Mandelstam, quien se sintió identificado con ese grupo toda su vida. El nombre proviene del griego ἀκμή «acmé», es decir cumbre, floración, madurez. La meta de los jóvenes poetas era superar el misticismo y el hermetismo del simbolismo patriarcal ruso, sus especulaciones religiosas (teosofía y ocultismo), su complicada ambigüedad y sus analogías. Esta nueva poética exigía un regreso a lo terrenal, a lo orgánico, a lo concreto, al objeto plástico, tridimensional. Significaba un claro compromiso con la precisión artística del oficio artesanal y el principio de identidad, así como con el aquí y ahora, la claridad apolínea y la ironía romántica (en contraste con el espíritu germánico del simbolismo). Y no por último, el acmeísmo propaga una afirmación de este mundo como el único mundo accesible, tanto al hombre como al poeta.

Gerade ein Gedicht des „Heidelberger Zyklus" spielte dabei eine bedeutende Rolle: „Nichts, worüber sich zu sprechen lohnt". Eine spätere Kurzversion nahm Mandelstam in mehrere seiner Gedichtbände auf, die frühe „Heidelberger Version" umfasst sechs Distichen, hier die letzten drei:

Und so traurig ist sie, dunkel-schön,
Unsere Seele, als ein Tier gesehn:

Nichts will sie uns lehren, niemals, nie,
Immerzu nur sprachlos-stumm ist sie

Und so schwimmt sie, jung, als ein Delphin
Durch den Abgrund grauer Welt dahin.[10]

Der Rückzug auf die „dunkle" und „tierhafte" Seele in Mandelstams Gedicht weist voraus auf einen zentralen Satz in Nikolaj Gumiljows Manifest des Akmeismus (1913): „… wir sind ein wenig wie die Tiere des Waldes und werden auf keinen Fall das, was an Animalischem in uns angelegt ist, im Austausch für die Neurasthenie [der Symbolisten, RD] hergeben."

Selbst in den später ausgeschiedenen Distichen liegt ein Programm versteckt, selbst noch das Bekenntnis eines „wilden", jugendlichen Herzens meint den Aufbruch ins Neue: „Bin im Herzen wohl noch ziemlich wild. / Öde die Sprache, die nur als verständlich gilt." Hier verbirgt sich ein für den Dichter typischer, impliziter Wunsch nach einer „anderen" Sprache, der Sprache der Dichtung. Der Vers weist voraus auf das „selige sinnlose Wort" der Poesie in dem Gedicht „Petersburg: Es wird uns neu zusammenführen" (25. November 1920), wo Mandelstam mitten im russischen Bürgerkrieg, inmitten von Hunger, Erschießungen und Terror, ein Gebet für die Dichtung anstimmt: „In der Sowjetnacht werde ich beten / Für das selige sinnlose Wort".[11]

Mandelstams berühmtestes Heidelberger Gedicht ist ein Bekenntnis zum Jungsein der Seele, die mit neuer Vitalität die Abgründe der alten („grauen") Welt durchschwimmt. Es enthält lauter Zukunft verheißende Signale. Und schließlich wird diese Seele als „junger Delphin" von Heidelberg aus, einem Ort seiner Bewusstwerdung als Dichter, ihren Weg durch die Abgründe der Welt finden.

In einem manifestartigen Mandelstam-Gedicht von 1912 findet sich eine Ablehnung der Ewigkeit und ein Bekenntnis zur Zeitlichkeit, zum Hier und Jetzt, sowie eine Zurückweisung von Mondgeleuchte und Sterngeflimmer in der Poesie: „Nein, nicht den Mond, ein helles Zifferblatt / Seh ich – dass

En este contexto, uno de los poemas del «ciclo de Heidelberg» juega un papel importante: «Nada que valga la pena discutir». Mandelstam incluyó una versión posterior en varios de sus poemarios, la versión temprana de Heidelberg comprende seis dísticos, a continuación los tres últimos:

Y mientras más triste, oscura y bella
es nuestra alma animal:

nada nos quiere enseñar, nunca,
es solo mudez y sigilo siempre

y así nada, joven como un delfín,
por el abismo del mundo gris.[10]

El regreso al alma «oscura» y «salvaje» en el poema de Mandelstam insinúa de antemano la frase central del manifiesto del acmeísmo (1913) de Nikolái Gumiliov: «somos un poco como los animales del bosque, y no desentrañaremos de ninguna manera lo que de salvaje tenemos, a cambio de la neurastenia [de los simbolistas, R.D.]. »

Inclusive en el dístico excluido posteriormente se oculta un planteamiento y, aún más, la confesión de un corazón joven «salvaje» significa el inicio de algo nuevo: «Soy bastante salvaje de corazón. / Yerma la lengua que solo sea inteligible». Aquí se solapa un anhelo tácito, propio del poeta, el anhelo de «otra» lengua, la lengua de la poesía. El verso sugiere la «absurda palabra beata» de la poesía en el texto «En Petersburgo nos veremos de nuevo» (25 de noviembre 1920). En plena Guerra Civil Rusa, en medio de la hambruna, los fusilamientos y el terror, Mandelstam afina una oración para la poesía: «por una absurda palabra beata / rezaré en la noche soviética».[11]

El poema más famoso de Mandelstam escrito durante su estancia en Heidelberg es un reconocimiento a la juventud del alma, que nada rejuvenecida por los abismos de un mundo viejo «gris». Este poema contiene, además, señales proféticas. En definitiva, tal alma de «joven delfín» encontrará su camino a través de los abismos del mundo, en Heidelberg, el lugar donde el poeta toma conciencia de su oficio como tal.

En un poema programático de Mandelstam, de 1912, se aprecia la negativa de lo eterno, el reconocimiento de la temporalidad, del aquí y ahora, así como también un rechazo al brillo lunar y a todo centelleo estelar en la poesía: «No, no es la luna lo que veo, sino la esfera del reloj. / ¿Pero qué culpa tengo yo / si las estrellas me parecen / solo blanco mate?»[12] Del mismo modo,

ich die Sterne milchig-matt / Nur finde, was kann ich dafür?"[12] Auch die „Ablehnung der Ewigkeit" hat ihre Keimzelle in den Heidelberger Gedichten, im Gedicht „Nur sprecht mir nicht von Ewigkeit".

Zugleich frappiert im Gedicht die Dominanz des Gehörsinns. Die Wahrnehmung von Zeit und Ewigkeit scheint für Mandelstam schon hier, in der Heidelberger Zeit, mit dem Gehörsinn verbunden: „Ich höre, wie sie wächst, hör da / Die Welle, nächtlich, ungeheuer." Und: „Dem stillen Nachhall dieses Rauschens / Lausch ich nur aus der Ferne – froh: / Die schäumenden Kolosse so / Für Kleines, Nichtiges vertauschend."[13] Das Gedicht ist damit auch eine Keimzelle für Titel und Thema von Mandelstams autobiographischer Prosa *Das Rauschen der Zeit* von 1925.[14]

Es wäre unangemessen, wollte man allen Heidelberger Gedichten Mandelstams die philosophische Tiefe und programmatische Bedeutsamkeit in der Vorausnahme der späteren, akmeistischen Poetik abfordern, die die beiden erwähnten Gedichtbeispiele tatsächlich für sich beanspruchen dürfen. Mandelstams Jugendgedichte zeigen oft ephemere, wechselhafte Momente eines jugendlichen Weltgefühls, aber auch den steten Prozess des Werdens, die Entstehung eines dichterischen „Ich". Es sind tastende Erkundungen einer seelischen Landschaft, Selbstbefragungen, konzentrierter Blick nach innen und Erprobung des Blicks hinauf (an den Himmel) und hinunter (zur Erde), Prüfung der Möglichkeiten des Denkens und Dichtens in dieser Welt.

Damit ist für den lokalpatriotischen Leser wohl auch eine Enttäuschung verbunden. Wer in Mandelstams Heidelberger Gedichten einen Abklatsch oder wenigstens Widerhall der städtischen Umwelt und ihrer touristischen Höhepunkte sucht, muss zwangsläufig enttäuscht werden. Heidelberg hatte sich in der Literaturgeschichte längst als Anthologieobjekt angeboten. Die Stadt darf sich an Hymnen auf „der Vaterlandsstädte Ländlichschönste" freuen: Mit Friedrich Hölderlins „Heidelberg-Ode", Ludwig Uhlands „Auf dem Schlosse zu Heidelberg", Clemens Brentanos „Lied von eines Studenten Ankunft in Heidelberg" oder Joseph von Eichendorffs „Einzug in Heidelberg" sind nur ein paar berühmte Stücke benannt.[15]

Warum hätte der junge Mandelstam das tun sollen, was längst getan war? Dem Chor der jubelnden Touristen noch eine Stimme einfügen? Das Schloss, den Neckar, die Alte Brücke, die Plätze und Gassen besingen? Der junge russische Student kam aus Sankt Petersburg. Auch dort gab es mit der Newa einen imposanten Fluss, herrschaftliche Schlösser und Paläste, Brücken und Prachtstraßen.

Wer Mandelstams Heidelberger Gedichte nach lokalen Sehenswürdigkeiten abtasten will, muss ins Leere greifen. Ein prachtvoller goldener Herbst

la negación de la eternidad tiene su origen en los poemas de Heidelberg, por ejemplo en el poema «No me hablen de eternidad».

Al mismo tiempo, sorprende lo predominante del sentido auditivo en la poesía de Mandelstam. Su percepción del tiempo y la eternidad parece estar relacionada con el oído y esto se manifiesta en un poema de su estancia en Heidelberg: «Escucho como crece, oye ahí / la ola nocturna, enorme.» Y a continuación dice: «Escucho el manso eco de ese rumor / solo de lejos, alegre: / los espumosos colosos tan oscilantes / frente a lo nimio, lo diminuto.»[13] Por consiguiente, este poema se podría considerar como la célula germinal tanto del título como del tema de la prosa autobiográfica de Mandelstam *El rumor del tiempo* de 1925.[14]

Pero sería desproporcionado exigir de todos los poemas de Mandelstam pertenecientes al «ciclo de Heidelberg» la profundidad filosófica y el significado programático en anticipación a la posterior poética acmeísta, que ambos poemas mencionados efectivamente pudieran reclamar. A menudo, los poemas juveniles de Mandelstam exponen esos variables y efímeros momentos, propios del sentimiento del mundo de un muchacho, pero en ellos se manifiesta también el proceso de crecimiento, la formación del yo poético. Tratan de ciertas exploraciones del paisaje interior, cuestionamientos propios, insinúan una mirada concentrada hacia adentro y un intento de mirar hacia arriba (al cielo) y hacia abajo (la tierra), evalúan las posibilidades del pensamiento y de la escritura poética en este mundo.

Lo anterior representa una desilusión para el lector patriota, local. Quien busque en los poemas de Mandelstam del «ciclo de Heidelberg» un cliché o al menos un eco del ambiente urbano y sus atracciones turísticas quedará inevitablemente decepcionado. Heidelberg se ha prestado ya desde hace mucho tiempo como objeto de antología en la Historia de la Literatura. La ciudad ha sido celebrada en himnos como la más bella entre las ciudades alemanas. Entre las piezas más célebres se podrían citar: la «Oda a Heidelberg» de Friedrich Hölderlin, el poema «En el castillo de Heidelberg» de Ludwig Uhland, la «Canción sobre la llegada de un estudiante a Heidelberg» de Clemens Brentano o el poema de Joseph von Eichendorff «Entrada a Heidelberg».[15]

¿Por qué hubiera tenido el joven Mandelstam que hacer lo que ya habían hecho otros? ¿Para sumarse al coro de turistas exultantes? ¿Para cantarle al castillo, al río Neckar, al Puente Viejo, a las plazas y a las callejuelas? El estudiante ruso venía de San Petersburgo. Allí también había un imponente río, el Neva, majestuosos castillos y palacios, puentes y preciosas avenidas.

Entonces, quien hurgue en los poemas del «ciclo de Heidelberg» de Mandelstam en búsqueda de atracciones turísticas locales no encontrará

ist voller Musik, doch er lässt Ernte und Tod ineinander greifen und weiß nichts von benennbaren Lokalitäten. „Er singt in Kirchen, auf Emporen / Und klösterlichem Spätgeläut, / Der Asche in die Urnen streut / Versiegelt Wein in den Amphoren."[16]

Der Blick auf den nächtlichen Wald am Gaisberg („Vom Mond erhellt die Nachtreviere") lässt ihn von der Eberesche träumen, dem Baum der russischen Poesie, verrät den lyrisch-nostalgischen Wunsch, die Hügel um Heidelberg mit seiner russischen Heimat zu verschmelzen. Dann geht der Blick hinauf in den Kosmos, das Gedicht „Demütige Höhen, hell und weit" lässt die philosophischen Studien des jungen russischen Dichters ahnen, Echos von Platons *Gesetzen* und der Zahlenphilosophie des Pythagoras. Doch der Blick kehrt vom Kosmos in den irdischen Winter zurück. Dann wieder genügt ihm ein Blick durch das Zimmerfenster auf den bescheidensten, gleichsam anonymen Ausschnitt eines Winterbildes („Wenn der Wintermorgen dunkelt"). Selbst schlichte „Naturlyrik" also ist bei diesem urbanen Dichter eher Beschwörung von Seelen-Natur, von psychischer Landschaft.

Auch Spuren einer scheuen Studentenliebe sind in den Heidelberger Gedichten auszumachen. Ein „leerer Ort" wird zum Drama für einen vergeblich wartenden Liebenden, denn die ersehnte „Eremitin" erscheint nicht zum Treffen. Das zauberhafte Gedicht feiert das Paradox der erfüllten Leere, der Anwesenheit in der Abwesenheit, beschwört die sinnliche Gegenwart – Schritte, Mund und Lippen – einer sehnsüchtig Erwarteten. Das Ich horcht auf ihre „wahrsagenden Schritte", die also eine Wahrheit enthüllen sollen, doch der lauschende Dichter bleibt in einem Heidelberger Café allein vor dem dampfenden Getränk, dessen endgültiges Erkalten als Bedrohung im Raum steht. Er ist nicht völlig einsam, solange das Gedicht eine erwünschte Gegenwart zu beschwören vermag:

> Der Ort wird leer. Der Abend dauert
> Gequält, weil du nicht da bist jetzt.
> Statt dass er deinen Mund benetzt
> Dampft auf dem Tisch ein Trank und lauert.
>
> Du kommst mit wahrsagenden Schritten
> Der Eremitin nicht mehr her;
> Und auf das Glas legst du nicht mehr
> Ein Muster mit schläfrigen Lippen.

nada. El hermoso otoño dorado de Heidelberg está lleno de música, sí, pero Mandelstam entrelaza la cosecha con la muerte y nada sabe de lugares bucólicos dignos de ser nombrados: «Canta en iglesias, en coros altos / en el repique claustral tardío, / que esparce cenizas en las urnas / y sella el vino en ánforas.»[16]

La vista al bosque nocturno del monte Gaisberg, «La cuenca nocturna iluminada por la luna» lo lleva a soñar con el serbal, el árbol de la poesía rusa, y revela además su deseo lírico y nostálgico de amalgamar las colinas cerca de Heidelberg con su Rusia. La vista se eleva luego hacia el cosmos y, en este sentido, el poema «Humilde altura, alta y amplia» nos deja entrever los estudios filosóficos del joven poeta ruso, evocándonos *Las Leyes* de Platón y la filosofía numérica de Pitágoras. Sin embargo, la vista retorna del cosmos al invierno terrenal. Entonces, le basta con echar un vistazo por la ventana de la habitación a un fragmento modesto, y en cierto modo anónimo, de la imagen invernal («Cuando oscurece en la mañana invernal»). Incluso el tema de la naturaleza en la poesía de este poeta urbano se manifiesta más bien como una evocación del alma, un paisaje psíquico.

En los poemas de Heidelberg se puede percibir también la estela de un tímido amor de estudiante. Un lugar vacío se convierte en un drama para el amante que espera, si la anhelada «eremita» no llega a la cita. Se trata de un maravilloso poema que celebra la paradoja del vacío repleto, de la presencia en la ausencia, evoca el presente sensual de la añorada, sus pasos, su boca y sus labios. El yo poético escucha los «pasos fatídicos», reveladores de la verdad; el sensible poeta permanece solo empero, esperando en un café de Heidelberg frente a su bebida humeante, cuyo enfriamiento final representa una verdadera amenaza en el lugar. Pero, mientras el poema sea capaz de evocar la deseada presencia el poeta no estará completamente solo:

> El lugar se va quedando vacío. Y la tarde
> se hace eterna, atormenta porque no estás aquí,
> ahora. En la mesa espera una bebida, humeando,
> en vez de humedecer tus labios.
>
> Y tú ya no vendrás, con pasos fatídicos
>   de eremita,
> tampoco dejarás en el vaso
> la forma de unos labios soñolientos.

Vergeblich zeichnet, wild sich windend –
Solange er noch immer dampft –
Der lang-geduldige, der Trank
In leere Luft hin seine Linien.“[17]

Geplant waren zwei Semester in Heidelberg, doch nach dem Ende des Wintersemesters reiste Mandelstam – ob aus Geldmangel oder Unlust am Studium, ist unbekannt – Mitte März 1910 aus der Stadt ab. Zum Sommersemester erschien er nicht mehr. Das Unstete seines Lebens spiegelt sich früh auch in seinem studentischen Curriculum. Der Studienabbrecher wird immer nur eine einzige Berufung verspüren: Dichter zu sein.

Die Reflexion über sein Tun hatte in Heidelberg begonnen, dem Ort seiner dichterischen Bewusstwerdung. Mehrere Gedichte beschäftigen sich mit dem Wesen oder der Entstehung der Poesie: Von „scheuen Eingebungen" und „furchtsamen Berührungen" der zaghaft gehegten „künstlichen Rose" seiner Poesie ist im ersten Gedicht „Windstille meiner Gärten" die Rede. Dann wieder scheint ein bereits solides Selbstbewusstsein allen Zweifel zu übertönen: „Prophetisch ist der Atem meiner Verse".

Aber da ist noch ein poetologisches Heidelberger Gedicht, unscheinbar und folgenschwer: „Wie lautlos diese Spindel fliegt". Die Moiren, die drei Schicksalsgöttinnen der griechischen Mythologie, die den Lebensfaden spinnen, bemessen und abschneiden, sind durch ein einzelnes Ich ersetzt, das sich selbst zum Schicksal wird, indem es die Spindel (der Poesie) in Bewegung versetzt und den Faden spinnt, doch die fatale Drehbewegung nicht mehr aufhalten kann: „Dreht einsam sich, ununterbrochen – / Sie anzuhalten niemals reicht / Die Kraft aus meiner Hand – / Die Spindel fliegt."[18]

Es ist das beschwörende Werk einer Dichterhand. Es meint die Magie des Anfangs. Ort des Geschehens ist Heidelberg. Die Spindel fliegt.

Ardiente se desliza y dibuja en vano
sus líneas por el aire vacío,
mientras sigue humeando, largo
y paciente, la bebida.[17]

Su plan era una estancia estudiantil de dos semestres en Heidelberg, pero Mandelstam abandona la ciudad a finales del semestre de invierno, a mediados de marzo de 1910. No se sabe si por falta de dinero o por apatía hacia los estudios, lo que está claro es que no cursó el semestre de verano. Lo inestable de su vida se refleja temprano en su currículo estudiantil. El estudiante ruso abandona la carrera universitaria sin terminarla, cree solo en su única vocación: ser poeta.

La reflexión sobre su quehacer de vida comenzó en Heidelberg, es aquí donde Mandelstam toma conciencia de lo poético como opción de vida. Varios de sus poemas aluden a la esencia o al origen de la poesía. Por ejemplo, su poema «En la calma de mis jardines» habla de las «inspiraciones temblorosas» y de los «roces trémulos» de la «rosa artificial» de su poesía acariciada con timidez. Luego, su autoconfianza ya bastante sólida, parece serenar toda duda: «el aliento de mis versos es profético».

Pero entre los poemas de Heidelberg hay además uno, más bien poco llamativo, que transmite sin embargo una poética transcendental: «Qué silencioso vuela este huso». Las moiras, las tres diosas del destino de la mitología griega que tejen, miden y segan el hilo de la vida son substituidas en esta poética por un yo único, convertido ahora en destino, en tanto que pone en movimiento el huso (de la poesía) y teje el hilo pero, sin embargo, no logra detener el giro fatal: «Gira solo, sin parar / no logra detenerlo / la fuerza de mi mano / vuela el huso».[18]

Es la obra de la mano del poeta. Supone la magia del comienzo. El lugar del acontecimiento es Heidelberg. Vuela el huso.

1 Bei diesem Text handelt es sich um Ausschnitte aus Ralph Dutlis Essay „Magie des Anfangs. Frühwerk und Laboratorium: Ossip Mandelstams Jugendgedichte", aus dem Buch: Ralph Dutli, *Mandelstam, Heidelberg. Gedichte und Briefe 1909–1910*, Wallstein Verlag, Göttingen 2016. Der Band umfasst erstmals sämtliche Gedichte des „Heidelberger Zyklus" sowie Gedichte aus dem Umkreis des Deutschlandaufenthaltes, insgesamt 40 bisher nicht ins Deutsche übersetzte Gedichte (russisch & deutsch); sie werden kommentiert und umrahmt von zwei essayistischen Texten Ralph Dutlis zu Mandelstams Frühwerk sowie zu den deutschen Echos im Werk des russischen Dichters („Ich war das Buch, das euch im Traum erscheint"). Der Abdruck erfolgt mit freundlicher Genehmigung des Wallstein Verlages.

2 Ossip Mandelstam: *Mitternacht in Moskau. Gedichte 1930–1934*. Zürich 1986, S. 165 (Deutschsprachige Zitate nach der zehnbändigen Mandelstam-Gesamtausgabe, herausgegeben von Ralph Dutli, Ammann Verlag, Zürich 1985–2000, © neu: S. Fischer Verlag, Frankfurt am Main. Die Zitate aus den Jugendgedichten nach der erwähnten Ausgabe im Wallstein Verlag, Göttingen 2016).

3 Willy Birkenmaier: *Das russische Heidelberg. Zur Geschichte der deutsch-russischen Beziehungen im 19. Jahrhundert*. Verlag Das Wunderhorn, Heidelberg 1995, S. 8f.

4 Zu den Einzelheiten des Heidelberger Semesters vgl. Pavel Nerler: „Na Zapade, u čuždogo semejstva": semestr v Gejdel'berge". – In: Ders., *Con Amore: Etjudy o Mandel'štame*, Moskva 2014, S. 275–339. Frühere deutsche Fassung in: *Russica Palatina*, Skripten der Russischen Abteilung des Instituts für Übersetzen und Dolmetschen der Universität Heidelberg, herausgegeben von Willy Birkenmaier, Nr. 21, Heidelberg 1992, S. 3–69.

5 Ralph Dutli: *Meine Zeit, mein Tier. Ossip Mandelstam. Eine Biographie*. Zürich 2003, S. 49–63.

6 Ossip Mandelstam: *Über den Gesprächspartner. Essays 1913–1924*. Zürich 1991, S. 23–33.

7 Nadeschda Mandelstam: *Das Jahrhundert der Wölfe*. Aus dem Russischen von Elisabeth Mahler. S. Fischer Verlag, Frankfurt am Main 1971, S. 289 („Das Bücherbrett").

8 Ossip Mandelstam: *Armenien, Armenien! Prosa, Notizbuch, Gedichte 1930–1933*. Zürich 1994, S. 34–37.

9 Ossip Mandelstam: *Mitternacht in Moskau. Gedichte 1930–1934*. Zürich 1986, S. 105

10 Ralph Dutli: *Mandelstam, Heidelberg. Gedichte und Briefe 1909–1910*. Göttingen 2016, S. 71.

11 Ossip Mandelstam: *Tristia. Gedichte 1916–1925*. Zürich 1993, S. 97.

12 Ossip Mandelstam: *Der Stein. Frühe Gedichte 1908–1915*. Zürich 1988, S. 69.

13 Ralph Dutli: *Mandelstam, Heidelberg. Gedichte und Briefe 1909–1910*. Göttingen 2016, S. 49.

14 Ossip Mandelstam: *Das Rauschen der Zeit. „Autobiographische" Prosa der 20er Jahre*. Zürich 1985.

15 *Heidelberg-Lesebuch. Stadt-Bilder von 1800 bis heute*. Herausgegeben von Michael Buselmeier. Frankfurt am Main 1986.

16 Ralph Dutli: *Mandelstam, Heidelberg. Gedichte und Briefe 1909–1910*. Göttingen 2016, S. 45.

17 Ebd., S. 59.

18 Ebd., S. 55.

1 Este texto está compuesto por fragmentos del ensayo de Ralph Dutli «Magia del comienzo. Obra temprana y laboratorio: poemas juveniles de Osip Mandelstam» del libro: Ralph Dutli, *Mandelstam, Heidelberg. Gedichte und Briefe 1909–1910*, Wallstein Verlag, Gotinga 2016. El libro reúne, por primera vez, todos los poemas del «ciclo de Heidelberg», así como también los poemas de su estancia en Alemania; 40 en total, que hasta ahora no habían sido traducidos al alemán, comentados, además de dos ensayos de Ralph Dutli sobre la obra temprana de Mandelstam y el eco alemán en la obra del poeta ruso («Yo era el libro que les apareció en sueños»). La reproducción se realiza con permiso de cortesía del Wallstein Verlag.

2 Ralph Dutli: Ossip Mandelstam: *Mitternacht in Moskau. Gedichte 1930–1934* [Medianoche en Moscú. Poemas 1930-1934]. Zúrich 1986, p. 165 (Todos los libros de Mandelstam citados en su edición alemana pertenecen a la Obra completa en diez tomos traducida al alemán y editada por Ralph Dutli, Ammann Verlag, Zúrich 1985-2000, © reed.: S. Fischer Verlag, Fráncfort del Meno. Las citas de los poemas juveniles según la óp.cit.* Gotinga 2016).

3 Willy Birkenmaier: *Das russische Heidelberg. Zur Geschichte der deutsch-russischen Beziehungen im 19. Jahrhundert* [La Heidelberg rusa. Historia de las relaciones germano-rusas en el siglo XIX]. Heidelberg 1995, p. 8.

4 Pavel Nerler: *Osip Mandelstam*. Moscú 1994, p. 22 (Apuntes de la Sociedad Mandelstam Moscú, t. 3).

5 Ralph Dutli: *Meine Zeit, mein Tier. Ossip Mandelstam. Eine Biographie* [Siglo mío, bestia mía. Osip Mandelstam. Una biografía]. Ammann Verlag, Zúrich 2003, p. 49-63.

6 Osip Mandelstam: *Sobre la naturaleza de la palabra y otros ensayos*. Trad. José Casas Risco. Ed., introducción, notas y anexo: Miguel Ángel Muñoz Sanjuán. Árdora, Madrid 2005.

7 Nadiezhda Mandelstam: *Contra toda esperanza*. Alianza editorial 1984, p. 306 [En alemán publicado 1971 bajo el título *Das Jahrhundert der Wölfe* / El siglo de los perros-lobos].

8 Ossip Mandelstam: *Armenien, Armenien! Prosa, Notizbuch, Gedichte 1930–1933* [¡Armenia, Armenia! Prosa, Libreta de notas, Poemas 1930-1933]. Zúrich 1994, p. 34-37.

9 Ossip Mandelstam: *Mitternacht in Moskau. Gedichte 1930–1934* [Medianoche en Moscú. Poemas 1930-1934]. Zúrich 1986, p. 105.

10 Ralph Dutli: *Mandelstam, Heidelberg. Gedichte und Briefe 1909–1910* [Mandelstam, Heidelberg. Poemas y correspondencia 1909-1910]. Gotinga 2016, p. 71.

11 Osip Mandelstam: *Tristia y otros poemas*. Pról. Joseph Brodsky. Trad., n. y epílogo Jesús García Gabaldón. Igitur/Poesía, Tarragona 1998, p. 92.

12 Ossip Mandelstam: *Der Stein. Frühe Gedichte 1908–1915* [La piedra. 1908-1915]. Zúrich 1988, p. 69.

13 Ralph Dutli: *Mandelstam, Heidelberg. Gedichte und Briefe 1909–1910*. Gotinga 2016, p. 49.

14 Osip Mandelstam: *El sello egipcio, El rumor del tiempo*, Madrid, Alfaguara, 1991.

15 *Heidelberg-Lesebuch. Stadt-Bilder von 1800 bis heute* [Heidelberg, Libro de lectura. Imágenes de la ciudad de 1800 hasta hoy]. Ed. Michael Buselmeier, Fráncfort del Meno 1986.

16 Ralph Dutli: *Mandelstam, Heidelberg. Gedichte und Briefe 1909–1910*. [Mandelstam, Heidelberg. Poemas y correspondencia 1909-1910]. Gotinga 2016, p. 45.

17 Ibíd., p. 59.

18 Ibíd., p. 55.

WLADIMIR MIKUSCHEWITSCH
Dieser Essay wurde im Auftrag des Staatlichen Literaturmuseums Moskau in russischer Sprache verfasst und von Martina Jakobson ins Deutsche übersetzt.

„Gott-Nachtigall"

Ossip Mandelstams „An die deutsche Rede"[1] (1932)
im Spannungsfeld naiver und sentimentalischer Dichtung

Bereits 1917 notierte Mandelstam: „Die Zeit kann rückwärts gehen: Der ganze Verlauf der neuesten Geschichte, die sich mit erschreckender Gewalt vom Christentum zum Buddhismus und zur Theosophie abgewandt hat, legt davon Zeugnis ab […]."[2] Laut Mandelstam widerspricht der Buddhismus nicht dem Fortschritt, sondern unterstützt diesen in all seinen rückwärtsgewandten Tendenzen: „Den Buddhismus in der Wissenschaft: unter der dünnen Maske eines geschäftigen Positivismus. Den Buddhismus in der Kunst: im analytischen Roman der Goncourts und Flauberts. Den Buddhismus in der Religion schließlich, der aus allen Löchern der Fortschrittstheorie hervorschaut und dem neuesten Triumph der Theosophie die Bahn geebnet hat, die wiederum nichts anderes ist als eine bourgeoise Fortschrittsreligion […]"[3]

Mandelstams Werk *Die Reise nach Armenien*, in dem er den historischen Fortschritt, der offizielle Staatsdoktrin war, nicht anerkannte, erregte den besonderen Unmut der Staatsfunktionäre, weil er darin den historischen Fortschritt, der offizielle Staatsdoktrin war, nicht anerkannte: „Wir haben ihm nicht erlaubt, die Entwicklung und den Fortschritt zu beschimpfen, das soll er nur ja nicht vergessen."[4] Besonders die aus ihrer Sicht „seltsam anmutenden" Schlussfolgerungen Mandelstams über Goethe und den französischen Evolutionstheoretiker Jean-Baptiste de Lamarck (1744–1829) entrüsteten die Kulturfunktionäre: „Wieso begibt sich Mandelstam in Bereiche, von denen er keine Ahnung hat?"[5], erinnert sich die Ehefrau des Dichters Nadeschda Mandelstam an die damaligen Anfeindungen. Vornehmlich Mandelstams philosophisches Verständnis und poetische Hellsichtigkeit machten den Funktionären Angst. Was Mandelstam bewegt, was er immer wieder und

WLADIMIR MIKUSCHEWITSCH

Este ensayo, redactado en ruso y traducido al español por Elionor Guntín Masot y Anastasía Konovalova, fue concebido por encargo del Museo Estatal de Literatura de Moscú.

El dios Nachtigall

La relación entre la poética ingenua y la poética sentimental en el poema «A la lengua alemana» (1932) de Ósip Mandelstam

En 1917 Mandelstam escribía: «El tiempo puede ir a la inversa: todo el curso de la historia más reciente, que con una fuerza increíble ha virado de la cristiandad al budismo y la teosofía, da muestra de ello».[1] Según Mandelstam, el budismo no contradice el progreso sino que lo apoya en todas sus tendencias retrógradas: «Budismo científico enmascarado como sutil budismo especulativo; budismo artístico, en las novelas analíticas de Flaubert y de los Goncourt; budismo religioso deslizándose a través de las múltiples lagunas de la teoría del progreso, preparando el asalto de la recién nacida teosofía, que no es ni más ni menos que la expresión burguesa de la religión del progreso [...]».[2]

Con su *Viaje a Armenia* Mandelstam escandalizó a los dirigentes soviéticos precisamente porque negaba el progreso histórico, que era un componente importante de la doctrina oficial: «No vamos a permitirle [a Mandelstam, V.M.] que denueste la evolución y el progreso. Que lo tenga bien presente...».[3] Para los poderosos eran particularmente enojosas las extrañas reflexiones en torno a Goethe y al evolucionista francés Jean-Baptiste de Lamarck (1744-1829): «¿Por qué se adentra en ámbitos que desconoce por completo?»,[4] comenta Nadezhda Mandelstam, la esposa del poeta, recordando las animosidades de la época. Sobre todo su saber filosófico y su clarividencia poética resultaban alarmantes a los funcionarios del Partido. Lo que preocupaba a Mandelstam y lo que siempre destacaba, en especial en sus poemas de madurez, como en el poema «Lamarck» (1932), era la idea del sentido inverso de la evolución:

besonders in seinen späten Gedichten wie „Lamarck" (1932) zum Ausdruck bringt, ist der Gedanke an den rückläufigen Gang der Evolution:

Alt der Mann, und schüchtern wie ein Knabe,
Unbeholfner, scheuer Patriarch …
Doch wer könnte glühender gefochten haben
Zu Ehren der Natur als er, Lamarck?

Wenn alles Lebende nur Korrektur ist
Für den einen, kurzen Sterbetag,
so besetz ich nun die letzte Stufe
Auf der losen Leiter von Lamarck.

Dann sagt er: Genug der vollen Klänge,
Mozart hast du ganz umsonst geliebt,
Spinnentaubheit wird dich nun bedrängen,
Dieser Sturz ist uns der stärkste Hieb![6]

Diese Idee des unheilvollen Niedergangs eines jeden lebenden Organismus beschäftigte zu diesem Zeitpunkt auch den Literaturtheoretiker des Russischen Formalismus Jurij Tynjanow (1894–1943). So berichtet Emma Gerstein in ihren Erinnerungen: „Nadja (*Nadeschda Mandelstam*, Anmerkung W.M.) und ich gestanden uns eines Tages ein, dass es Mandelstam-Gedichte gibt, die wir nicht mögen, solche wie ‚Kanzone', ‚Der Konzertflügel' und ‚Lamarck'. Da unterbrach mich Nadja: ‚Nein, sagen Sie das nicht über ‚Lamarck'. Tynjanow hat mir erklärt, was an diesem Gedicht so bemerkenswert ist: Darin wird vorhergesagt, wie der Mensch aufhört, ein Mensch zu sein. Rückwärtsbewegung. Tynjanow jedenfalls bezeichnete das Gedicht als genial."[7]

So betrachtet, erscheint Mandelstams berühmtes „Epigramm gegen Stalin" (1933) in einem neuen Licht, das mit „Und wir leben, doch die Füße, sie spüren keinen Grund […]"[8] beginnt. Es ist nicht mehr ein vordergründig antisowjetisches Pamphlet oder eingängiges politisches Agitprop-Stück (wie selbst Mandelstam mitunter die Wirkung seines Textes einschätzte: „Das werden die Komsomolzen in den Straßen singen"[9]), es spricht, im Gegensatz zu den Andeutungen in „Lamarck", von der Ent-Menschlichung in ihrer schlimmsten Konsequenz. Beim „Bergmenschen im Kreml" lacht der „Schnauzbart – wie Küchenschaben" und „Jede Hinrichtung schmeckt ihm– wie Beeren."[10] Im Gedicht „Im Innern seines Bergs liegt dieser Götze träg" (1936) dringt die Ent-Menschlichung bis in das Innerste vor:

Era viejo, pero tímido como un niño,
cual miedoso y torpe patriarca…
¿Quién defendía la naturaleza con arrojo?
Un inflamado Lamarck, a capa y espada.

Si todo lo viviente es un borrón tan solo
en un día efímero y sin amo,
en la escalera móvil de Lamarck
yo ocuparé el escalón más bajo…

Y ha dicho: basta de sonoridades rebosantes,
tu amor por Mozart ha sido para nada.
Sobreviene una sordera arácnida,
y, en ese punto, el vacío nos rebasa.[5]

Yuri Tyniánov (1894-1943), teórico del formalismo ruso, percibió con nitidez esta decadencia fatídica de todo organismo vivo. Emma Gerstein recuerda en sus memorias: «Una vez, Nadia [Nadezhda Mandelstam, V. M.] y yo admitimos que había algunas poesías de Mandelstam, como "Canzone", "Piano de cola" y "Lamarck", que no nos gustaban. "No, no diga eso de 'Lamarck'", me interrumpió Nadia. "Tyniánov me hizo entender lo que este poema tiene de excepcional: anuncia que el ser humano está dejando de ser humano. Es el movimiento inverso. Tyniánov dijo que esta poesía es genial"».[6]

Desde este punto de vista, el célebre epigrama contra Stalin (1933), que comienza con el verso «Vivimos sin sentir el país bajo nuestros pies»,[7] deja de ser un simple panfleto antisoviético o una proclama de agitación política al uso, como alguna vez había supuesto el propio Mandelstam: «Los jóvenes del Komsomol lo irán cantando por la calle».[8] La poesía habla de forma tajante de la deshumanización que en «Lamarck» solo se insinuaba. Los grandes ojazos de cucaracha del «montañés del Kremlin» se ríen, y «cada ejecución es una dicha / para el recio pecho del oseta».[9] Mientras que en el poema «Dentro de la montaña el ídolo está ocioso» (1936), la deshumanización llega ya al nivel de lo mineral:

[…] medita con el hueso y siente con la frente
y se esfuerza por recordar su rostro humano…[10]

Und nur sein Knochen denkt, er fühlt nur seine Stirn:
Sein menschliches Gesicht müht er sich zu erinnern […][11]

Mandelstam meint mit der „Rückwärtsbewegung" nicht etwa die Rückkehr zur Natur oder zur Natürlichkeit im Sinne Rousseaus, im Gegenteil: „Die Natur hat sich von uns zurückgezogen […]."[12] In seinem Konzept von der Natur geht diese nicht voraus, sondern sie folgt der Kultur als Trägerin jenes Impulses, der die Natur erst hervorbringt:

Vielleicht ist dieses Flüstern älter als die Lippen
Und Blätter trieben, als kein Baum noch stand,
Und jene, denen wir Erfahrung widmen –
Sie haben ihre Prägung längst erlangt.[13]

Hierher rührt Mandelstams Antipathie gegenüber dem frühen Nikolaj Sabolozkij, der aufgerufen hatte, „den Gegenstand vom Müll vermoderter Kulturen zu reinigen" und diesen eher „mit dem bloßen Auge zu betrachten".[14] Nach Ansicht Mandelstams verschwindet bei einer Betrachtung mit dem bloßen Auge nicht nur der Gegenstand, sondern das Auge selbst. Der Gegenstand des Sehens ist von der Kultur erschaffen, wie auch das Sehen selbst, während das Auge die Natur überwindet:

Die Starrheit der Natur ist überwunden
Da dringt, blauhart, das Auge ein in ihr Gesetz […][15]

Es gibt keine Natur, wenn „du Mozart ganz umsonst geliebt" hast, denn Mozart klingt „in Vogelstimmen".[16] Mandelstam positioniert sich darin gleichermaßen als Gegenspieler Pasternaks, der in der „Rückwärtsbewegung" die poetische Elementarkraft ausmachte:

Geliebte – du Abgrund! Wenn liebt der Poet,
Ein Gott ist er, furiengehetzt.
Das Chaos, aus Höhlen hervor, aufersteht
Und breitet sich aus, hier und jetzt.

Von Nebelfluten tränt ihm der Blick,
Im Dunst als ein Mammut er steht,
So ganz aus der Mode: zur Urzeit zurück
Möcht höchstens ein Analphabet.

Mandelstam considera que el «movimiento inverso» no es un retorno a la naturaleza o a la naturalidad en el sentido de Rousseau, sino justo lo contrario: «Y la naturaleza se aparta de nosotros [...]».[11] En Mandelstam la naturaleza no antecede, sino que sucede a la cultura como portadora del impulso que engendra la propia naturaleza:

Tal vez, antes de que aparecieran los labios,
ya hubiese surgido el susurro,
y, en ausencia de los árboles, revolotearan las hojas,
y aquellos a quienes dedicamos la experiencia
antes de esta adquiriesen sus facciones.[12]

De ahí viene la antipatía que Mandelstam sentía por el primer Nikolái Zabolotski, que instaba a «purificar el objeto separándolo de la basura de las culturas corrompidas», a «mirar el objeto con los ojos desnudos».[13] Según Mandelstam, una mirada con los ojos desnudos no solo hará desaparecer el objeto, sino también los propios ojos. Es la cultura la que crea el objeto de la mirada, igual que crea la propia mirada, y el ojo supera la naturaleza:

Tras vencer la rigidez de la naturaleza
el ojo de un firme azul penetró su ley…[14]

No existe la naturaleza si «tu amor por Mozart ha sido para nada», puesto que Mozart vive «con el trinar de los pájaros».[15] También en esto Mandelstam se sitúa en las antípodas de Pasternak, que advertía en el «movimiento inverso» un elemento poético:

Amada, ¡qué miedo!, cuando ama el poeta,
quien ama, quien pena, es un dios desquiciado,
y el caos aflora otra vez a la Tierra
igual que en los tiempos de los dinosaurios.

Sus ojos chorrean arrobas de bruma;
se queda cegado; es como un mastodonte;
su tiempo pasó, y él lo sabe: no gusta,
no agrada, imposible: ya no corresponde.

Ve cómo a su lado festejan las bodas,
se embriagan, se acuestan, despiertan al rato;

Da feiern sie Hochzeit mit Trinken und Schrein
Und wachen, betrunken noch, auf.
Er weiß, dieser Froschlaich ist allgemein,
Man staffiert ihn, sagt Kaviar drauf.[17]

Der Verehrung Spinozas bei Pasternak widerspricht die Verehrung Bergsons bei Mandelstam in „An die Lippen hin führ ich das Grün" (1937):

Und die Stimmen der Frösche – vereint
Hin zum rollenden Quecksilber-Ball [...][18]

Bei aller poetischen Harmlosigkeit dieser Zeilen haben sowohl Lamarck wie auch Bergson zu ihnen Bezug. Im Lebensimpuls seiner Vervollkommnung bildet das Quecksilber Kügelchen – aus den Quecksilberkügelchen entsteht, auch wenn es nur die Schallblasen der quakenden Frösche sind, der Erdball, und Gott selbst ist gemäß Xenophanes eine kugelähnliche Gestalt – ein Sphäroid, „weil diese Form die beste oder die am wenigsten ungeeignete ist, um das Göttliche darzustellen".[19]

So nannte Mandelstam in diesem Zusammenhang das Gedicht „Sommer" von Boris Pasternak geistreich, weil darin die Stimmen der Vögel den poetischen Moment ankündigen:

Der gellende Goldamselruf, ihr Erscheinen
Gab Chinagelb und Kohlschwarz den Stämmen,
Die Kiefer, faul, regte der Nadeln keine,
Eichhorn und Specht ließ sie Wohnung sich nehmen [...][20]

Bei Mandelstam hingegen haben die Vögel, die Gott im Altertum „in ihrem eigenen Latein"[21] priesen, zwanzig Jahre später in einem Gedicht, das in der Woronescher Verbannung entstand, eine universitäre Bildung genossen:

Es gibt ein Wälder-Salamanca
Für Vögel unfolgsam und klug [...][22]

Im gleichen Jahr, 1936, beinahe um die gleiche Zeit, verfasst Mandelstam ein Gedicht, in dem der tiefe ästhetische Gehalt seines späten Schaffens zutage tritt:

Im Kiefernwäldchen lang schon wohnt
Vertrauter Violen-, Harfenton:

cómo a ese caviar de mil ranas lo nombran,
después de vestirlo de seda, prensado.[16]

A la admiración hacia Spinoza que profesaba Pasternak se le opone la orientación bergsoniana del poema de Mandelstam "Yo este verdor ofreceré a los labios" (1937):

Y las ranas, cual bolitas de azogue,
con las voces se encadenan en bola […][17]

Estos versos, aun con toda su sencillez poética, desprenden la influencia de Lamarck y Bergson. El mercurio forma en su natural impulso de perfección pequeñas bolas, y de esas bolitas de mercurio —aunque solo se trate de los sacos vocales de las ranas al croar— se forma una esfera mayor. Y ocurre que, según Jenófanes, el mismo Dios es un esferoide, «porque esa forma es la mejor, o la menos mala, para representar la divinidad».[18]

Mandelstam calificaba de genial el poema «Verano» de Pasternak, dado que en sus versos la voz de los pájaros anuncia el momento poético:

Un grito, una agitación de estridentes oropéndolas
amarilleaba los troncos, de carbón y estampados de China;
pero los pinos no sacudían las hojas, de pura indolencia,
y arrendaban rincones a carpinteros y ardillas.[19]

En la obra de Mandelstam, los pájaros le rezaban a Dios en la antigüedad «en su propio latín».[20] Veinte años más tarde, en un poema compuesto durante el destierro del escritor en Vorónezh, reciben formación universitaria:

Y hay una frondosa Salamanca
Para los pájaros sabios y desobedientes.[21]

El mismo año de 1936, y también en diciembre, Mandelstam escribe una poesía en la que se revela el profundo contenido estético de su producción tardía:

Es la ley del bosque de pinos:
de arpas y violas el familiar sonido.
Los troncos retorcidos, deformados,
las arpas y violas sin embargo
crecen, como si cada tronco

> Gewundene Stämme, nackte, hohe,
> Und doch sinds Harfen und Violen
> Die wachsen, so als hätte jeden Stamm
> Äol zur Harfe gebogen, dann
> Gleich losgelassen, Wurzeln schonend,
> Die Stämme schonend und die Kraft,
> Sie aufgeweckt, die Harfen, Violen
> Daß es die Rinde klingen macht.[23]

Nicht die Violen und Harfen erinnern an die Bäume, die Bäume selbst sind bereits Violen und Harfen, verwandelt durch die Kraft des Impulses, der von Äol ausgeht. Und auch Mandelstams Nachtigall in seinem Gedicht „An die deutsche Rede" (1932) unterscheidet sich grundlegend von der elementaren Nachtigall Pasternaks, wenn dieser schreibt:

> Wie ein Fangseil die Zweige am Leibe zerreißend,
> Dunkelroter als Gretchens geschlossener Mund,
> Als die Augäpfel Gretchens verschleierter, heißer
> Lachte, schluchzte die Nachtigall und schlug sich wund.[24]

Bei Mandelstam ist die Nachtigall nicht einfach eine Nachtigall, sondern eine Gottheit, der der Dichter sein Schicksal und selbst seine eigene Sprache anvertraut. „Gott-Nachtigall" verkörpert die deutsche Sprache, die den Dichter lockt und umwirbt:

> In Widersprüchen sterb' ich und erwache;
> So sehnt sich eine Motte nach dem Feuer.
> Ich will verlassen meine Muttersprache,
> Doch bleibt sie mir dabei so fristlos teuer.

Das beschworene „Feuer" verweist auf den „Flammentod" in Goethes „Selige Sehnsucht", auch wenn hier die Motte anstelle des Schmetterlings auftritt.[25] Dahingegen hat „Gott-Nachtigall" bei Mandelstam wie im Folgenden gezeigt wird – wenn auch über einen Umweg – seinen Ursprung bei Immanuel Kant. Georgij Iwanow erinnert sich, wie Mandelstam, bereits aus dem Ausland zurückgekehrt, hartnäckig die Kantsche *Kritik der reinen Vernunft* las, während er den Hegelianer Kuno Fischer offenbar längst zur Seite gelegt hatte.

Die Persönlichkeit und die Philosophie Kants sind zentrale Themen des russischen Symbolismus. Ein Gedicht mit dem Untertitel „Immanuel Kant"

se pusiera a curvar en arpa Eolo
y a tirarlo, de las raíces dando quejas,
quejándose del tronco y de sus fuerzas;
despertó a la viola y al arpa resonando
en la corteza, ya de color castaño.[22]

No es que las violas y las arpas recuerden a los árboles, sino que los árboles ya son arpas y violas, porque el impulso, aquí llamado Eolo, los ha convertido en tales. Por otra parte, el ruiseñor de Mandelstam en el poema «A la lengua alemana» (1932) se diferencia claramente del ruiseñor espontáneo de Pasternak en «Margarita» (1919):

Desgarrando las ramas de encima, lo mismo que un lazo,
con un lila que ni Margarita en su labio en tensión,
más ardiente que el blanco del ojo, que en ella es tan cálido,
crepitó, palpitó, dominó y relumbró el ruiseñor.[23]

El ruiseñor de Mandelstam no es solo un ruiseñor, sino el dios Nachtigall, a quien el poeta encomienda su destino e incluso su propia lengua. El dios Nachtigall encarna el idioma alemán, que atrae al poeta y lo corteja («A la lengua alemana», 1932):

Me destruyo y contradigo,
cual polilla en vuelo hacia la llama a medianoche,
al querer exiliarme de nuestra lengua
por todo lo inaplazable que le debo.[24]

La «llama de medianoche» nos remite a la «nostalgia dichosa» de Goethe, aunque aquí en lugar de una mariposa se trata de una polilla.[25] Por otra parte, el dios Nachtigall proviene, aunque sea por vía indirecta, de Immanuel Kant. El poeta Gueorgui Ivánov recuerda que Mandelstam, de nuevo en Rusia después de su período en el extranjero, leía obstinadamente la *Crítica de la razón pura* de Kant, mientras dejaba completamente de lado al hegeliano Kuno Fischer.

La personalidad y la filosofía de Kant son temas centrales del simbolismo ruso. Aleksandr Blok utiliza el nombre «Immanuel Kant» como subtítulo de un poema.[26] Y el último pensamiento del filósofo en la «Segunda sinfonía, dramática» (1902) de Andréi Beli, quien antes de acostarse ha estado leyendo la *Crítica de la razón pura*, es que «Kant sin Platón es un cuerpo sin cabe-

(1903) finden wir bei Alexander Blok. Und der letzte Gedanke des Philosophen in Andrej Belyjs „Zweiter Symphonie, der Dramatischen" (1902), der vor dem Einschlafen die *Kritik der reinen Vernunft* liest, lautet: „Kant ohne Platon, das ist ein Rumpf ohne Kopf."[26] Auch in Andrej Belyjs Gedicht-Zyklus „Philosophische Schwermut" ist die Kant'sche Philosophie eingewoben. Die Äußerung des jungen Mandelstam zum Symbolismus „Die Symbolisten waren schlechte Hausbewohner, sie liebten das Reisen, doch sie fühlten sich beengt und unwohl im Käfig ihres eigenen Organismus und in jenem Käfig der Welt, den Kant mit Hilfe seiner Kategorien gebaut hat"[27] zeugt nicht nur von Mandelstams Scharfsinn, sondern zweifellos auch von seinem großen philosophischen Sachverstand. In „Kritik der Urteilskraft" äußert sich Kant in einer für ihn ungewöhnlich poetischen Sprache über den von Dichtern gepriesenen „bezaubernd schönen Schlag der Nachtigall in einsamen Gebüschen, an einem stillen Sommerabende, bei dem sanften Lichte des Mondes".[28] Der Zauber schwindet, so Kant, sobald deutlich wird, dass der Nachtigallenschlag auf Bestellung eines lustigen Wirts von einem mutwilligen Burschen (mit Schilf oder Rohr im Munde) der Natur nachgeahmt wird, um den eingekehrten Gästen höheren Genuss zu verschaffen. Denn „es muß Natur sein, oder von uns dafür gehalten werden, damit wir an dem Schönen als einem solchen ein unmittelbares Interesse nehmen können"[29], schlussfolgert Kant. Auf diesen kantschen Paragraphen bezieht sich Friedrich Schiller in *Über naive und sentimentalische Dichtung*, wenn er zwei grundsätzlich verschiedene Arten der poetischen Weltaneignung begründet. Der naive Dichter wirke auf seine Leser mittels der sinnlichen Wahrheit der Natur, der sentimentalische Dichter rühre sie mit Reflexionen oder Ideen.[30] Der größte naive Dichter der neuen Zeit sei Goethe, als sentimentalischen Dichter sieht Schiller sich selbst. Ein sentimentalischer Dichter ist für ihn auch Ewald Christian von Kleist (1715–1759), den auch Mandelstam in seinem Gedicht „An die deutsche Rede" anführt:

> Die Poesie, dich auch die Stürme kosen;
> Der deutsche Offizier mit dir im Bunde;
> An seinen Degengriff sich rankten Rosen,
> Und Ceres hing an seinem süßen Munde.

Der deutsche Dichter und preußische Offizier Ewald Christian von Kleist, 1759 im Siebenjährigen Krieg im Sturm gegen eine russische Batterie tödlich verwundet und in Deutschland nahezu vergessen, ist ein weiteres Urbild des unbekannten Soldaten, der neben Jean-Baptiste de Lamarck ein ebenso

za».[27] La filosofía de Kant también está incorporada en el ciclo poético del mismo Andréi Beli *Tristeza filosófica* (1909). Y la siguiente observación del joven Mandelstam en su manifiesto «La mañana del acmeísmo» no solo destaca por su ingenio, sino también por su carácter indudablemente filosófico: «Los simbolistas no eran amantes del hogar; les gustaba viajar, pero se sentían mal, incómodos, en la jaula de sus cuerpos, o en esa jaula universal que Kant construyó con ayuda de sus categorías».[28] En su *Crítica del juicio*, Kant, valiéndose de expresiones poéticas que no suele emplear en sus obras, habla de los poetas que celebran el hechizante canto del ruiseñor (*die Nachtigall*) en los arbustos solitarios durante una tranquila noche de verano a la delicada luz de la luna. El hechizo del canto del ruiseñor, según Kant, desaparece de repente cuando advertimos que un impostor está imitando a la perfección el canto del pájaro con una cañita o un pequeño junco en la boca. Se lo ha pedido el anfitrión para que los invitados disfruten plenamente del paisaje. «Tiene que tratarse de la naturaleza misma o de algo que nosotros tengamos por tal, para que podamos tomar en lo bello, como tal, un interés *inmediato* […]», concluye Kant.[29] A este párrafo kantiano, «Del interés intelectual en lo bello», se remite Friedrich Schiller en su tratado *Sobre poesía ingenua y poesía sentimental* cuando establece dos formas completamente diferentes de la apropiación poética del mundo. El poeta ingenuo impacta al lector con la verdad sensual de la naturaleza, mientras que el poeta sentimental conmueve por medio de la reflexión o las ideas.[30] El mayor poeta ingenuo en el tránsito de la Edad Moderna a la Edad Contemporánea es Goethe, mientras que Schiller se define a sí mismo como poeta sentimental. Pero también considera como poeta sentimental a Ewald Christian von Kleist (1715-1759), a quien Mandelstam hace aparecer en su poema «A la lengua alemana» como oficial alemán:

> Poesía, ¡propicias te son las tormentas!
> Recuerdo al oficial alemán,
> Las rosas prendidas de su empuñadura,
> Y en sus labios estaba Ceres…[31]

El poeta y oficial prusiano Ewald Christian von Kleist, herido de muerte en la Guerra de los Siete Años en 1759, durante un asalto de una batería rusa, y relegado al olvido en Alemania, es otro prototipo del soldado desconocido, quien junto a Jean-Baptiste de Lamarck también «defendía la naturaleza a capa y espada». Si Schiller se consideraba un poeta sentimental en relación con Goethe, Mandelstam también pudo considerarse a sí mismo un poeta

glühender Verfechter „zu Ehren der Natur"[31] war. Wie Schiller sich als sentimentalischer Dichter in Bezug auf Goethe empfand, konnte sich Mandelstam als ein sentimentaler Dichter in Bezug auf den naiven Dichter Boris Pasternak sehen, dessen Poesie sich förmlich „überschlägt an Banalität, klassisch verzückt wie eine schlagende Nachtigall".[32] Dem Wunsch Mandelstams, „die Muttersprache zu verlassen", bei der Bereitschaft zu verstummen (das Schicksal des Pylades) oder um den Preis der herausgerissenen Zunge, entspricht der Versuch, dem Los des sentimentalen Poeten, dem Schicksal des unbekannten Soldaten zu entrinnen:

> Gott Nachtigall! Man wirbt mich für die Pesten
> Für siebenjähriges Kriegesgetue;
> Die Wörter sich empören, die gepreßten,
> Doch lebst du, und ich bin mit dir in Ruhe.

„Gott-Nachtigall" ist der Genius der naiven Poesie, die hinter die Grenzen der Geschichte führt, doch auch er ist von jenem poetischen Impuls erschaffen, der den sentimentalen Dichter zum Tode verdammt.

sentimental con relación al ingenuo Borís Pasternak, cuya poesía «se atiborra de banalidades con el éxtasis clásico de un ruiseñor que gorjea su canción».[32] El deseo de Mandelstam de «abandonar nuestro idioma», dispuesto a guardar silencio (el destino de Pílades), o a costa de que le arranquen la lengua, es un intento de evitar el destino del poeta sentimental, del soldado desconocido:

> Dios Nachtigall, todavía me reclutan
> para nuevas pestes y batallas septenales.
> Se estrechó el sonido, chirrían las palabras, se rebelan,
> pero tú sigues vivo y yo, contigo, estoy tranquilo.[33]

El dios Nachtigall es el genio de la poesía ingenua —la que se desvía más allá de los límites de la historia—, pero también él ha sido creado por un impulso poético que ha condenado a muerte al poeta sentimental.

An die deutsche Rede

Für B. S. Kusin

Freund! Versäume nicht zu leben:
Denn die Jahre fliehn,
Und es wird der Saft der Reben
Uns nicht lange glühn!
(Ew. Chr. Kleist)

In Widersprüchen sterb' ich und erwache;
So sehnt sich eine Motte nach dem Feuer.
Ich will verlassen meine Muttersprache,
Doch bleibt sie mir dabei so fristlos teuer.

Ohne zu schmeicheln, unser Lob, das hehre,
Aus nächster Näh' die Freundschaft ohne Klippe;
Den Ernst wollen wir lernen und die Ehre
Im strengen Westen bei der fremden Sippe.

Die Poesie, dich auch die Stürme kosen;
Der deutsche Offizier mit dir im Bunde;
An seinen Degengriff sich rankten Rosen,
Und Ceres hing an seinem süßen Munde.

In Frankfurt gähnten ehrwürdig die Alten,
Man sprach noch nicht über den jungen Goethe;
Die Rosse tanzten, und die Hymnen schallten,
Buchstaben sprangen keck, und sang die Flöte.

Saget mir, Freunde, wie wir spielten, Freie,
In welcher Walhall wir die Nüsse knackten,
Und wo ihr mir errichtet eine Reihe
Der Absteckpfähle an den langen Trakten?

Die Seiten wurden in der Zeitschrift heller
Mit feinem Abglanz ihres neuen Scheines;
Dann liefet ihr ins Grab, wie in den Keller
Um einen Krug des guten Moselweines.

A la lengua alemana

Para B. S. Kuzin

Freund! Versäume nicht zu leben:
Denn die Jahre fliehn,
Und es wird der Saft der Reben
Uns nicht lange glühn.
(Ew. Chr. Kleist)*

Me destruyo y contradigo,
cual polilla en vuelo hacia la llama a medianoche,
al querer exiliarme de nuestra lengua
por todo lo inaplazable que le debo.

Entre nosotros median elogios sin lisonja
y un hito de amistad no farisea.
Aprendamos seriedad y honor
En Occidente, con una familia extranjera.

Poesía, ¡propicias te son las tormentas!
Recuerdo al oficial alemán,
Las rosas prendidas de su empuñadura,
Y en sus labios estaba Ceres…

Aún en Fráncfort nuestros padres suspiraban,
aún no teníamos noticias de Goethe.
Se componían himnos, los caballos cabrioleaban
y saltaban en el sitio como si fueran letras.

Amigos, decidme en qué Walhalla
cascábamos juntos las nueces,
de qué libertad dispusimos,
qué jalones me pusisteis.

Directamente desde la hoja del almanaque,
desde su primordial novedad, corríamos
al ataúd por los escalones, sin miedo,
como si bajáramos a la bodega a por vino del Mosela.

Die fremde Schale! Ich in dir verweile,
Wie, Ungeborener in diesen Räumen,
Der Buchstabe ich war, die Rebenzeile
Und auch ein Buch vielleicht in ihren Träumen.

Ich schlief gestaltlos, von der Freundschaft wurde
Wie von dem Schuß erweckt zum Lebenssprunge.
Gott Nachtigall! Gib mir Pylades' Würde,
Oder gib nichts und reiß aus meine Zunge.

Gott Nachtigall! Man wirbt mich für die Pesten
Für siebenjähriges Kriegesgetue;
Die Wörter sich empören, die gepreßten,
Doch lebst du, und ich bin mit dir in Ruhe.

8.– 12. August 1932

Übersetzt von Wladimir Mikuschewitsch

La lengua ajena será mi envoltura,
y mucho antes de que yo naciera,
fui una letra, la línea de la uva,
el libro que ahora sueñan.

Mientras dormía sin aspecto ni estructura,
me despertó la amistad como un disparo.
Dios Nachtigall, dame el destino de Pílades
o arráncame la lengua, pues ya la tengo en vano.

Dios Nachtigall, todavía me reclutan
para nuevas pestes y batallas septenales.
Se estrechó el sonido, chirrían las palabras, se rebelan,
pero tú sigues vivo y yo, contigo, estoy tranquilo.

8-12 de agosto de 1932

Traducción de Tatjana Portnova

* «¡Amigo! No dejes escapar la vida. / ¡Que los años vuelan /
y el jugo de la uva / poco tiempo más nos enardecerá!»
(Ewald Christian von Kleist).

1 Dem Essay liegt eine vom Autor Wladimir Mikuschewitsch selbstgefertigte Übertragung des Gedichts Ossip Mandelstams zugrunde. In der Übersetzung Ralph Dutlis ist das Gedicht auf Deutsch unter dem Titel „An die deutsche Sprache" erschienen.

2 „Puschkin und Skrjabin", in: Ossip Mandelstam: *Über den Gesprächspartner. Gesammelte Essays (I) 1913–1924.* Aus dem Russischen übertragen und herausgegeben von Ralph Dutli. Ammann Verlag, Zürich 1991, S. 63.

3 Ossip Mandelstam: „Das 19. Jahrhundert", in: ebd., S. 169.

4 Nadeschda Mandelstam: *Generation ohne Tränen.* Aus dem Russischen übertragen von Godehard Schramm. S. Fischer Verlag, Frankfurt am Main 1975, S. 312.

5 Ebd., S. 312.

6 „Lamarck", in: Ossip Mandelstam: *Mitternacht in Moskau. Die Moskauer Hefte. Gedichte 1930–1934.* Aus dem Russischen übertragen und herausgegeben von Ralph Dutli. Ammann Verlag, Zürich 1991, S. 113.

7 Ėmma Gerštejn: *Memuary.* Izdatel'stvo „Sacharov", Moskva 2002, S. 35.

8 „Epigramm gegen Stalin", in: Ossip Mandelstam: *Mitternacht in Moskau* (wie Anm. 6), S. 165.

9 Ėmma Gerštejn (wie in Anm. 7), S. 51.

10 „Epigramm gegen Stalin", in: Ossip Mandelstam: Mitternacht in Moskau ..., S. 165.

11 „Im Innern seines Bergs liegt dieser Götze träg", in: Ossip Mandelstam: *Die Woronescher Hefte. Letzte Gedichte 1935–1937.* Aus dem Russischen übertragen und herausgegeben von Ralph Dutli. Ammann Verlag, Zürich 1996, S. 75.

12 „Lamarck", in: Ossip Mandelstam: *Mitternacht in Moskau* (wie Anm. 6), S. 115.

13 „Und Schubert auf dem Wasser, Mozart in Vogelstimmen", in: Ossip Mandelstam: (wie Anm. 6), S. 175.

14 Lidija Ginzburg: *Čelovek za pis'mennym stolom.* Sovetskij pisatel', Leningrad 1989, S. 371.

15 „Die Starrheit der Natur ist überwunden", in: Ossip Mandelstam: *Mitternacht in Moskau* (wie Anm. 6), S. 183.

16 „Und Schubert auf dem Wasser, Mozart in Vogelstimmen", in: ebd., S. 175.

17 Boris Pasternak: „Geliebte – du Abgrund! Wenn liebt der Poet ...", in: Boris Pasternak: *Initialen der Leidenschaft. Gedichte.* Übersetzt von Johannes Bobrowski. Verlag Volk und Welt, Berlin 1984, S. 35.

18 „An die Lippen hin führ ich das Grün", in: Ossip Mandelstam: *Die Woronescher Hefte. Letzte Gedichte 1935–1937.* Aus dem Russischen übertragen und herausgegeben von Ralph Dutli. Ammann Verlag, Zürich 1996, S. 211.

19 „Die Sphäre Pascals", in: Jorge Luis Borges: *Essays 1952–1979.* Übersetzt von Karl August Horst. Carl Hanser, München/Wien 1981, S. 11.

20 „Sommer", übersetzt von Andreas Koziol, in: Boris Pasternak: *Zweite Geburt.* Werkausgabe, Bd. 2: *Gedichte, Erzählungen, Briefe.* Herausgegeben von Christine Fischer. S. Fischer Verlag, Frankfurt am Main 2016, S. 150.

21 „Der Abbe", in: Ossip Mandelstam: *Der Stein. Frühe Gedichte. 1908–1915.* Aus dem Russischen übertragen und herausgegeben von Ralph Dutli. Ammann Verlag, Zürich 1988, S. 160.

22 „Im luftigen Milchbrot steht der Stieglitz", in: Ossip Mandelstam: *Die Woronescher Hefte* (wie Anm. 11), S. 67.

23 „Im Kiefernwäldchen lang schon wohnt", in: ebd., S. 79.

24 „Gretchen", übersetzt von Ilse Tschörtner, in: Boris Pasternak: *Zweite Geburt* (wie Anm. 20), S. 15.

25 Vgl. „Selige Sehnsucht", in: Johann Wofgang Goethe: *West-östlicher Divan.* Teil 1. Herausgegeben von Hendrik Birus. Deutscher Klassiker Verlag, Frankfurt am Main 1994, S. 24–25.

26 Andrej Belyj: *Simfonii.* Herausgegeben von A. V. Lavrov. Chudožestvennaja literatura, Leningrad 1991, S. 93.

27 „Der Morgen des Akmeismus", in: Ossip Mandelstam. *Über den Gesprächspartner* (wie Anm. 2), S. 19.

28 *Kritik der Urteilskraft,* § 42 („Vom intellektuellen Interesse am Schönen"), in: Immanuel Kant: *Kritik der Urteilskraft und Schriften zur Naturphilosophie.* Herausgegeben von Wilhelm Weischedel. Wissenschaftliche Buchgesellschaft, Darmstadt 1963, S. 400.

29 Ebd., S, 400.

30 Friedrich Schiller: *Über Kunst und Wirklichkeit.* Philipp Reclam, Leipzig 1975, S. 507.

31 Ebd., S. 139.

32 „Notizen über Poesie", in: Ossip Mandelstam: *Über den Gesprächspartner* (wie Anm. 2), S. 183.

1 Fragmento del ensayo «Skriabin y el cristianismo» (1915), también conocido como «Pushkin y Skriabin», no publicado hasta la fecha en español. Mandel'štam, Osip (1993): *Sobranie sočinenij v cetyrëch tomach. Stichi i proza 1906-1921*. Ed. de P. Nerler y A. Nikitaev (Mandel'štamovskoe obščestvo). Moskva: Art-Biznes-Centr, vol. 1, p. 201. (Cuando las citas de Mandelstam y otros autores proceden de obras inéditas en castellano, se aporta una versión —si no se indica otra cosa— a cargo de las traductoras de este artículo. En tales casos, damos además la referencia bibliográfica del original ruso).

2 Mandelstam, Osip (2003): «El siglo XIX», en: *Gozo y misterio de la poesía*. Trad. de Víctor Andresco. Barcelona: El Cobre, pp. 83-91 [p. 88].

3 Mandel'štam, Nadežda (1990): *Vtoraja kniga*. Moskva: Moskovskij rabočij, p. 341.

4 Mandel'štam, Osip (1994): *Sobranie sočinenij v cetyrëch tomach. Stichi i proza 1930-1937*. Ed. de P. Nerler y A. Nikitaev (Mandel'štamovskoe obščestvo). Moskva: Art-Biznes-Centr, vol. 3, p. 62.

5 *Ibidem*, p. 62.

6 Gerštejn, Ėmma (2002): *Memuary*. Moskva: Izdatel'stvo «Sacharov», p. 35.

7 Mandelstam, Osip (1998): *Tristia y otros poemas*. Trad. de Jesús García Gabaldón. Montblanc, Tarragona: Igitur, «Poesía», 6, pp. 136-137.

8 Gerštejn (como en la nota 6), p. 51.

9 *Tristia y otros poemas* (como en la nota 7), p. 137.

10 Mandelstam, Ossip (2010): *Poesía*. Trad. de Aquilino Duque. Madrid / México: Vaso Roto, p. 273.

11 *Sobranie sočinenij v cetyrëch tomach* (como en la nota 4), vol. 3, p. 62.

12 *Ibidem*, p. 78.

13 Ginzburg, Lidija (1989): *Čelovek za pis'mennym stolom*. Leningrad: Sovetskij pisatel', p. 371.

14 *Sobranie sočinenij v cetyrëch tomach* (como en la nota 4), vol. 3, p. 77.

15 *Ibidem*, p. 78. Referencia al verso «Y Schubert sobre el agua, y Mozart con el trinar de los pájaros».

16 Pasternak, Borís (2012): *Días únicos. Antología*. Trad. de José Mateo y Xènia Dyakonova. Madrid: Visor, p. 45.

17 *Poesía* (como en la nota 10), p. 369.

18 «La esfera de Pascal», en Borges, Jorge Luis (1974): *Obras completas 1923-1972*. Ed. de Carlos V. Frías. Buenos Aires: Emecé, p. 636.

19 Versos traducidos por José Mateo y Xènia Dyakonova especialmente para esta publicación.

20 «El cura», en: *Poesía*, p. 129. *Sobranie sočinenij v cetyrëch tomach* (como en la nota 1), vol. 1, p. 111.

21 Mandelstam, Osip (²2002): *Cuadernos de Voronezh*. Trad. de Jesús García Gabaldón. Montblanc, Tarragona: Igitur, «Poesía», 11, p. 86.

22 Mandelstam, Ossip (2010): *Poesía*. Trad. de Aquilino Duque. Madrid / México: Vaso Roto, p. 275.

23 Pasternak, *op. cit.*, p. 45.

24 *Sobranie sočinenij v cetyrëch tomach* (como en la nota 4), vol. 3, p. 69. Aquí y más adelante citamos el poema «A la lengua alemana» a partir de la versión reproducida al final de este ensayo.

25 *Cf.* «Dichosa nostalgia», en: Goethe, Johann Wolfgang (1963): *Obras completas*. Ed. y trad. de Rafael Cansinos Assens. Madrid: Aguilar, vol. 1, 4ª ed., p. 1.550.

26 Se trata del poema de 1903 que empieza con el verso «Estoy sentado detrás del biombo» (Сижу за ширмой. У меня...). *Cf.* Blok, Aleksandr (1997): *Polnoe sobranie sočinenij i pisem v dvadcati tomach*. Moskva: Nauka, vol. 1 [Stichotvorenija; kniga pervaja (1898-1904)], p. 162.

27 Belyj, Andrej (1991): *Simfonii*. Ed. de A. V. Lavrov. Leningrad: Chudožestvennaja literatura, p. 93.

28 «La aurora del acmeísmo», en: Mandelstam, Osip (2005): *Sobre la naturaleza de la palabra y otros ensayos*. Trad. de José Casas Risco. Madrid: Árdora, pp. 15-20 [p. 17]. *Cf.* también la versión de Jorge Bustamante García («El amanecer del acmeísmo») en: *Carta sobre poesía rusa y otros ensayos*. México: Verdehalago, 2010, pp. 27-37 [p. 32]: «Los simbolistas fueron pésimos sedentarios, les gustaban los viajes y se sentían muy mal, fuera de sí, en la jaula de su organismo y en aquella caja universal que con ayuda de sus categorías había construido Kant».

29 Kant, Immanuel (1991): *Crítica del juicio*. Trad. de Manuel García Morente. Madrid: Espasa Calpe, «Colección Austral», 167, p. 256.

30 Schiller, Friedrich (2013): *Sobre poesía ingenua y poesía sentimental*. Madrid: Verbum, passim.

31 *Sobranie sočinenij v cetyrëch tomach* (como en la nota 4), vol. 3, p. 69.

32 «Algunas notas sobre poesía», en: Mandelstam, Osip (2005): *Sobre la naturaleza de la palabra y otros ensayos*. Trad. de José Casas Risco. Madrid: Árdora, pp. 21-26 [p. 25].

33 *Sobranie sočinenij v cetyrëch tomach* (como en la nota 4), vol. 3, p. 70.

Ossip Mandelstam, 1924/25, GLM   Ósip Mandelstam, 1924-25, GLM

„Die Eisenwelt: wie bettelhaft jetzt bebend,

Ganz in den Schaum, in die Musik gefügt,

Der heiße Dampf, die Geigenaugen blendend,

Und ich – ans Glas des Flurs gedrückt.

Wo willst du hin? Am Totenfest des Schattenbildes

Zum letzten Mal für uns erklingt Musik."

1922≈1928

«Y sueño: todo en la música y en el canto

estremece al mundo de hierro, tan miserable.

En el vestíbulo de cristal me detengo.

¿Adónde vas? En el banquete fúnebre de una

  sombra querida

suena por última vez la música para nosotros».

23

Век

Век мой, зверь мой, кто сумеет
Заглянуть в твои зрачки
И своею кровью склеит
Двух столетий позвонки;
Кровь-строительница хлещет
Горлом из земных вещей,
Захребетник лишь трепещет
На пороге новых дней.

Тварь, покуда жизнь хватает,
Донести хребет должна,
И невидимым играет
Позвоночником волна.
Словно нежный хрящ ребенка
Век младенческой земли:
Снова в жертву, как ягненка,
Темя жизни принесли.

Чтобы вырвать век из плена,
Чтобы новый мир начать,
Узловатых дней колена
Нужно флейтою связать.
Это век волну колышет
Человеческой тоской,
И в траве гадюка дышит
Мерой века золотой.

И еще набухнут почки,
Брызнет зелени побег,
Но разбит твой позвоночник,
Мой прекрасный жалкий век!
И с бессмысленной улыбкой
Вспять глядишь, жесток и слаб,
Словно зверь, когда-то гибкий,
На следы своих же лап.

2/V/23

О. Мандельштам

„Mein Jahrhundert" als handschriftlicher Eintrag Mandelstams von 1923 aus dem Album von E. Kasanowitsch. Das Gedicht ist eine der direktesten Auseinandersetzungen Mandelstams mit seiner Epoche und dem tragischen Lauf der Geschichte. IRLI

«Siglo mío», manuscrito de Mandelstam, 1923, del álbum de Ye. Kazanóvich. El poema es una de las confrontaciones más directas de Mandelstam con su época y con el trágico curso de la historia. IRLI

Meine Zeit, mein Raubtier, deinem
Aug – hält ihm ein Auge stand?
Wer, Jahrhunderte zu einen,
knüpft mit seinem Blut das Band?
Erdendinge. Blut, in jedem:
Blutstrahl, der zu bauen wagt.
Nur wer aß, was andre säten,
strauchelt, wo das Neue tagt.

Das Geschöpf, bis hin zum Ziele
schleppts sein Rückgrat, Jahr um Jahr.
Und die Wellenhände spielen
mit den Wirbeln unsichtbar.
Weich, ein Kindesknorpel, dieser
jugendlichen Erde Zeit.
An des Lebens Schädel, wieder,
legen sie das Opferscheit.

Dieses Leben freizuschlagen,
daß hier neu die Welt beginnt,
heißts die knotigen, die Tage
fügen, bis sie Flöten sind.
Sie, die Zeit, bewegt die Welle,
schaukelt sie in Menschenleid.
Dort im Gras die Ottern schnellen
nach dem goldnen Maß der Zeit.

Blatt und Schößling treiben, eine
Knospe, eine zweite schwellt.
Doch du, Zeit, die mein ist, deine
Wirbel liegen da, zerschellt.
Stumpf, so lächelst du, die kranken
Glieder schleppend – du, das Tier!
Äugst, äugst rückwärts: jene Pranken,
jene Spur dort, hinter dir …

1922

Übersetzt von Paul Celan

Siglo mío, bestia mía.
¿Quién podría contemplar tus pupilas
y con su sangre juntar
las vértebras de dos siglos?
La edificadora sangre mana
de la garganta de la tierra
y solo el parásito tiembla
en el umbral de los nuevos días.

Cada animal debe arrastrar,
en vida, su espina dorsal.
Y una ola juega
con la columna invisible.
Como el tierno cartílago de un niño,
el siglo de la infancia de la tierra
de nuevo sacrificó, como a un cordero,
la plenitud de la vida.

Para liberar al siglo,
para comenzar un nuevo mundo,
hace falta unir con una flauta
los desiguales días de la rodilla.
Este siglo agita la ola
de la tristeza de las personas
y entre la hierba anida la víbora,
medida de este siglo de oro.

Aún brotarán del verdor los embriones
y crecerán los tallos,
pero tu espina está rota,
¡mi bello y doloroso siglo!
Y con una sonrisa sin sentido
mirarás atrás, dulce y cruel,
como bestia en un tiempo flexible,
para contemplar la huella de tus garras.

1922

Traducción de Jesús García Gabaldón

Ende Dezember 1922 schrieb Mandelstam aus Moskau an seinen Vater: „Bei uns ist alles in Ordnung. Wir arbeiten, leben einträchtig zusammen, leiden keine Not... Ich sage nur, daß uns zu einem normalen Leben eine Wohnung mit 2–3 Zimmern fehlt. Aber gerade das ist unmöglich …".
Nach den Aufenthalten im russischen Süden, Moskau und Petersburg lebte Mandelstam ab 1924 in Leningrad und Detskoje (Zarskoje) Selo, ab 1928 in Moskau. Seinen Unterhalt verdiente er mit Übersetzungen: 19 Bücher innerhalb von sechs Jahren, die Redaktionsarbeit ausgenommen. Kalender, 1923, Plakat, Papier, Druck, GLM

A finales de diciembre de 1922, Mandelstam le escribe a su padre desde Moscú: «Por aquí todo está bien. Trabajamos y vivimos en armonía, no pasamos necesidades… Solo digo que para llevar una vida normal nos hace falta un apartamento de 2 o 3 habitaciones. Pero, precisamente eso, ahora es imposible…». Luego de estadías al sur de Rusia, Moscú y Petersburgo, Mandelstam vive a partir de 1924 en Leningrado y en Détskoye (Tsárskoye) Seló, y a partir de 1928, en Moscú. Se gana la vida traduciendo: 19 libros en seis años, exceptuando el trabajo de redacción. Calendario, 1923, cartel, papel impreso, GLM

Während sich der bolschewistische Staat in den ersten drei Jahren am Rande des Niedergangs befand, konnte er sich ab 1922 behaupten und seine Politik durchsetzen – ohne Angst vor der „gefräßigen Zeit" (Mandelstam). Wir bauen den Sozialismus, Ju. Pimenow, 1928, Plakat, Papier, Druck, GLM

Mientras que el estado bolchevique en sus primeros tres años se encontraba al borde del declive, a partir de 1922 pudo consolidarse e imponer su política, sin temor al «tiempo devorador» (Mandelstam). Construimos el socialismo, Yu. Pímenov, 1928, cartel, papel impreso, GLM

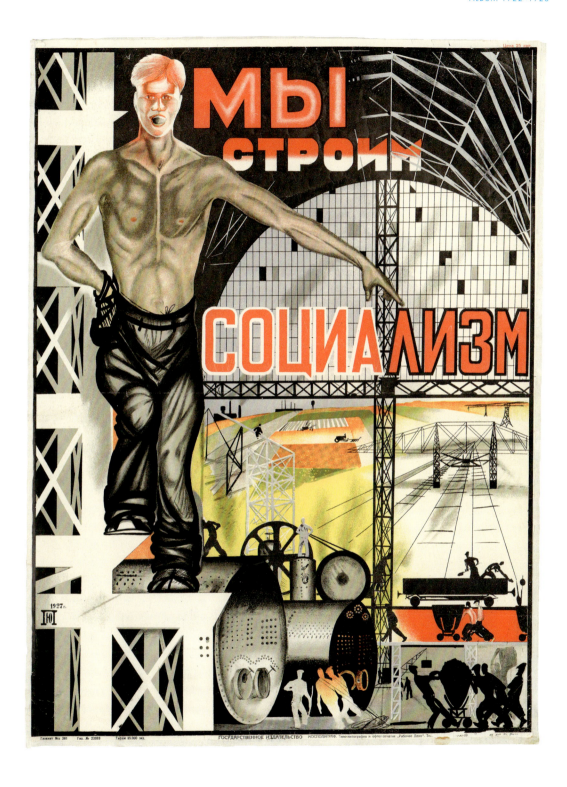

Am 24. Januar 1924 war Ossip Mandelstam auf der Beisetzung Lenins, den er in einem Gedicht von 1917 als „Oktober-Günstling" bezeichnet. Dort begegnete er dem großen russischen Dichter Boris Pasternak (1890–1960). Nadeschda Mandelstam nannte die beiden Lyriker „Antipoden", obwohl sie von den meisten Kritikern als zusammenhängende Erscheinungen der russischen Dichtung des 20. Jahrhunderts wahrgenommen werden. Auch das legendäre Telefonat von Stalin mit Pasternak über das Schicksal Mandelstams im Juni 1934 verbindet und kontrapunktiert die Künstler. Boris Pasternak, 1925, GLM

El 24 de enero de 1924 Mandelstam asiste al entierro de Lenin, a quien llama «el favorito de Octubre» en un poema de 1917. Allí se encuentra con el gran poeta ruso Borís Pasternak (1890-1960). Nadezhda Mandelstam se refiere a estos dos poetas como figuras «antagónicas», aunque la mayoría de los críticos los considera fenómenos afines de la poesía rusa del siglo XX. La legendaria conversación telefónica de Stalin con Pasternak sobre el destino de Mandelstam, en junio de 1934, relaciona y y contrapone también a estos dos escritores. Borís Pasternak, 1925, GLM

A. Smirnizkij, Kostüme des Jahres 1920 in der RSFSR. № 3, Mädchen in der schwarzen Jacke. Aquarell, Papier, Tinte, GLM

A. Smirnitski, vestuario de los años veinte en la RSFSR (República Socialista Federativa Soviética de Rusia), núm. 3, muchacha con chaqueta. Acuarela, papel, tinta, GLM

„Sein Kopf erinnert an die weise Hirnschale eines Säuglings oder Philosophen. Das ist ein lachender und denkender Kürbis", schrieb Ossip Mandelstam über Viktor Schklowskij (1893–1984), den Schriftsteller und bedeutenden Vertreter des russischen Formalismus. In „Sentimentale Reise" (1923) erwähnt auch Schklowskij liebevoll Mandelstam: „... trotz schwierigster Lebensverhältnisse – er besaß keine Stiefel, sein Zimmer war nicht geheizt – blieb er ein verwöhntes Kind. Seine fast feminine Nachlässigkeit und sein vogelhafter Leichtsinn hatten eine gewisse Logik. Er war ein echter Künstler, und der Künstler tut alles, um in der einzigen Aufgabe seines Lebens frei zu sein, er lügt sogar ...". Die Moskauer Wohnung Schklowskijs war für die Mandelstams in den 1930er-Jahren das einzige Haus, „das den Verstoßenen offenstand". Viktor Schklowskij, 1920er-Jahre, GLM

«Su cabeza recuerda al cráneo blanco de un bebé o de un filósofo. Es una risueña y pensativa calabaza», escribe Ósip Mandelstam sobre Viktor Shklovski (1893-1984), el escritor y el representante más importante del formalismo ruso. Viktor Shklovski también menciona afectuosamente a Mandelstam en «Viaje sentimental» (1923): «… A pesar de las duras condiciones de vida —no tenía botas, su habitación no se calentaba— fue un niño consentido. Su dejadez casi femenina y su ligereza de pájaro tenían cierta lógica. Era un artista auténtico y, en su única tarea de vida, el artista hace todo por ser libre, incluso miente…». El apartamento de Moscú de los Shklovski, en los años treinta, era la única casa para los Mandelstam: «estaba abierta a los desheredados». Viktor Shklovski, años veinte, impresión fotográfica, GLM

Mitte Januar 1925 trifft Mandelstam Olga Waksel (1903–1932) in Leningrad auf der Straße – eine verträumte Schönheit und zierliche Schauspielerin, die Mandelstam aus den Koktebel-Sommern 1916 und 1917 kennt. Zwei Gedichte für Olga – „Das Leben fiel, ein Wetterblitz ..." und „Ich lauf durch den Ort der Nomaden, die dunkle Straße ..." (Januar und Frühjahr 1925) – sind die dichterischen Zeugnisse der zweimonatigen heftigen Verliebtheit und einer schweren Ehekrise, die doch als Dreierfreundschaft begann. Olga Waksel, 1916, GLM

A mediados de enero de 1925, Mandelstam se encuentra con Olga Váksel (1903-1932) en una calle de Leningrado, una soñadora, bella y delicada artista que Mandelstam conocía ya de Koktebel, de los veranos de 1916 y 1917. Dos poemas para Olga —«La vida cayó, un rayo del tiempo…» y «Voy por un pueblo de nómadas, oscura calle…» (enero y comienzos de 1925)— son los resultados poéticos de dos meses de intenso enamoramiento y de una fuerte crisis marital, que por cierto empezó como un triángulo amistoso. Olga Váksel, 1919, GLM

Я буду метаться по табору улицы темной

За веткой черемухи в черной
рессорной карете,

За капором снега, за вечным,
за мельничным шумом...

Я только запомнил каштановых
прядей осечки,

Придымленных горечью — нет, с муравьиной кислинкой —

От них на губах остается янтарная сухость.

В такие минуты и воздух мне кажется карим,

И кольца зрачков одеваются выпушкой светлой,

И то, что я знаю о яблочной розовой коже...

Но все же скрипели извозчичьих санок полозья,

В плетенку рогожи глядели колючие звезды,

И били вразрядку копыта по клавишам мерзлым.

И только и света, что в звездной колючей неправде,

А жизнь проплывет театрального капора пеной,

И некому молвить: из табора улицы темной...

О. Мандельштам

„Ich lauf durch den Ort der
Nomaden" von 1925 als
Reinschrift Mandelstams. GLM

«Me agitaré por el aduar de la
calle oscura», 1925, copia en
limpio de Mandelstam. GLM

Ich lauf durch den Ort der Nomaden,
      die dunkle Straße,
Dem Faulbeerbaumzweig hinterher in der
      schwarzen, gefederten Kutsche,
Dem Häubchen von Schnee hinterher und dem
      ewigen Geräusch einer Mühle …

Ich erinnre mich nur an die Locken,
      kastanienbraun, ihre Versager,
Umraucht von der Bitterkeit, nein! –
      eher Ameisensäure;
Von ihnen blieb mir auf den Lippen
      wie trockener Bernstein.

In solchen Minuten hat mir noch die Luft
      braune Augen,
Pupillen, die Ringe, umkleidet vom
      Pelzrand aus Licht,
Und das, was ich weiß von der apfelgleich
      rosigen Haut …

Und immer noch knirschten die Kufen
      des Schlittens im Schnee,
Durchs Flechtwerk von Lindenbast blickten
      die stachligen Sterne,
Die Hufpaare schlugen in Sperrschrift auf sie,
      die gefrorenen Tasten.

An Licht ist da nichts als die stachlige Lüge
      der Sterne,
Das Leben schwimmt weg, theatralisch,
      wie Schaum eines Häubchens,
Keiner da, ihm zu sagen: »Nomadenort
      dunkle Straße« …

1925

Übersetzt von Ralph Dutli

Me agitaré por el aduar de la calle oscura
Detrás de la rama del cerezo de racimos,
      en la carroza negra con resortes,
Detrás de la capucha de nieve, del eterno ruido
      del molino …

Solo guardé en la memoria los tiros fallidos
      de mechones castaños
Tocados de humo de amargura, no,
      con agrio ácido fórmico,
Que dejan en los labios la sequedad del ámbar.

En esos minutos hasta el aire me parece castaño
Y los anillos de las pupilas se rebordean de
      claridad;
Y lo que sé de la rosada piel de la manzana...

Empero, crujían los patines de aquel
      trineo de caballos,
Las estrellas punzantes miraban
      la estera trenzada
Y los cascos golpeaban esparcidos
      sobre las teclas heladas.

Y la única luz aguarda tras la punzante
      mentira estelar,
La vida navegará cual espuma de
      capucha teatral
Y no hay nadie que pronuncie:
      «Del aduar de la calle oscura».

1925

Traducción de Tatjana Portnova

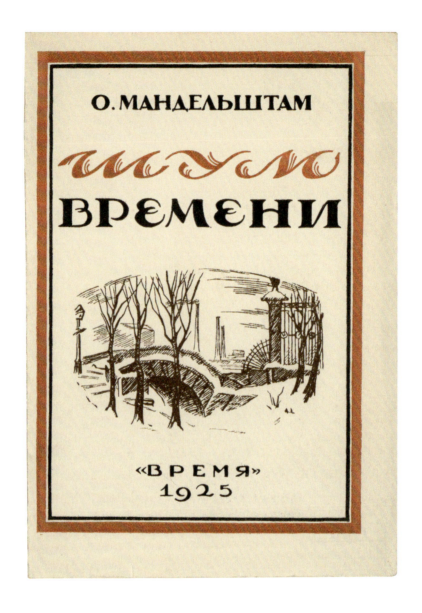

О. МАНДЕЛЬШТАМ

ШУМ

ВРЕМЕНИ

«ВРЕМЯ»
1925

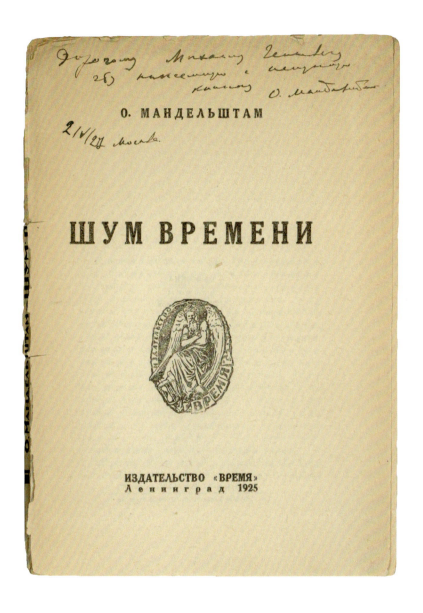

О. МАНДЕЛЬШТАМ

ШУМ ВРЕМЕНИ

ИЗДАТЕЛЬСТВО «ВРЕМЯ»
Ленинград 1925

Neben den Büchern mit Kindergedichten *Die beiden Trams* und *Luftballons* erschien 1925 die autobiografische Prosa *Das Rauschen der Zeit*, an der Mandelstam im Spätsommer und Herbst 1923 im Erholungsheim in Gaspra intensiv arbeitete, Nadeschda die Texte diktierend.

Es entstand ein atmosphärisches Porträt des vorrevolutionären Russland und seiner kränklichen Ruhe vor den großen Umwälzungen. Mandelstams Erinnerungen berichten von seiner Kindheit und Jugend in einem jüdischen Elternhaus, seinen Erfahrungen mit den Sprachen. Darüber hinaus skizzierte Mandelstam Menschen und Städte wie Petersburg und Riga.

Das Rauschen der Zeit, Leningrad: Wremja, 1925, auf dem Titelblatt die Handschrift Mandelstams, GLM

Además de los libros con poemas infantiles «Los dos tranvías» y «Globos», aparece en 1925 el volumen de prosa autobiográfica *El rumor del tiempo*, en el que Mandelstam trabaja intensamente a finales del verano y en el otoño de 1923, en Gaspra, en una casa de reposo, dictándole textos a Nadezhda. Recrea la atmósfera de la Rusia prerrevolucionaria y su enfermiza calma ante las grandes convulsiones. Los recuerdos de Mandelstam versan sobre su infancia y juventud en un hogar judío, sus experiencias con las lenguas. Más allá de esto, Mandelstam describe, a grandes rasgos, gente y ciudades como Petersburgo y Riga.

El rumor del tiempo, Leningrado: Vremia 1925. En la portada, la letra de Mandelstam, GLM

Цыганка.

Сегодня ночью, не солгу,
По пояс в тающем снегу
Я шел с чужого полустанка.
Гляжу изба, вошел в сени:
Там с солью пили чернецы
И с ними пляшет цыганка...

У изголовья вновь и вновь
Цыганке вскидывает бровь
И разговор ее был жалок;
Она сидела до зари
И говорила — Подари
Хоть шаль, хоть что, хоть полушалок...

Того что было не вернешь.
Дубовый стол, в солонке нож
И вместо хлеба — еж брюхатый;
Хотели петь и не смогли
Хотели встать душой пошли
Через окно на двор горбатый.

Die Abschrift von 1927 zeigt in der ersten Strophe von „Die Zigeunerin" („Noch heute Nacht") die Handschrift Ossip Mandelstams, in der Fortsetzung die von Nadeschda Mandelstam mit der Unterschrift Mandelstams. Blatt 1, Handschrift, GLM

La transcripción de 1927 muestra en la primera estrofa de «La gitana» («Esta noche, creedme») el manuscrito de Ósip Mandelstam, y a continuación el manuscrito de Nadezhda Mandelstam con la firma de Mandelstam. Folio 1, manuscrito, GLM

Die Zigeunerin

Noch heute Nacht, so glaub mir doch,
Ging ich im Tauschnee gürtelhoch,
Eine Station im Fernen, Fremden.
Ich tret in eine Hütte, seh –
Schwarzmönche trinken Salz im Tee,
Mit ihnen spielt eine Zigeunrin.

Und die Zigeunrin noch und noch
Wirft ihre Augenbrauen hoch,
Und was sie sagte, war so kläglich,
Bis auf den hellen Morgen saß
Sie da und sagte: Schenk mir was,
Ein Tuch, den Schal, sei nicht so schäbig …

Was einmal war, kommt nicht zurück,
Messer im Salz, der Eichentisch
Und statt des Brots ein feister Igel;
Sie wollten singen – konnten nicht,
Sie wollten aufstehn – schickten sich
Durchs Fenster in den Hof zu fliegen.

La gitana

Esta noche, creedme,
Venía de una estación extraña
Hasta la cintura de nieve derretida.
De repente, vi una isba, entré en el zaguán
Donde unos monjes bebían té con sal,
Y allí con ellos, una gitana...

A la cabecera una y otra vez
La gitana alza la ceja,
Su discurso da pena:
Sentada hasta el amanecer
Decía: «Regálame
Al menos un chal, o algo, aunque sea
                un chal pequeño»…

El pasado no vuelve.
La mesa de roble, el cuchillo en el salero
Y en lugar de pan, el panzudo erizo;
Querían cantar y no pudieron,
Querían levantarse y se fueron dando un rodeo
Por la ventana al patio encorvado.

И вот — проходит полчаса
И зёрнышки чёрного овса
Жуют, похрустывая, кони.
Скрипят ворота на заре
И запрягают на дворе,
Теплеют медленно ладони.

Кольцевой сумрак поредел.
С водой разведенный мел,
Хоть даром, скука разливает
И сквозь прозрачное рядно
Молочный день глядит в окно
И золотушный грач летает.

О. Мандельштам

„Die Zigeunerin" („Noch heute Nacht"), notiert von Nadeschda Mandelstam mit der Unterschrift Ossip Mandelstams. Blatt 2, Handschrift, GLM

«La gitana» («Esta noche, creedme»), anotado por Nadezhda Mandelstam con la firma de Ósip Mandelstam. Folio 2, manuscrito, GLM

Die halbe Stunde weggetaut,
Der schwarze Hafer wird gekaut
Und knirscht unter dem Zahn der Pferde;
Das Tor knarrt, wenn der Morgen kommt,
Im Hof wird endlich angespannt,
Die Hand wird innen langsam wärmer.

Die Dämmrung, Leinwand, lichtet sich,
Dem Wasser Kreide eingemischt
Und ganz umsonst strömt Langeweile,
Doch durch den durchsichtigen Zwilch
Ins Fenster rein ein Tag aus Milch,
Die goldne Skrofel-Krähe weidet.

1925

Übersetzt von Ralph Dutli

Y así pasa media hora,
Los caballos mascan crujiendo
Los garntsy de avena negra.
Las puertas chirrían al amanecer
Y en el patio uncen a los caballos;
Las palmas de las manos se calientan
lentamente.

La oscuridad del lienzo ha disminuido.
El aburrimiento vierte en vano
La tiza disuelta con el agua
Y, a través del lienzo transparente,
El claro día se asoma a la ventana
Y centellea el escrofuloso grajo.

1925

Traducción de Tatjana Portnova

ШАРЛЬ ДЕ-КОСТЕР

К—72

ТИЛЬ
УЛЕНШПИГЕЛЬ

ПЕРЕВОД С ФРАНЦУЗСКОГО О. МАНДЕЛЬШТАМА
С ПРЕДИСЛОВИЕМ ПРОФ. П. С. КОГАНА
С ИЛЛЮСТРАЦИЯМИ (ГРАВЮРЫ НА ПАЛЬМЕ)
АЛЕКСЕЯ КРАВЧЕНКО

«ЗЕМЛЯ и ФАБРИКА»
МОСКВА—ЛЕНИНГРАД

Charles De Coster, *Till Eulenspiegel*,
Übersetzung von O. Mandelstam,
Moskau – Leningrad, 1928,
aus den Büchern von D. Bednyj, GLM

Charles De Coster, *Till Eulenspiegel*,
traducción de Ó. Mandelstam,
Moscú, Leningrado, 1928,
de los libros de D. Bedni, GLM

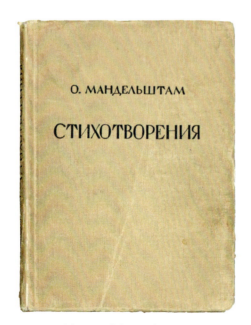

Ossip Mandelstam, *Gedichte*, Moskau –
Leningrad: Gosizdat Isd-wo, 1928, GLM

Ósip Mandelstam, *Poemas*, Moscú,
Leningrado: Gosizdat Isd-wo, 1928, GLM

A. Schnitzler, *Fridolin*, Übersetzung von
O. Mandelstam, Leningrad: Priboj, 1926, GLM

A. Schnitzler, *Fridolin*, traducción de
Ó. Mandelstam, Leningrad: Pribói, 1926, GLM

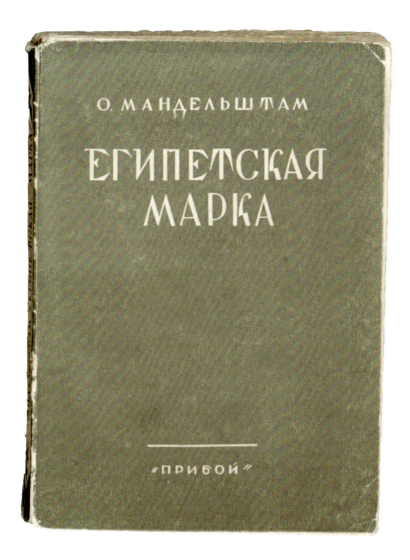

„Ein schrecklicher Gedanke, daß unser Leben eine Erzählung ohne Fabel und ohne Held ist, aus Leere und Glas gemacht, aus dem heißen Gestammel der Abschweifungen, aus dem Petersburger Influenzadelirium" – die Novelle *Die ägyptische Briefmarke* von Ossip Mandelstam erzählt die bizarre Geschichte des kleinen Mannes Parnok, dem im Sommer 1917 zwischen Februar- und Oktoberrevolution der Ausgehanzug gestohlen wird.
Die ägyptische Briefmarke, Leningrad: Priboj, 1928, GLM

«Horripila pensar que nuestra vida es un relato sin fábula ni héroe, hecho de vaciedad y cristal, del ardiente balbuceo de retrocesos tan solo, del gripal delirio petersburgués» (traducción de Lydia Kúper). El relato *El sello egipcio* de Ósip Mandelstam narra la gallarda historia del hombrecito Parnok, al que le roban el uniforme de gala en el verano de 1917, entre la Revolución de Febrero y la Revolución de Octubre.
El sello egipcio, Leningrado: Pribói, 1928, GLM

SEBASTIÀ MORANTA
Dieser Essay wurde im Auftrag der UNESCO City of Literature Granada verfasst.

Petersburg, Armenien, Mandelstam

Anmerkungen zur Prosa des Dichters

Szenen vom Ende des Zarentums

In einem Abschnitt der autobiographischen Schrift *Das Rauschen der Zeit* (Шум времени, 1925) setzt sich Ossip E. Mandelstam mit der kritischen Dimension seiner eigenen Erinnerungen auseinander. Diese ermöglichen es ihm, das persönliche Erleben auf die Ebene historischer Tatsachen zu erheben, die „dumpfen Jahre" – ein Ausdruck, den er von einem Vers Bloks übernimmt[1] – des Russlands des *fin de siècle* zu zerpflücken und eine ganze Epoche zu ermessen:

> Ich will nicht von mir selber sprechen, sondern dem Zeitalter nach-
> spüren, dem Heranwachsen und Rauschen der Zeit. Mein Gedächtnis
> ist allem Persönlichen feind. Wenn es nach mir ginge, so würde ich
> bei der Erinnerung an das Vergangene nur die Stirn runzeln. [...] Ich
> wiederhole – mein Gedächtnis liebäugelt nicht mit der Vergangenheit,
> sondern ist ihr feindlich gesinnt, arbeitet nicht an ihrer Nachbildung,
> sondern bemüht sich, von ihr Abstand zu nehmen.[2]

Der Autor präsentiert sich als ein „Rasnotschinez" – das war der einem Groß-
teil der russischen Intellektuellen des 19. Jahrhunderts eigene soziale Status –
ohne starke familiäre Bindungen, dem es genügen solle, „von den Büchern zu
erzählen, die er gelesen hat – und fertig ist seine Biografie".[3] Damit erscheint
der Lebensweg des Poeten lediglich als ein Widerschein seiner historischen
Intuition und der Abwendung von seiner Kindheit und der frühen Adoles-
zenz, die in einer stickigen Welt sterbenskranken Geistes wie in stehendem

SEBASTIÀ MORANTA
Este ensayo fue concebido por encargo de Granada Ciudad de Literatura UNESCO.

Petersburgo, Armenia, Mandelstam

Apuntes sobre la prosa del poeta

Escenas de fin de imperio

En un pasaje del volumen autobiográfico *El rumor del tiempo* (Шум времени, 1925), Ósip E. Mandelstam reflexiona sobre la dimensión crítica de sus propios recuerdos. Estos le permiten elevar la vivencia personal a la categoría de hecho histórico, desmenuzar los «años sordos» —concepto que adopta de un verso de Blok—[1] de la Rusia de *fin de siècle* y realizar la autopsia de toda una época:

> No me gusta hablar de mí mismo, sino seguir el paso del siglo, el rumor y la germinación del tiempo. Mi memoria rechaza todo lo personal. Si de mí dependiera, solo arrugaría el ceño al recordar el pasado. [...] Vuelvo a decir que mi memoria no es cariñosa, sino hostil, y no se esfuerza en recordar el pasado, sino en rechazarlo.[2]

El autor se presenta como un *raznochínets* —condición social propia de buena parte de la intelectualidad rusa del siglo XIX— desprovisto de lazos familiares, al que «le basta con hablar de los libros que ha leído para tener hecha su biografía».[3] La peripecia vital del poeta, por consiguiente, aparece solo como un reflector de su intuición histórica y de la condena del período de su infancia y primera adolescencia, sumido en un ambiente de espíritu moribundo, como de agua estancada.[4] Todo ello en el escenario monumental de San Petersburgo y sus alrededores, la capital decadente de un régimen ensimismado, que se iba a convertir en pocos años en el «laboratorio de la modernidad» (Karl Schlögel) capaz de competir con París, Viena o Berlín.[5]

Wasser versunken ist.[4] All dies vor dem monumentalen Hintergrund Sankt Petersburgs und seiner Umgebung, der dekadenten Hauptstadt eines um sich selbst kreisenden Regimes, die in wenigen Jahren zum „Laboratorium der Moderne" (Karl Schlögel) werden und auf einer Stufe mit Paris, Wien oder Berlin stehen sollte.[5]

Mandelstam lebte und schrieb an der Grenze zweier Welten, deren scheinbare Unvereinbarkeit er oft hervorhebt: der architektonische Klassizismus der über die gesamte Fläche Petersburgs angelegten Alleen – die Petropolis geradliniger Proportionen und harmonischer Maße – gegenüber dem „jüdischen Chaos"[6] des Elternhauses und dem Impuls zu flüchten, um in der humanistischen Kultur Zuflucht zu finden; die Agonie des Zarenreichs angesichts der revolutionären Anstürme und, später, die maßlose stalinistische Unterdrückung, die ihn zum Märtyrer machen wird. Und er warnt uns: „Die abstrakten Begriffe riechen am Ende einer historischen Epoche immer wie fauliger Fisch."[7] Er begreift Dichtung und Prosa als miteinander verbundene Gattungen, die sich ergänzen. Er hat Teil an den heftigsten Manifestationen des russischen Modernismus, während er sich ebenso von Dante und Petrarca wie von Villon und Rabelais verführen lässt. In seinen Anfängen als Schriftsteller schließt er sich dem Akmeismus, von ihm selbst goethisch als „Sehnsucht nach Weltkultur" definiert,[8] und der ersten, 1911 von Gumiljow und Gorodezki gegründeten *Dichterzunft* an. Er verkündet das Wort gegen die Leere, den Stein als artikulierten Diskurs – der Titel seiner ersten Gedichtsammlung ist bekanntlich *Der Stein* (Камень, 1913, 1916) –; eine klingende Architektur, die an die bedeutenden Bauwerke der europäischen Kultur gebunden ist. Wie Angelo Maria Ripellino schrieb, war Mandelstam von den unbeweglichen, für die Ewigkeit geschaffenen Dingen fasziniert, und in seinen Werken strebt er danach, die Körperlichkeit der Dinge dort wieder zu ihrem Recht kommen zu lassen, wo die Symbolisten deren Umrisse gelöscht hatten.[9] Diese Stimme wird in Petersburg um die Jahrhundertwende – lange bevor die Stadt in einem berühmten Gedicht von 1930 „zum Weinen vertraut" werden sollte[10] –, auf einen lebhaften Mikrokosmos treffen, der in einem dramatischen Gegensatz zum Zusammenbruch eines ganzen soziopolitischen Systems steht.[11] Und der im Rückblick als Vorführung und Dekor eines „kindlichen Imperialismus"[12] wahrgenommen wird:

> Auch heute noch würde ich ohne jegliches Schuldbekenntnis sagen,
> daß ich mit sieben oder acht Jahren das ganze Massiv Petersburgs,
> seine mit Granitwürfeln oder Holzklötzen gepflasterten Stadtviertel,
> das ganze zarte Herz der Stadt mit seiner Meeresflut an Plätzen, mit

Mandelstam vive y escribe en el límite entre dos mundos, cuya aparente incompatibilidad se encarga de resaltar a menudo: el clasicismo arquitectónico de los paseos por el trazado urbano de Petersburgo —la Petrópolis de rectas proporciones y armónicos volúmenes— frente al «caos del judaísmo»[6] de la casa familiar y el impulso de huir para buscar refugio en la cultura humanística; la agonía del imperio zarista ante los embates de la revolución y, más adelante, la febril represión estalinista que lo convertirá en mártir. Y nos advierte que «en las postrimerías de una época histórica, los conceptos abstractos huelen siempre a pescado podrido».[7] Concibe la poesía y la prosa como géneros interconectados que se complementan. Participa de las manifestaciones más inquietas del modernismo ruso, mientras se deja seducir por Dante y Petrarca, Villon y Rabelais. En sus inicios como escritor se une al acmeísmo, definido por él mismo, goethianamente, como «nostalgia de una cultura universal»,[8] y se incorpora al primer Taller de los Poetas, fundado por Gumiliov y Gorodetski en 1911. Proclama la palabra contra el vacío, la piedra como discurso articulado —como es sabido, su primer poemario se titula precisamente *La piedra* (Камень, 1913, 1916)—, una arquitectura sonora ligada a las grandes construcciones de la cultura europea. Tal como dejó escrito Angelo Maria Ripellino, Mandelstam siente fascinación por las cosas inmóviles y fijadas para la eternidad, y en sus obras aspira a restaurar la corporeidad de los objetos allí donde los simbolistas habían borrado sus contornos.[9] Esta voz encontrará en el Petersburgo del cambio de siglo —tiempo antes de que la ciudad se vuelva «conocida hasta las lágrimas» en un célebre poema de 1930—[10] un microcosmos vigoroso que contrasta dramáticamente con la descomposición de todo un sistema sociopolítico.[11] Y que a través de una mirada retrospectiva es percibido como exhibición y decorado de un «imperialismo infantil»:[12]

> Puedo decir ahora, sin ambages, que a mis siete u ocho años todo el centro de Petersburgo, sus barrios de granito o entarugados, aquel tierno corazón de la ciudad con sus desparramadas plazas, rizados jardines, islotes de monumentos, cariátides del Ermitage, la misteriosa calle Milliónnaya[13] en la cual nunca se veían transeúntes y entre cuyos mármoles se había introducido una sola tienda al por menor y, sobre todo, el arco del Estado Mayor, la Plaza del Senado y la parte holandesa eran para mí algo sagrado y placentero.
>
> No sé cómo habrá nutrido el Capitolio la fantasía de los pequeños romanos, pero yo poblaba esas moles y calles de una parada militar nunca vista, ideal, universal.[14]

seinen lockigen Gärten, den Inseln der Denkmäler, den Karyatiden der Eremitage, der geheimnisvollen Millionnaja-Straße, wo nie auch nur ein Passant zu sehen war und wo ein einziges Kramlädelchen sich zwischen die Marmorblöcke hatte hineinzwängen können, ganz besonders aber den Generalstabsbogen, den Senatsplatz und das holländische Viertel für etwas Heiliges und Feierliches hielt.

Ich weiß nicht, womit die Phantasie der kleinen Römer ihr Kapitol bevölkert hat – ich jedenfalls bevölkerte diese Festungen und Plätze mit einer unerhörten, idealen, allumfassenden Parade.[13]

Mandelstam scheint an den Straßenfesten und den feierlichen Versammlungen der Hauptstadt mit dem Blick des Jungen teilgenommen zu haben, der er war, als ein Untergebener Roms oder als ein Kind aus der Renaissance. Er bildet seinen autobiographischen Mythos mittels loser Bildnisse, Gedächtnisfetzen und kollektiver Erfahrung. Seine Beschreibungen, die in jenen Jahren bereits über eine außerordentliche visuelle Kraft verfügen, welche nahe ans Malerische heranreicht, ergänzen manche Fotografien von Boris Ignatowitsch aus den Anfängen der dreißiger Jahre; so etwa jene berühmte Ansicht der Millionnaja-Straße, die in den Palastplatz mündet, im Vordergrund flankiert vom kolossalen Fuß einer der Atlanten aus Granit – ein Werk des Bildhauers Terebenjow –, die das Portal der Neuen Ermitage stützen. Diese Art urbaner Eindrücke mit autobiographischem Hintergrund bilden die Kehrseite der poetischen Verherrlichung des Motivs der „Palmyra des Nordens", vor allem vom Standpunkt des Architektonischen aus, das als Symbol der Kraft und Herrschaft betrachtet wird.[14] So etwa bei den „Petersburger Strophen" (Петербургские строфы, 1913), wo der „steife Purpurmantel des Staates" wahrgenommen wird, von den Regierungsgebäuden und den „Häusern der Gesandten" die Rede ist und bekräftigt wird, dass das riesige Russland, das einem angelegten Panzerkreuzer gleichgesetzt wird, „seinen schweren Schlaf schläft".[15] Es sind Bilder einer muffigen imperialen Pracht zu einer Zeit, da man bereits vom technischen Fortschritt profitiert und sich bedeutende politische Umwälzungen ankündigen. Auf den Straßen fahren noch die von Pferden gezogenen Straßenbahnen, aber die alten Kerosinlampen werden nach und nach entfernt, und der Newski-Prospekt blinzelt „mit seinen langen elektrischen Wimpern".[16]

Das atmosphärische Porträt dieser Zeit, das die Spanne von den 1890er Jahren bis zur Revolution 1905 umfasst, zeichnet sich durch eine starke Präsenz sinnlicher Elemente aus – ein Bestandteil der Poetik des Autors, den er in manchem Abschnitt mittels einer überaus kühnen synästhetischen Assozi-

Mandelstam con sus ojos de niño parece haber asistido a los espectáculos callejeros y participado de las concentraciones solemnes de la capital
como un súbdito de Roma o un hijo del Renacimiento. Conforma su mito
autobiográfico a través de cuadros sueltos, jirones de memoria y experiencia
colectiva. Sus descripciones, que ya en esos años tienen una fuerza visual
fuera de lo común que linda con lo pictórico, complementan algunas fotografías de principios de los años treinta de Borís Ignatóvich: como aquella
famosa perspectiva de la calle Milliónnaya desembocando en la Plaza del
Palacio, flanqueada en primer plano por el pie colosal de uno de los atlantes
de granito que sustentan el pórtico del Nuevo Ermitage, obra del escultor
Terebeniov. Este tipo de impresiones urbanas con trasfondo autobiográfico
constituyen el reverso de la exaltación en poesía del motivo de la «Palmira
del Norte», sobre todo desde el punto de vista de lo arquitectónico considerado como símbolo de fuerza y dominio.[15] Así ocurre, por ejemplo, en las
«Estrofas de Petersburgo» (Петербургские строфы, 1913), donde se percibe
«la púrpura grave del Estado», se habla de los edificios gubernamentales y
las «embajadas de medio mundo», y se afirma que la inmensa Rusia, identificada con un acorazado atracado, «descansa pesadamente».[16] Son imágenes
de rancio esplendor imperial para una época que ya se beneficia del progreso técnico y presagia grandes turbulencias políticas. Por las calles aún
corren los tranvías tirados por caballos, pero ya se van retirando las viejas
lámparas de petróleo, y la avenida Nevski parpadea «con sus largas pestañas
eléctricas».[17]

El retrato ambiental de esta época que abarca desde los años noventa
del siglo XIX hasta la Revolución de 1905 se caracteriza por una fuerte presencia de elementos sensoriales, un recurso de la poética del autor que en algún pasaje como el siguiente resalta con la asociación sinestésica más audaz:
«En vez de rostros vivos, acordarse de los moldes de las voces. Quedar ciego.
Palpar y reconocer con el oído».[18] El mundo sonoro emerge generoso en las
páginas de *El rumor del tiempo* y otorga pleno significado al título, desde las
más rudimentarias vibraciones del aire —los ruidos de la calle o el estrépito
de la estación ferroviaria, el griterío de la muchedumbre durante los distur-
bios— hasta sus formas más evolucionadas: música y canto, entonaciones de
actores, la articulación de los sonidos de la lengua rusa.[19] El texto conforma
por momentos una suerte de banda sonora de la época, dejando constancia
de algunos de los mejores conciertos que tuvieron lugar en aquellos años y
de los intérpretes más aclamados.[20] Y como en una especie de escritura mu-
sical, estas anotaciones auditivas encuentran su contrapunto en las sensa-
ciones olfativas. Observamos el efecto de contraste, por ejemplo, cuando se

ation umsetzt: „Statt der lebendigen Gesichter sich des Abdrucks ihrer Stimmen erinnern. Blind werden. Sich vortasten und mit dem Gehör erkennen." [17] Die Welt des Klangs lebt im *Rauschen der Zeit* kraftvoll auf und verleiht dem Titel des Werks seinen vollen Sinn, von den rudimentärsten Luftschwingungen – die Geräusche der Straße oder der Lärm des Zugbahnhofs, das Geschrei der Menschenmassen während der Unruhen – bis hin zu deren entwickeltsten Formen: Musik und Gesang, Intonationen von Schauspielern, die Artikulation der Laute der russischen Sprache. [18] Der Text verkörpert an manchen Stellen eine Art zeitgenössischer Tonspur, da er einige der besten Konzertaufführungen und der gefeiertsten Interpreten jener Jahre aufleben lässt. [19] Und wie in einer Art musikalischer Schrift setzen olfaktorische Wahrnehmungen einen Kontrapunkt zu diesen auditiven Aufzeichnungen. Dieser Effekt des Kontrastes ist etwa wahrnehmbar, wenn die Atmosphäre beschrieben wird, die die Sommerkonzerte im gläsernen Bahnhof von Pawlowsk umhüllt:

> Pfiffe von Dampflokomotiven und die Klingelzeichen vor der Abfahrt der Züge mischten sich mit der patriotischen Kakophonie der Ouvertüre auf das Jahr 1812, und ein besonderer Geruch stand in diesem riesigen Bahnhof, in dem Tschaikowskij und Rubinstein regierten. Feuchtende Luft modriger Parks, der Geruch fauliger Warmbeete und Treibhausrosen, und ihm entgegen – die schweren Ausdünstungen des Büfetts, beißender Zigarrenrauch, brandige Bahnhofsluft und die Kosmetika einer vieltausendköpfigen Menschenmenge. [20]

In anderen städtischen und häuslichen Umgebungen nimmt man andere Gerüche wahr: von Harz, von Weihrauch, von gegerbtem Leder, von Moschus. Der Geist der Zeit ersteht als eine findige Kombination von Sinnesreizen vor uns, während ein genauer Blick die Dinge der Welt in Worte fasst, als ob er sie zum ersten Mal begreift.

Der „literarische Zorn" und die Jahre der Ausbildung

Wie der jüdische Schriftsteller und Philosoph Julius Margolin hervorhebt, ist Mandelstams lyrische Prosa der 1920er Jahre aggressiv, beißend und herausfordernd; sie ist geprägt von einer starken formalen Spannung und stellt einen Versuch der Selbstbestätigung und der Selbstverteidigung dar. [21] Mandelstams Stil ist nervös und in höchstem Maße komplex; er ist durchtränkt von brillanten Bildern und Anspielungen, die die Einbeziehung des Rezipienten mittels komplizierter Techniken der Verfremdung und Mehrdeutigkeit einfordern, „wie ein Regen aus Samenkörnern, die im schöpferischen Geist

describe la atmósfera que envuelve los conciertos veraniegos en la estación encristalada de Pávlovsk:

> Los silbidos de las locomotoras y los campanillazos de los andenes se mezclaban con la patriótica cacofonía de la Obertura del «Año Doce», y en la enorme estación donde reinaban Chaikovski y Rubinstein se respiraba un aire especial. El aire húmedo de los parques enmohecidos, el olor a podrido de los invernaderos y de las rosas de estufa se mezclaban con las densas emanaciones del ambigú, el acre olor de los cigarros, la chamusquina de la estación y la cosmética de millares de seres.[21]

En otros ámbitos de la ciudad y del hogar percibimos otros olores: a resina, a incienso, a pieles curtidas, a almizcle. El espíritu de la época se nos aparece como una hábil combinación de estímulos para los sentidos, mientras una mirada detallista verbaliza las cosas del mundo como si las viera por primera vez.

La «furia literaria» y los años de formación

Tal como remarcó el escritor y filósofo judío Yuli B. Margolin, la prosa lírica que Mandelstam escribe durante los años veinte es agresiva, mordaz y desafiante, marcada por una fuerte tensión formal, y constituye un intento de autoafirmación y autodefensa.[22] Mandelstam se expresa con un estilo nervioso y riquísimo, saturado de imágenes brillantes y alusiones que reclaman la implicación del receptor mediante complicados recursos de extrañamiento y ambigüedad, «comme une pluie de graines qui doivent germer dans l'esprit créateur du lecteur» (Nikita Struve).[23] Según apunta Vladímir V. Weidlé, esta prosa alcanza a menudo la magnífica perfección del verso, quiere conseguir la frase acabada en sí misma, autónoma, que funciona al margen del cuerpo textual.[24]

Pero no hay opiniones unánimes: a Tsvetáyeva le desagradaba profundamente *El rumor del tiempo*, al que veía como una naturaleza muerta; mientras que al también poeta acmeísta Gueorgui Adamóvich ese estilo le inspiraba «desazón y aburrimiento», lo encontraba ampuloso y afectado…[25]

El profesor de literatura y mentor del Mandelstam adolescente en el prestigioso Instituto Ténishev es el poeta y crítico Vladímir V. Hippius, «quien enseñaba a los niños en lugar de literatura una ciencia mucho más interesante: la furia literaria».[26] El personaje es caracterizado con rasgos

des Lesers sprießen sollen".[22] Wie Wladimir Weidlé anmerkt, erlangt diese Prosa oftmals die großartige Perfektion eines Verses; sie möchte den in sich selbst vollendeten, autonomen Satz mit einem Eigenleben jenseits des textuellen Körpers erschaffen.[23]

Aber die Meinungen gehen auseinander: Zwetajewa missfiel *Das Rauschen der Zeit* zutiefst; ihr erschien das Werk wie ein Stillleben. Dem akmeistischen Dichterkollegen Georgi Adamowitsch dagegen vermittelte dieser Stil „Mutlosigkeit und Langeweile", er fand ihn schwülstig und affektiert.[24]

Lehrer für Literatur und Mentor des jungen Mandelstam am hoch angesehenen Tenischew-Gymnasium war der Dichter und Kritiker Wladimir W. Hippius, „der den Kindern anstatt der Literatur eine weitaus interessantere Wissenschaft beibrachte – den literarischen Zorn".[25] Ihm werden löwenhafte Züge zugeschrieben, er wirkt wie eine Raubkatze, die schläfrig ihre unruhigen Schüler in ihrem Bau empfängt, um sich plötzlich ungestüm aufzurichten: „Er hatte ein animalisches Verhältnis zur Literatur, die ihm als eine einzige Quelle tierischer Wärme galt. Er wärmte sich an der Literatur, rieb sich an ihr mit seinem Fell, seinen rötlichbraunen Borstenhaaren und seinen unrasierten Wangen."[26] Dieser *furor poeticus* wird die enge Beziehung prägen, die er mit den russischen Schriftstellern eingehen sollte; eine Beziehung, die leidenschaftlich und willkürlich ist, „eine gallige und liebevolle Vertrautheit"[27], in der es nicht an Neid und Eifersucht, Respektlosigkeit und Ungerechtigkeiten fehlt, wie es eben bei Familien üblicherweise der Fall ist. Ein Enthusiasmus fern vom liturgischen Feuer, von der Betrachtung der schöngeistigen Literatur als eines Pantheons, in dem die Idole der Vergangenheit verehrt werden.

Literarischer Zorn! Wenn du nicht wärest, womit sollte ich dann das Salz der Erde essen?
Du bist die Würze zum ungesäuerten Brot der Einsicht, du bist das frohe Bewußtsein des Unrechts, du bist das Verschwörersalz, das mit boshafter Verneigung von Jahrzehnt zu Jahrzehnt weitergereicht wird, im geschliffenen Salzfaß, auf einem Handtuch! Darum gefällt es mir so, den Fieberbrand der Literatur mit dem großen Frost und den stachligen Sternen zu löschen.[28]

Ich kam zu ihm, um das Tier der Literatur zu wecken. Um es brüllen zu hören, um zu sehen, wie es sich hin und her wälzt: ich ging zu meinem „Russischlehrer" nach Hause.[29]

leoninos, como un felino que recibe a sus inquietos discípulos aletargado en su guarida, para incorporarse de repente con una reacción impetuosa: «Su actitud ante la literatura era igual a la de una fiera ante la única fuente de calor animal. Se calentaba con la literatura, frotaba contra ella su hirsuta cabellera pelirroja y sus no rasuradas mejillas».[27] Este *furor poeticus* marca la pauta de la estrecha relación que se establece con los autores rusos, un vínculo que es apasionado y arbitrario, «lleno de bilis y amor», que no excluye la envidia ni los celos, la falta de respeto o la injusticia, tal como ocurre habitualmente en las familias. Un entusiasmo alejado del fuego litúrgico, de la visión de las bellas letras como un panteón en el que se veneran ídolos antiguos…

> ¡La furia literaria! Si no fuera por ti, ¿con qué comería la sal de la tierra?
>
> ¡Eres el condimento al soso pan de la comprensión, la risueña conciencia de la sinrazón, la sal de los conspiradores que se transmite de década en década con hipócrita reverencia en un salero de cristal tallado y bordada toalla! Por eso me agrada tanto calmar la fiebre literaria con las heladas y las punzantes estrellas.[28]

> Iba a visitarle para despertar en él la furia literaria, para oír sus rugidos, ver cómo se revolvía: visitaba en su casa al profesor de «lengua rusa».[29]

Estas palabras se insertan en el último capítulo del libro, «Con abrigo señorial que a su rango no corresponde», epílogo y síntesis de la obra, unas páginas donde ya se aprecia una audacia expresiva desconocida en textos anteriores. El narrador sitúa el arranque de su relato en una atmósfera nocturna e invernal: la ventisca barre las calles paralelas de la isla Vasílievski, quintaesencia de la ordenada estructura de la ciudad de Pedro el Grande. En diversos lugares se muestra el símbolo del abrigo, que no es difícil relacionar con el capote de Akaki Akákievich, el personaje de Gógol, y que reaparece metafóricamente al final: «La fiera no puede sentir vergüenza de su cobertura de piel. La noche la guarneció y el invierno la vistió. La literatura es la fiera. La noche y el invierno son el peletero».[30]

Diese Worte werden im letzten Kapitel des Bandes „In einem allzu herr-schaftlichen Pelz", Epilog und Zusammenfassung des Werks, eingestreut; auf diesen Seiten ist schon eine Kühnheit des Ausdrucks zu erkennen, wie sie in den früheren Texten noch gefehlt hatte. Der Erzähler versetzt den Beginn sei-ner Schilderung in eine nächtliche und winterliche Atmosphäre: Ein Schnee-sturm fegt über die Parallelstraßen der Wassiljewski-Insel, Quintessenz des streng angeordneten Grundrisses der Stadt Peters des Großen, hinweg. Hier und dort taucht das Symbol des Pelzes auf, der unschwer mit dem Mantel von Akaki Akakiewitsch, der Figur Gogols, in Verbindung gebracht werden kann und der am Ende metaphorisch wieder erscheint: „Ein Tier braucht sich seines Felles nicht zu schämen. Die Nacht hat es mit Pelz besetzt. Der Winter hat ihm ein Kleid gegeben. Die Literatur ist das Tier. Der Kürschner ist die Nacht und der Winter."[30]

Mandelstam in Armenien: „ein Tag voller Klänge, Speisen und Düfte"

Die begriffliche und figurative Dichte der literarischen Prosa Mandelstams er-reicht einen ihrer Höhepunkte in der *Reise nach Armenien* (Путешествие в Армению, 1933). Es handelt sich um ein Werk nach Art eines Notizbuchs, in dem der Autor verstreute Reflexionen zur Landschaft dieses Gebiets des Kauka-sus, zu Naturwissenschaften, zu den Evolutionstheorien Lamarcks und Darwins, zur sowjetischen Linguistik, zur Grammatik des Armenischen, zu den französi-schen Impressionisten oder zur persischen Poesie versammelt. Mit seiner male-rischen Prosa schafft Mandelstam, angeregt durch die Präsenz des eindrucksvol-len Bergs Ararat, eine Atmosphäre, die zuweilen an die Genesis erinnert:

> Sie waren noch neu und köstlich für mich, die Unebenheiten, Rauh-heiten und Feierlichkeiten des bis in die Runzeln hinein ausgebesser-ten Ararat-Tals [...][31]

> Von dort ist Vater Ararat gut sichtbar, und in der dürren Grenzatmo-sphäre fühlt man sich unwillkürlich als Schmuggler.[32]

> Es ist mir gelungen, das Ritual der Wolken am Ararat zu beobachten.
> Da gab es die sinkende und aufsteigende Bewegung der Sahne, wenn sie in ein Glas roten Tee einfällt und in lockigen Knollen zer-geht.[33]

> Ich habe in mir einen sechsten Sinn, den Ararat-Sinn, herangebildet: den Sinn für die Anziehungskraft des Berges.[34]

Mandelstam en Armenia:
«un día suplementario, lleno de oído, de gusto y de olfato»

El espesor conceptual y figurativo de la prosa literaria de Mandelstam alcanza una de sus cimas en el *Viaje a Armenia* (Путешествие в Армению, 1933). Se trata de una obra concebida como una especie de cuaderno de notas en que el autor recoge reflexiones dispersas sobre el paisaje de ese territorio del Cáucaso, las ciencias naturales, las teorías evolucionistas de Lamarck y Darwin, la lingüística soviética, la gramática armenia, los impresionistas franceses o la poesía persa. Mandelstam recrea con su prosa pictórica una atmósfera que por momentos nos recuerda al *Génesis*, animada por la presencia formidable del monte Ararat:

> Aún me resultaban nuevas y agradables las asperezas, rugosidades y solemnidades del valle del Ararat, reconstruido hasta los últimos pliegues [...] [31]

> Desde allí se ve bien al padre Ararat y en su seca atmósfera fronteriza uno se siente, sin querer, como un contrabandista. [32]

> Tuve la ocasión de contemplar las nubes rindiendo culto al Ararat.
> Se movían con el movimiento descendente y ascendente de la nata entrando en un vaso de té dorado y dispersándose en forma de cúmulos tuberculares. [33]

> He desarrollado un sexto sentido, «araratiano»: el sentido de atracción por la montaña. [34]

Las páginas de este singular libro de viaje niegan los límites habituales entre géneros literarios, ofreciendo una síntesis nueva, una forma híbrida modernista que integra la densidad de la materia verbal con la fragmentación, el *collage* abigarrado, la técnica de mosaico. La prosa del poeta pone todos los recursos en juego mediante lo que Denys Viat denomina «un fourmillement baroque»:[35] metáforas de una fuerza asociativa asombrosa, emparejamientos de campos semánticos opuestos, interrupciones y saltos abruptos, visiones fulgurantes recogidas de la naturaleza, de los monumentos arquitectónicos o de las tradiciones locales. Entonces las imágenes adquieren el aspecto caprichoso de la comparación abusiva, de la analogía temeraria, pero también la evidencia elemental de las fotografías de los manuales de divulgación, los dibujos coloreados de animales y plantas o los grabados ingenuos:[36]

Die Seiten dieses einzigartigen Reisebuchs verweigern sich den üblichen Grenzziehungen zwischen literarischen Gattungen. Sie stellen eine neue Synthese her, eine hybride modernistische Form, die die Dichte der verbalen Substanz und die Fragmentierung, die bunt gemischte Collage, die Mosaiktechnik miteinander verknüpft. Der Dichter greift mit seiner Prosa auf sämtliche Mittel dessen zurück, was Denys Viat „ein barockes Gewimmel" nennt:[35] Metaphern von erstaunlicher assoziativer Kraft, Verbindungen entgegengesetzter semantischer Felder, abrupte Unterbrechungen und Sprünge, blitzartige, der Natur, den architektonischen Monumenten oder den lokalen Traditionen entnommene Wahrnehmungen. Dann erlangen die Bilder den Eigensinn des übertriebenen Vergleichs, der tollkühnen Analogie, aber auch der elementaren Evidenz der Fotografien der populärwissenschaftlichen Sachbücher, der kolorierten Zeichnungen von Tieren und Pflanzen oder naiver Stiche:[36]

> Das Salz zerfraß die Erde, und die Schuppen der Fische blinzelten einem zu wie Quarzplättchen.[37]

> Gotische Tannzapfen und die heuchlerischen Eicheln in ihren Mönchskäppchen gefielen mir besser als die Pilze. Ich streichelte die Tannzapfen. Sie sträubten sich.[38]

Armenien ist das erste Reich der Schöpfung und das erste Land, das das Christentum annahm; es beherbergt ein mutiges und archaisches Volk, das „nicht nach der Bahnhofsuhr und nicht nach der Bürouhr, sondern nach der Sonnenuhr lebt"[39], es ist ein Treffpunkt von Okzident und Orient. Von Mai bis Oktober 1930 hält sich Mandelstam in Begleitung seiner Ehefrau Nadeschda Jakowlewna dort auf; diese Reise hatte er sich schon lange sehnlich gewünscht, und sie wurde dank der Protektion Nikolai Bucharins möglich. Er entdeckt faszinierende Landschaften, eine Art archaischer Herberge, die die Werte des Altertums und der westlichen Zivilisation, das Urchristentum zusammen mit dem hellenistischen Erbe bewahrt – 100 Jahre sind vergangen, seit Puschkin 1829 diese Hochebenen besuchte und seine Eindrücke in der *Reise nach Arzrum* (Путешествие в Арзрум) niederlegte.[40] Der Text feiert den augenblickshaften Triumph des Lebens – „einen einzigen zusätzlichen Tag, einen Tag voller Klänge, Speisen und Düfte"[41] – gegenüber den Kräften der Zerstörung und des Todes.[42] Der Malerdichter tritt „von der Gesandtschaft der Malerei auf die Straße hinaus"[43]; sein Blick ist asymmetrisch, er ist gezahnt, er ist fähig, verschiedene optische Achsen simultan zu überlagern,

La tierra estaba corroída por la sal, y las escamas de pescado guiña-ban el ojo como plaquetas de cuarzo.[37]

Más que las setas me gustaban las piñas góticas y las bellotas hipócri-tas, enfundadas en sus menudas capuchas de monje. Yo acariciaba las piñas. Ellas se erizaban bajo mi mano.[38]

Armenia es el primer imperio de la Creación y el primer país que adoptó el cristianismo, un pueblo valiente y arcaico que «no se regía por los relojes de las estaciones de tren y las oficinas, sino por un reloj solar»,[39] un punto de encuentro entre Occidente y Oriente. Mandelstam realiza una estancia allí en compañía de su esposa Nadezhda Yákovlevna entre los meses de mayo y octubre de 1930, un viaje largamente anhelado que fue posible gracias a la protección de Nikolái Bujarin. Descubrirá paisajes subyugantes, una especie de refugio primigenio que resguarda los valores del mundo antiguo y la civilización occidental, el cristianismo originario unido con el legado helenístico —han transcurrido cien años desde que, en 1829, Pushkin visitara esos altiplanos y consignara sus impresiones en el *Viaje a Arzrum* (Путешествие в Арзрум)—.[40] El texto celebra el triunfo momentáneo de la vida —«un día suplementario, lleno de oído, de gusto y de olfato»— frente a los poderes de la destrucción y la muerte (Ralph Dutli).[41] El poeta-pintor sale «de la embajada pictórica a la calle»;[42] la suya es una mirada asimétrica, dentada, capaz de imbricar simultáneamente distintos ejes ópticos, con la cual analiza los mecanismos de la percepción visual y se esfuerza en apropiarse de manera selectiva de lo observado. El ojo como órgano del pensamiento. El poeta que pasa revista a todo lo abarcable «con la avidez de un ave de rapiña, con furia feudal».[43] La mirada libre, la cultura (y la aventura) del ojo, aliado de la voz, como condición previa de la escritura en libertad:

Mires por donde mires, a los ojos les falta sal. Cazas formas y colores, y todo son obleas. Así es Armenia.[44]

Aquí yo alargaba la vista y hundía los ojos dentro del amplio cáliz del mar, para sacarme cualquier brizna y cualquier lágrima.
   Alargaba la vista como quien estira un guante de piel fina sobre la horma: la superficie azul del mar…[45]

womit er die Mechanismen der visuellen Wahrnehmung analysiert und bestrebt ist, sich das Beobachtete selektiv zu eigen zu machen. Das Auge als Organ des Denkens. Der Dichter, der alles, was erfasst werden kann, „schnell und gierig, mit feudaler Unbändigkeit" mustert.[44] Der freie Blick, die Kultur (und das Abenteuer) des Auges, dem Verbündeten der Stimme, als Voraussetzung des Schreibens in Freiheit:

> Ringsum reicht den Augen das Salz nicht aus. Man erhascht Formen und Farben – und all dies ist ungesäuertes Brot. So ist Armenien.[45]

> Da dehnte ich das Sehvermögen aus und tauchte das Auge ins weite Glas des Meeres ein, damit jegliches Staubkorn und jede Träne aus ihn heraustrete.
>   Ich dehnte das Sehvermögen wie einen Handschuh aus Glacéleder und spannte es auf einen Leisten – auf den blauen Kreis des Meeres …[46]

> Ruhig, ohne Heftigkeit – wie die Tatarenkinder in Aluschta ihre Pferde baden – taucht ihr das Auge in eine stofflich neue Umgebung ein. Und erinnert euch, daß das Auge ein edles, doch eigensinniges Tier ist.[47]

> Und das reisende Auge überreicht dem Bewußtsein sein Beglaubigungsschreiben. Dann tritt zwischen dem Betrachter und dem Bild eine kühle Übereinkunft in Kraft, etwas in der Art eines diplomatischen Geheimnisses.[48]

> Die Zähne des Sehvermögens zerbröckeln und brechen ab, wenn man zum ersten Mal armenische Kirchen anschaut.[49]

Bei fortschreitender Lektüre des Werks überrascht der Rückgriff auf Elemente aus Fauna und Flora, die momenthaft zu einer Art fabelhafter Zoologie verbunden werden, so dass kleine Fantasmagorien entstehen, unruhige Träume eines Naturalisten oder neue chromatische Eindrücke wilder Natur, etwa als

> […] im Halbdunkel des wissenschaftlichen Exekutivkomitees die in Spiritus eingelegten Gendarmsmäuler von Riesenforellen hellblau schimmerten.[50]

Tranquilamente, sin prisas —como los niños tártaros cuando bañan a sus caballos en Alushta—, sumerjan el ojo en ese medio material nuevo para él, y recuerden que el ojo es un animal noble, pero tozudo.[46]

El ojo viajero libra a la conciencia sus cartas credenciales. Entonces entre el espectador y la obra se establece una especie de contrato frío, algo así como un secreto diplomático.[47]

Los dientes de la vista se desmenuzan y rompen cuando miras por primera vez las iglesias armenias.[48]

A lo largo del libro sorprende la recurrencia de elementos de la fauna y la flora, que por momentos se combinan en una suerte de zoología fabulosa, produciendo pequeñas fantasmagorías, sueños agitados de un naturalista o nuevas impresiones cromáticas de naturaleza salvaje:

[...] en la penumbra del comité ejecutivo para asuntos científicos azuleaban los morros policíacos de unas truchas gigantescas conservadas en alcohol.[49]

Pero el árbol se resistía con una fuerza racional, parecía que hubiera recuperado plenamente la consciencia. Despreciaba olímpicamente a sus ofensores y aquella sierra de dientes de lucio.[50]

[...] tuve ocasión de admirar la hoguera escandalosa de las amapolas. Falsos distintivos de cotillón, brillantes hasta el punto de provocar dolor quirúrgico, esas mariposas incandescentes de boca vacía, grandes, demasiado grandes para nuestro planeta, crecían sobre asquerosos tallos peludos.[51]

Por debajo de la corteza de las palmeras sobresalía una especie de estropajo de pelucas teatrales, y, en el parque, las agaves floridas disparaban cada día hacia arriba sus cirios de cien quilos.[52]

Los leopardos tienen orejas astutas de alumno castigado.[53]

En otros lugares, tales figuraciones aparecen en escena para sugerir un determinado episodio de una crónica histórica o una leyenda, provocando un

Der Baum leistete indessen mit der Kraft seines Denkens Widerstand – das volle Bewußtsein war anscheinend in ihn zurückgekehrt. Er verachtete seine Beleidiger und die Hechtszähne der Säge.[51]

[...] begeisterte mich das gottlose Brennen des Mohns. Abzeichen irgendeines Pseudokotillons, bis zum chirurgischen Schmerz grelle, große, zu große für unsern Planeten, unverbrennbare offenmäulige Schmetterlinge wuchsen da auf abstoßenden, behaarten Stengeln.[52]

Aus der Palmrinde quoll der graue Bast der Theaterperücken, und im Park schossen, wie zentnerschwere Kerzen, blühende Agaven jeden Tag um eine Daumenlänge in die Höhe.[53]

Die Leoparden haben die schelmischen Ohren von bestraften Schülern.[54]

An anderen Stellen treten solche Figurationen auf den Plan, um eine bestimmte Episode einer historischen Chronik oder einer Legende in Erinnerung zu rufen, was ein surrealistisches traumhaftes Glühen von Materie im Zustand der Zersetzung hervorruft: „Die Nägel des Königs sind abgebrochen, und über sein Gesicht kriechen Asseln."[55]

Dantes Vögel

Mit dieser Art Bilder und Symbole, die eine fragile Synthese von Natur und Kultur zum Ausdruck bringen – die freilich so typisch ist für die Tradition der russischen Ästhetik –, wird auch in anderen Texten verschwenderisch umgegangen. Zu Beginn des Artikels „Das Wort und die Kultur" (Слово и культура, 1921) etwa kündigt das Gras, das überall in Petersburg wächst, den Ansturm eines neuen Zeitalters an:

Die Grashalme in den Petersburger Straßen sind die ersten Keime eines Urwalds, der das Territorium der modernen Städte überdecken wird. Dieses helle, zarte, verblüffend frische Grün gehört zu einer neuen, vergeistigten Natur. Petersburg ist wahrhaftig die fortschrittlichste Stadt der Welt. Nicht an einer Untergrundbahn, nicht an Wolkenkratzern mißt sich der Lauf der Moderne und seine Geschwindigkeit, sondern an dem fröhlichem Gras, das unter den Steinen der Stadt hervorquillt.[56]

Wogegen im *Gespräch über Dante* (Разговор о Данте, 1933) – das unter dem Deckmantel einer philologischen Abhandlung die vielleicht komplexeste

fulgor onírico, surrealista, de materia en estado de descomposición: «El rey tiene las uñas rotas, y las cochinillas se pasean por su cara».[54]

Los pájaros de Dante

Como en una delicada síntesis entre cultura y naturaleza, tan típica por otra parte de la tradición estética rusa, este tipo de imágenes y símbolos se prodigan también en otros textos. Al principio del artículo «La palabra y la cultura» (Слово и культура, 1921), por ejemplo, la hierba que crece por doquier en Petersburgo anuncia el empuje de un tiempo nuevo:

> La hierba en las calles de Petersburgo: los primeros brotes de un bosque virgen que cubrirá las ciudades modernas. Este verde claro y suave, que asombra por su frescura, pertenece a la nueva naturaleza espiritual. En verdad Petersburgo es la ciudad más avanzada del mundo. La carrera de la modernidad no se mide por metropolitanos o rascacielos, sino por el alegre hierbajo que se abre paso entre los adoquines de la ciudad.[55]

Mientras que en el *Coloquio sobre Dante* (Разговор о Данте, 1933) —el cual, bajo la apariencia de un tratado filológico, constituye quizá la más compleja autorrevelación del poder creativo de Mandelstam— el autor se imagina la *Commedia* como un poliedro de trece mil facetas fabricado por abejas, un panal prodigioso que es el fruto de una combinación perfecta de genio y laboriosidad.[56] Y se fija además en las comparaciones ornitológicas del propio Dante, «todas esas alargadas caravanas de grullas o de grajos, o las clásicas falanges militares de golondrinas, o el desorden anárquico de los cuervos, incapaces de ceñirse a la formación latina».[57] En otro capítulo, nos traslada con esta imagen sonora la perpetuación del verbo de los maestros: «Una cita no es una copia. Es una cigarra. Chirría, por naturaleza, sin parar. Una vez aferrada al aire, ya no lo suelta».[58] Al tratarse de un texto coetáneo a la publicación de sus apuntes de Armenia, no nos sorprende que ahora aplique a la percepción ocular dantesca una imagen que poco antes utilizaba para sí mismo: «Dante tenía el ajuste visual de las aves de rapiña que no pueden orientarse a pequeña escala: su territorio de caza es demasiado extenso».[59]

La prosa de Mandelstam tiene, en efecto, una vertiente teórica y ensayística: el autor se empeña en dilucidar los complejos mecanismos por los que se rige el lenguaje poético, ya desde sus primeros ensayos de 1913 —«François Villon» (Франсуа Виллон) y «Del interlocutor» (О собеседнике)—, y sobre

Selbstoffenbarung der schöpferischen Kraft Mandelstams verbirgt – der Autor sich die *Commedia* als einen Polyeder aus 13.000 Facetten, der von Bienen hergestellt wurde, als eine grandiose Wabe, die das Ergebnis einer perfekten Kombination von Genie und Fleiß ist, vorstellt.[57] Und er richtet außerdem sein Augenmerk auf die „Vogelvergleiche" von Dante selbst: „all die dahinziehenden Karawanen von Kranichen oder Saatkrähen, die klassische Soldatenphalanx der Schwalben oder das zu lateinischer Ordnung unfähige, anarchisch regellose Rabenvolk".[58] In einem anderen Kapitel bringt er uns mit dem folgenden klingenden Bild die Perpetuierung des Wortes der Meister nahe: „Das Zitat ist keine Abschrift. Zitate sind Zikaden. Sie haben die Eigenheit, nicht mehr verstummen zu können. Klammern sich in die Luft und lassen sie nicht mehr los."[59] Da es sich um einen Text handelt, der in die Zeit der Veröffentlichung seiner Notizen zu Armenien fällt, ist es nicht überraschend, dass er auf die Dantesche visuelle Wahrnehmung nun ein Bild anwendet, das er kurz zuvor für sich selbst verwendet hatte: „Dante besaß das Sehvermögen eines Raubvogels, das nicht für die Orientierung im Nahbereich geschaffen ist: zu groß war sein Jagdrevier."[60]

Die Prosa Mandelstams hat tatsächlich eine theoretische und essayistische Komponente: Der Autor ist erpicht darauf, die komplexen Mechanismen aufzudecken, die die poetische Sprache bestimmen, und zwar bereits in seinen ersten Essays von 1913 – „François Villon" (Франсуа Виллон) und „Über den Gesprächspartner" (О собеседнике) –, vor allem aber ab dem manifestartigen Artikel „Der Morgen des Akmeismus" (Утро акмеизма, 1919), der ihn zum Theoretiker dieser genuin russischen Strömung werden ließ. Doch sein gesamtes Werk ist geprägt von den die Gattungen überschreitenden Übergangsformen und verlangt im Wesentlichen eine einheitliche Wahrnehmung.[61] Der Autor ist überzeugt, dass die revolutionäre Kunst ausgehend von klassischen Vorbildern gestaltet wird: „Die klassische Poesie ist die Poesie der Revolution."[62] Es handelt sich um einen Klassizismus, der in Verbindung mit einer höchst effektiven Verwendung des Vergleichs, der Metapher, der ironischen Distanzierung und des Paradoxons – „Die Logik ist das Reich des Unerwarteten. Logisch denken heißt: unablässig staunen"[63] – auf die eine oder andere Weise das gesamte Schaffen dieser großen Persönlichkeit des russischen Modernismus durchtränkt.

Ein mitreißender aschkenasischer Nachname, der zwischen dem literarischen Wunder des Silbernen Zeitalters und der fortdauernden Erinnerung an den Gulag aufblitzt.

todo a partir del artículo-manifiesto «La mañana del acmeísmo» (Утро акмеизма, 1919), con el que se erigió en teorizador de esta corriente genuinamente rusa. Pero el conjunto de la obra mandelstamiana, marcada por las formas de transición entre géneros, reclama en lo esencial una apreciación unitaria.[60] En ella el autor se muestra convencido de que el arte revolucionario se configura a partir de modelos clásicos: «La poesía clásica es la poesía de la revolución».[61] Se trata de un clasicismo que, combinado con el uso altamente eficaz del símil, la metáfora, el distanciamiento irónico y la paradoja —«La lógica es el reino de lo inesperado. Pensar de forma lógica equivale a estar asombrado perpetuamente»—,[62] impregna de uno u otro modo toda la producción de este gran hombre del modernismo ruso.

Un vibrante apellido askenazí que centellea entre el prodigio literario del Siglo de Plata y la memoria persistente del gulag.

Nachtrag

Das Werk Ossip Mandelstams in Spanien

Mandelstams Verbindung zur Iberischen Halbinsel hat, wie es scheint, ferne familiäre Ursprünge: Sein Vater, Emil Wenjaminowitsch, stammte von spanischen Juden ab, die nach deren 1492 verfügten Vertreibung in eine unbekannte Gegend des heutigen Deutschlands auswanderten.[64] So zumindest wollte es der Autor glauben, der während seiner Verbannung in Woronesch ein Werk über spanische und portugiesische Dichter las, die Opfer der Inquisition geworden waren, und der sich sehr mit Fray Luis de León identifizierte: dem humanistischen Juden, der von den Machthabern verfolgt und ins Gefängnis geworfen wurde, der täglich ein Sonett komponierte. Fray Luis war für Mandelstam nachweislich wie ein „Blutsbruder",[65] und er fühlte sich auch Miguel de Unamuno nahe, dessen Tod im Dezember 1936 den folgenden Versen zu Grunde zu liegen dürfte: „Es gibt ein Wälder-Salamanca / Für Vögel unfolgsam und klug!"[66]

Die Entdeckung Mandelstams als des neben Anna Achmatowa und Marina Zwetajewa bedeutendsten Dichters der russischen Moderne erfolgt für das Nicht-Fachpublikum erst während der zweiten Hälfte der 1980er Jahre dank der von Gorbatschow eingeleiteten Glasnost-Politik. Der erste Teil der Arbeit Witali Schentalinskis, Ergebnis seiner Recherchen in den Archiven des KGB, die der Rehabilitierung der großen, Repressalien unterzogenen Schriftsteller und ihrem Gedenken gewidmet ist, wird 1994 auf Spanisch veröffentlicht – *De los archivos literarios del KGB* (Aus den literarischen KGB-Archiven, dt. *Das auferstandene Wort*); dadurch wird dem Leser allerdings eher die Polizeiakte des „Fall Mandelstam" als der künstlerische Wert des Dichters zugänglich gemacht.[67] Lydia Kúper, eine der ÜbersetzerInnen der sogenannten Moskauer Gruppe, haben wir das Erscheinen zweier bedeutender Werke zu Beginn der 1980er Jahre zu verdanken. Bereits 1981 gibt der Verlag Alfaguara ein Band heraus, der *El sello egipcio* (dt. *Die ägyptische Briefmarke*) und *El rumor del tiempo* (dt. *Das Rauschen der Zeit*) in der Kúper-Version enthält: eine vielleicht zu frühe Veröffentlichung eines in Spanien damals noch unbekannten Autors, die fast unbemerkt blieb. Von derselben Übersetzerin (Lydia K. de Velasco) erscheint 1984 im Verlag Alianza *Contra toda esperanza* (Gegen jede Hoffnung), der erste Band der Lebenserinnerungen Nadeschda Mandelstams,[68] die heute aufgrund der Besonderheit der erzählten Erfahrung und ihrer moralischen Reichweite nach wie vor die Rezeption der Biographie und des Werks des berühmten Dichters bestimmt – und das Fortbestehen seines Mythos.

Adenda

La obra de Ósip Mandelstam en España

La conexión de Mandelstam con la península ibérica tiene, al parecer, un lejano origen familiar: su padre, Emil Beniamínovich, descendía de judíos españoles que después de la expulsión decretada en 1492 habían emigrado a un lugar desconocido de la actual Alemania.[63] O así por lo menos deseaba creerlo el autor, quien durante su destierro en Vorónezh leyó un libro sobre poetas españoles y portugueses víctimas de la Inquisición, y se sintió identificado con Fray Luis de León muy vivamente: el judío humanista, perseguido y encarcelado por el poder, que componía cada día un soneto. Queda constancia de que Mandelstam consideraba a Fray Luis su «hermano de sangre»;[64] y también experimentó afinidad por la figura de Miguel de Unamuno, cuya muerte en diciembre de 1936 parece subyacer en estos versos: «Y hay una frondosa Salamanca / Para los pájaros sabios y desobedientes».[65]

El descubrimiento de Mandelstam como el poeta más importante del modernismo ruso, al lado de Anna Ajmátova y Marina Tsvetáyeva, ocurre para el público no especializado durante la segunda mitad de los años ochenta gracias a los vientos liberalizadores de la *glásnost* impulsada por Gorbachov. La primera parte del trabajo de Vitali Shentalinski en los archivos del KGB dirigido a rescatar la memoria de los grandes escritores represaliados se publica en español en 1994 (*De los archivos literarios del KGB*), con lo cual se pone al alcance de los lectores el perfil policíaco del «caso Mandelstam» más que el valor artístico del poeta.[66] Debemos a Lydia Kúper, una de las traductoras del llamado Grupo de Moscú, la aparición en los primeros ochenta de dos libros importantes. Ya en 1981, la editorial Alfaguara saca a la luz un volumen que contiene *El sello egipcio* y *El rumor del tiempo* en la versión de Kúper: una publicación quizá demasiado temprana, de un autor entonces aún desconocido en España, y que pasó casi inadvertida. De la misma traductora (Lydia K. de Velasco) aparece en 1984, con el sello de Alianza Editorial, *Contra toda esperanza*, el volumen inicial de las memorias de Nadezhda Mandelstam que hoy en día, debido al carácter de la experiencia narrada y a su alcance ético, sigue determinando la recepción de la biografía y la obra del ilustre poeta. Y la vigencia de su mito.

Posteriormente se han ido publicando algunas versiones de lo más significativo de la obra en prosa, entre las que destacaremos las dos del *Coloquio sobre Dante* a cargo de Jesús García Gabaldón (Visor, 1995) y Selma Ancira (Acantilado, 2004), así como *Gozo y misterio de la poesía* (El Cobre,

Später sind nach und nach einige Versionen seiner bedeutendsten Prosawerke veröffentlicht worden; hier seien die beiden Übersetzungen des *Coloquio sobre Dante* (dt. *Gespräch über Dante*) von Jesús García Gabaldón (Visor, 1995) und Selma Ancira (Acantilado, 2004) sowie *Gozo y misterio de la poesía* (Freude und Geheimnis der Poesie) (El Cobre, 2003) von Víctor Andresco genannt. Zudem nahm 2011 der Verlag Acantilado die Übersetzung von *Armenia en prosa y en verso* (Armenien in Prosa und Versen) von Helena Vidal in sein Programm auf. In diesem Band wurde das Augenmerk darauf gelegt, „eine Reihe von Werken, deren Konzeption und Impuls einheitlich ist", gemeinsam zu präsentieren;[69] den Kern bildet dabei logischerweise die *Viaje a Armenia* (dt. *Die Reise nach Armenien*), die mit einem ausführlichen Vorwort von Georgi Kubatjan versehen ist.

Was die Übertragungen des poetischen Werks betrifft, gingen Jesús García Gabaldón und Aquilino Duque von unterschiedlichen Kriterien aus: Während Ersterer von Anfang an den freien Vers bevorzugt, versucht Letzterer, Paarreime in unreine Reime zu übertragen. Damit knüpft Duque an die spanische metrische Tradition an, die auf die *Romances* zurückgeht, und es gelingen ihm manche verdienstvolle Versionen, wie sie etwa im Band *Poesía* (Poesie) (Vaso Roto, 2010) nachgelesen werden können.

Es kann hier nicht erörtert werden, inwieweit die Übertragungsversuche großer russischer Poesie, die fast immer eine Vorliebe für strenge rhythmische Grundmuster und für den Reim hegt, oder die Schwierigkeit ihrer Anpassung an die romanischen Sprachen, deren Entwicklung diesbezüglich in entgegengesetzter Richtung verlaufen ist, gelungen sind. Wer aber die Dichtung Mandelstams in russischer Sprache kennt und dann manche spanische Übertragungen liest, wird sich kaum dem Diktum G. K. Chestertons, das Boris Unbegauns klassisches Handbuch zur russischen Versdichtung vorangestellt ist, entziehen können: „Free verse is like free love; / it is a contradiction in terms."[70]

Die Rezeption des Mandelstamsschen Werks hat im katalanischsprachigen Kulturraum ein besonderes Schicksal erfahren. 1985 veröffentlicht Montserrat Roig *L'agulla daurada* (Die goldene Spitze), ein Werk, das lyrische Chronik und Reisetagebuch zugleich ist, geschrieben aus Anlass eines Aufenthalts in Leningrad, dessen Zweck es war, die Belagerung der Stadt durch die Nationalsozialisten 1941-1944 zu erfassen. Die Autorin beschreibt ihre Ankunft mit dem Zug aus Moskau, ihre ersten Augenblicke auf dem Newski-Prospekt und den Anblick der Spitze der Admiralität aus der Ferne, und genau in diesem Moment bemerkt sie, dass Mandelstam „schrieb, dass die am Bahnhof befindlichen Häuser grau wie eine Katze sind".[71] Möglicherweise

2003), realizada por Víctor Andresco. Además, en 2011 la editorial Acantilado añadió a su rico catálogo el volumen *Armenia en prosa y en verso*, preparado y traducido por Helena Vidal. La idea del libro se basa en presentar de manera conjunta «una serie de obras que tienen una unidad de concepción y de impulso»;[67] el núcleo lo constituye lógicamente el *Viaje a Armenia*, y cuenta con una extensa introducción de Gueorgui Kubatián.

En cuanto a las traducciones de la obra en verso, Jesús García Gabaldón y Aquilino Duque partieron de criterios distintos: mientras el primero se decanta ya de entrada por el verso libre, el segundo procura hacer rimar en asonante los versos pares. De este modo, Duque entronca con la tradición métrica castellana, que se remonta a los romances, y consigue algunas versiones meritorias, como se puede observar en el volumen *Poesía* (Vaso Roto, 2010).

No nos hemos propuesto evaluar aquí los intentos de trasladar la gran poesía rusa, que cultiva una persistente afición por rígidos patrones rítmicos y por el discurso rimado; ni la dificultad de adaptarla a las lenguas románicas, las cuales han seguido una evolución en sentido opuesto. Sin embargo, conociendo la poesía de Mandelstam en ruso y leyendo después algunas de las versiones disponibles en español, es difícil sustraerse al efecto de la sentencia de G. K. Chesterton con la que Boris Unbegaun encabeza su clásico manual de versificación rusa: «Free verse is like free love; / it is a contradiction in terms».[68]

La recepción de la obra de Mandelstam ha tenido una fortuna particular en el ámbito cultural de lengua catalana. En 1985, Montserrat Roig publica *L'agulla daurada*, un libro entre la crónica lírica y el dietario de viaje, escrito a partir de una estancia en Leningrado que tenía como objetivo testimoniar el asedio de la ciudad por parte de los nazis en 1941-1944. Roig describe su llegada en tren desde Moscú, sus primeros momentos en la avenida Nevski y la visión de la aguja del Almirantazgo a lo lejos, y justo en ese instante comenta que Mandelstam «va escriure que les cases que hi ha a la vora de l'estació són grises com els gats».[69] Asesorada la autora, probablemente, por sus anfitriones rusos, Mandelstam —«un poeta que havia de morir en un camp de Sibèria sota l'estalinisme»—[70] será una de las numerosas figuras que emergen en el libro de manera ocasional y un vínculo con la historia literaria de la ciudad.

El profesor y traductor Ricardo San Vicente edita en 1991 la antología *Poesia russa contemporània*, en la cual Mandelstam está presente con trece poemas a cargo de Jacint Bofias i Alberch. En la presentación, San Vicente se refiere a «la salmòdia intemporal i les imatges alhora metafísiques i

unterwiesen von ihren russischen Gastgebern, wird Mandelstam, „ein Dichter, der unter dem Stalinismus in einem sibirischen Lager sterben sollte",[72] zu einer der zahlreichen Personen, die gelegentlich in diesem Werk auftauchen, und zu einem Verbindungsglied mit der literarischen Geschichte dieser Stadt.

1991 veröffentlicht der Professor und Übersetzer Ricardo San Vicente die Anthologie *Poesia russa contemporània* (Zeitgenössische russische Poesie), in der Mandelstam mit 13, von Jacint Bofias i Alberch übertragenen Gedichten vertreten ist. Im Vorwort notiert San Vicente „den zeitlosen Psalmengesang und die zugleich metaphysischen und körperlichen Bilder Ossip Mandelstams".[73] Nach weiteren kürzeren Beiträgen für literarische Zeitschriften erscheint 2009 im Verlag Quaderns Crema die Anthologie *Poemes* (Gedichte), eine sorgfältige Auswahl aus 34 Texten, die ein überzeugendes Beispiel für das Fachwissen und die gewissenhafte Arbeit Helena Vidals als Übersetzerin liefern. Sie platziert zwei Zeilen aus dem Gedicht *Tristia* in der Einführung, gleich einem Portal: „Und alles war schon und wird wiederkehren: / Dein Glück – nur der Moment, da du's erkennst."[74] Und sie stellt sie einem Vers J. V. Foix' gegenüber – „Nichts endet, und alles beginnt"[75] –, womit sie eine intertextuelle Verbindung beider Autoren andeutet. Die Arbeit Helena Vidals stellt einen Versuch dar, die Originaltexte nachzudichten, die rhythmischen Strukturen und die Reime möglichst getreu auf Katalanisch wiederzugeben; kurz: „Nachdichtungen" zu kreieren, womit dieser Begriff sich der Auffassung Arnau Pons' annähert, der zufolge die Nachdichtungen das Original stets besser treffen, weil sie den Wagnissen nahe kommen, die den ursprünglichen Text entstehen ließen, auch wenn sie Änderungen, Freiheiten oder gar Fehler enthalten.[76]

Später erscheinen im Verlag Quaderns Crema die katalanische Version des o. g. Bands über Armenien (2011) sowie die Lebenserinnerungen der Witwe des Dichters in der Übersetzung von Jaume Creus (*Contra tota esperança. Memòries*, 2012). Creus zeichnet auch für das sehr ambitionierte Werk *Poesia completa* (Sämtliche Gedichte) im Verlag Edicions de 1984 (2014) verantwortlich; das Buch ist mit einem ausführlichen und minutiösen kritischen Apparat versehen.

Wenn man die literarischen Essays Mandelstams liest und seine ersten Gedichtbände wiederentdeckt, kommt einem der Geist des Noucentismus in den Sinn, wie er in diesem berühmten Aphorismus von Eugeni d'Ors aufblitzt: „Es gibt keine wirkliche Originalität außerhalb der Tradition. Was nicht Tradition ist, ist ein Plagiat."[77] Es ist, als würden diese Worte auch den Glauben Mandelstams an den zeitlosen Charakter der Kultur oder, vielleicht genauer, an deren immerwährende Kontinuität zum Ausdruck bringen.

materials d'Ossip Mandelxtam».[71] Después de alguna contribución menor en revistas literarias, en 2009 aparece la antología *Poemes*, una cuidadosa selección de treinta y cuatro textos dentro del catálogo de Quaderns Crema, que constituyen una muestra acabada de la pericia y el buen hacer de Helena Vidal como traductora. Esta sitúa dos líneas del poema «Tristia» como pórtico a la introducción: «Tot va ser abans, tot torna novament / i el do de reconèixer és l'únic guia». Y las contrasta con un verso de J. V. Foix —«Res no s'acaba i tot comença»—, sugiriendo una conexión intertextual entre ambos autores.[72] La labor de Helena Vidal supone un intento de reescribir en catalán los textos originales, de reflejar en lo posible las estructuras rítmicas y la rima; un esfuerzo de «recreación poética», en suma, acercando este concepto al sentido que le otorga Arnau Pons, para quien las recreaciones poéticas siempre están más cerca del original, al aproximarse a los atrevimientos que hicieron brotar el texto primigenio, aunque contengan cambios, licencias e incluso errores.[73]

Posteriormente, Quaderns Crema dio a la luz la versión catalana del volumen sobre Armenia referido más arriba (2011), así como las memorias de la viuda del poeta en la traducción de Jaume Creus (*Contra tota esperança. Memòries*, 2012). Este mismo traductor es el responsable de una muy ambiciosa *Poesia completa* en Edicions de 1984 (2014), que complementa los poemas con un extenso y minucioso aparato crítico.

Mientras leemos los ensayos literarios de Mandelstam y volvemos a descubrir sus primeros libros de poemas, nos viene a la mente el espíritu *noucentista* reflejado en este célebre aforismo de Eugenio d'Ors: «Fora de la Tradició, cap veritable originalitat. Tot lo que no és Tradició, és plagi».[74] Es como si con estas palabras se expresara también la fe de Mandelstam en el carácter intemporal de la cultura o, si se prefiere, en su perenne continuidad.

1 Wahrscheinlich eine Anspielung auf das Gedicht Aleksandr Bloks, das mit diesem Vers beginnt: „Die in den dumpfen Jahren Geborenen" („Рождённые в года глухие…", 1914). Desgleichen erwähnt dieser Autor zu Anfang des zweiten Kapitels seines Gedichtzyklus *Vergeltung* (Возмездие, 1910–1921) jene „fernen, dumpfen Jahre", in welchen „Schläfrigkeit und Dunkelheit die Herzen beherrschten". (Übersetzung S.M.)

2 Mandelstam, Ossip (²1991): *Das Rauschen der Zeit. Die ägyptische Briefmarke. Vierte Prosa. Gesammelte „autobiographische" Prosa der 20er Jahre.* Übertragen und herausgegeben von Ralph Dutli. Zürich: Ammann, S. 88.

3 Ebd., S. 88.

4 Vgl. Harris, Jane Gary (1990): „Autobiography and History: Osip Mandelstam's *Noise of Time*", in: Harris, Jane Gary (Hg.): *Autobiographical Statements in Twentieth-Century Russian Literature.* Princeton: Princeton University Press, S. 99–113.

5 Vgl. Schlögel, Karl (²2015): *Petersburg. Das Laboratorium der Moderne (1909–1921).* Frankfurt am Main: Fischer Taschenbuch.

6 Vgl. zu diesem Begriff das Kapitel „Jüdisches Chaos", in: *Das Rauschen der Zeit*, (wie Anm. 2), S. 38–47.

7 Ebd. S. 96.

8 Vgl. Mandel'štam, Osip (1990): *Sočinenija v dvuch tomach.* Herausgegeben von S. S. Averincev und P. M. Nerler. Moskva: Chudožestvennaja literatura, 2. Band, S. 438.

9 Ripellino, Angelo Maria (2009): „Notes sur la prose de Mandelstam". *Europe*, „Ossip Mandelstam", 962–963, Juni-Juli, S. 173–180 [S. 179].

10 „Leningrad", in: Mandelstam, Ossip (²1991): *Mitternacht in Moskau. Die Moskauer Hefte. Gedichte 1930–1934.* Übertragen und herausgegeben von Ralph Dutli. Zürich: Ammann, S. 45.

11 Vgl. Škol'nik, B. A. (1991): „Mandel'štam v Peterburge", in: *Ja vernulsja v moj gorod … Peterburg Mandel'štama.* Leningrad: Tovariščestvo „Sveča", S. 23–48.

12 *Das Rauschen der Zeit*, (wie Anm. 2), S. 14–19.

13 Ebd., S. 16.

14 Vgl. Lo Gatto, Ettore (2011 [1960]): *Il mito di Pietroburgo. Storia, leggenda, poesia.* Milano: Feltrinelli, S. 221.

15 Mandelstam, Ossip (1988): *Der Stein. Frühe Gedichte 1908–1915.* Übertragen und herausgegeben von Ralph Dutli. Zürich: Ammann, S. 91.

16 *Das Rauschen der Zeit*, (wie Anm. 2), S. 59.

17 Ebd. S. 95.

18 Vgl. Schneider, Jean-Claude (2012): „Une parole à contre-courant", in: Mandelstam, Ossip: *Le Bruit du temps.* Übertragen von Jean-Claude Schneider. Paris: Le Bruit du Temps, S. 7–11 [S. 8].

19 Vgl. Schlögel, *op. cit.*, S. 411–415.

20 *Das Rauschen der Zeit*, (wie Anm. 2), S. 10.

21 Margolin, Julij B. (1961): „Pamjati Mandel'štama". *Vozdušnye puti. Al'manach.* 2. Band. Red. von R. N. Grynberg. New York, S. 102–110 [S. 103–104].

22 Struve, Nikita (2006): „Préface", in: Mandelstam, Ossip: *Le Bruit du temps.* Übertragen von Édith Scherrer. Lonrai: Christian Bourgois, „Titres", 14, S. 7–15 [S. 14–15].

23 *Sočinenija v dvuch tomach*, 2. Band, S. 382.

24 Ebd., S. 385.

25 *Das Rauschen der Zeit*, (wie Anm. 2), S. 96.

26 Ebd., S. 96–97.

27 Ebd., S. 99.

28 Ebd., S. 95.

29 Ebd., S. 99.

30 Ebd., S. 102.

31 Mandelstam, Ossip (1994): *Armenien, Armenien! Prosa, Notizbuch, Gedichte 1930–1933.* Übertragen und herausgegeben von Ralph Dutli. Zürich: Ammann, S. 24.

32 Ebd., S. 25.

33 Ebd., S. 46.

34 Ebd., S. 48.

35 Viat, Denys (1988): *La prose de Mandelstam.* Lausanne: L'Âge d'Homme, S. 21–29.

36 Ripellino, *op. cit.*, S. 179–180.

37 *Armenien* (wie Anm. 31), S. 13.

38 Ebd., S. 22–23.

39 Ebd., S. 14.

40 Vgl. Puškin, Aleksandr (1998): *Die Reise nach Arzrum während des Feldzugs des Jahres 1829.* Übersetzt und herausgegeben von Peter Urban. Berlin: Friedenauer Presse.

41 *Armenien* (wie Anm. 31), S. 56.

42 Dutli, Ralph (1994): „Nachwort: Reisekunst", in: *Armenien* (wie Anm. 31), S. 205.

43 Ebd., S. 37.

44 Ebd., S. 34.

45 Ebd., S. 24–25.

46 Ebd., S. 34.

47 Ebd., S. 36.

48 Ebd., S. 37.

49 Ebd., S. 47.

50 Ebd., S. 13-14.

51 Ebd., S. 19.

52 Ebd., S. 23.

53 Ebd., S. 31.

54 Ebd., S. 44.

55 Ebd., S. 55.

56 Mandelstam, Ossip (1991): *Über den Gesprächspartner. Gesammelte Essays (I) 1913–1924.* Übertragen und herausgegeben von Ralph Dutli. Zürich: Ammann, S. 82.

1 Probable alusión al poema de Aleksandr Blok que empieza con el verso «Los nacidos en los años sordos» («Рождённые в года глухие…», 1914). Asimismo, al principio del segundo capítulo del ciclo poético *Castigo* (Возмездие, 1910-1921), del mismo autor, se mencionan «aquellos años lejanos, sordos» en que «el sueño y la oscuridad gobernaban los corazones».

2 Mandelstam, Ósip (1981): *El sello egipcio. El rumor del tiempo*. Trad. de Lydia Kúper. Madrid: Alfaguara, pp. 142-143.

3 *Ibidem*, p. 143.

4 *Cf.* Harris, Jane Gary (1990): «Autobiography and History: Osip Mandelstam's Noise of Time», en: Harris, Jane Gary (ed.): *Autobiographical Statements in Twentieth-Century Russian Literature*. Princeton: Princeton University Press, pp. 99-113.

5 *Cf.* Schlögel, Karl (²2015): *Petersburg. Das Laboratorium der Moderne* (1909-1921). Frankfurt am Main: Fischer Taschenbuch.

6 Sobre este concepto, *cf.* el capítulo «El caos del judaísmo» (*El rumor del tiempo* [como en la nota 2], pp. 97-105).

7 *El rumor del tiempo* (como en la nota 2), p. 150.

8 *Cf.* Mandel'štam, Osip (1990): *Sočinenija v dvuch tomach*. Ed. de S. S. Averincev y P. M. Nerler. Moskva: Chudožestvennaja literatura, vol. 2, p. 438.

9 Ripellino, Angelo Maria (2009): «Notes sur la prose de Mandelstam». *Europe*, «Ossip Mandelstam», 962-963, junio-julio, pp. 173-180 [p. 179].

10 «Leningrad», en: Mandelstam, Óssip (2009): *Poemes*. Trad. de Helena Vidal. Barcelona: Quaderns Crema, «Poesia dels Quaderns Crema», 59, p. 68.

11 *Cf.* Škol'nik, B. A. (1991): «Mandel'štam v Peterburge», en: *Ja vernulsja v moj gorod… Peterburg Mandel'štama*. Leningrad: Tovariščestvo «Sveča», pp. 23-48.

12 *El rumor del tiempo* (como en la nota 2), pp. 76-81.

13 Hemos corregido la transcripción «Millonaia», que es como aparece en la traducción citada.

14 *El rumor del tiempo* (como en la nota 2), pp. 77-78.

15 *Cf.* Lo Gatto, Ettore (2011 [1960]): *Il mito di Pietroburgo. Storia, leggenda, poesia*. Milano: Feltrinelli, p. 221.

16 Mandelstam, Ossip (2010): *Poesía*. Trad. de Aquilino Duque. Madrid / México: Vaso Roto, p. 77.

17 *El rumor del tiempo* (como en la nota 2), p. 116.

18 *Ibidem*, p. 149.

19 *Cf.* Schneider, Jean-Claude (2012): «Une parole à contre-courant», en: Mandelstam, Ossip: *Le Bruit du temps*. Trad. de Jean-Claude Schneider. Paris: Le Bruit du temps, pp. 7-11 [p. 8].

20 *Cf.* Schlögel, *op. cit.*, pp. 411-415.

21 *El rumor del tiempo* (como en la nota 2), p. 72.

22 Margolin, Julij B. (1961): «Pamjati Mandel'štama». *Vozdušnye puti. Al'manach*. Vol. 2. Red. de R. N. Grynberg. New York, pp. 102-110 [pp. 103-104].

23 Struve, Nikita (2006): «Préface», en: Mandelstam, Ossip: Le Bruit du temps. Trad. de Édith Scherrer. Lonrai: Christian Bourgois, «Titres», 14, pp. 7-15 [pp. 14-15].

24 *Sočinenija v dvuch tomach*, vol. 2, p. 382.

25 *Ibidem*, p. 385.

26 *El rumor del tiempo* (como en la nota 2), p. 150.

27 *Ibidem*, pp. 150-151.

28 *Ibidem*, p. 149.

29 *Ibidem*, pp. 152-153.

30 *Ibidem*, p. 156.

31 Mandelstam, Ósip (2011): *Armenia en prosa y en verso*. Trad. de Helena Vidal. Barcelona: Acantilado, p. 59.

32 *Ibidem*, p. 60.

33 *Ibidem*, p. 82.

34 *Ibidem*, p. 84.

35 Viat, Denys (1988): *La prose de Mandelstam*. Lausanne: L'Âge d'Homme, pp. 21-29.

36 Ripellino, *op. cit.*, pp. 179-180.

37 *Armenia* (como en la nota 31), p. 46.

38 *Ibidem*, p. 57.

39 *Ibidem*, p. 47.

40 *Cf.* Pushkin, Aleksandr (2003): *El viaje a Arzrum durante la campaña de 1829*. Trad. de Selma Ancira. Barcelona: Minúscula, «Paisajes Narrados», p. 11.

41 Dutli, Ralph (1994): «Nachwort: Reisekunst», en: *Armenien, Armenien! Prosa, Notizbuch, Gedichte 1930-1933*. Ed. y trad. de Ralph Dutli. Zürich: Ammann, p. 205.

42 *Armenia* (como en la nota 31), p. 73.

43 *Ibidem*, p. 70.

44 *Ibidem*, p. 59.

45 *Ibidem*, p. 70.

46 *Ibidem*, p. 72.

47 *Ibidem*, p. 73.

48 *Ibidem*, p. 84.

49 *Ibidem*, p. 47.

50 *Ibidem*, p. 54.

51 *Ibidem*, p. 58.

52 *Ibidem*, p. 66.

53 *Ibidem*, p. 80.

54 *Ibidem*, p. 91.

55 Mandelstam, Osip (2003): *Gozo y misterio de la poesía*. Trad. de Víctor Andresco. Barcelona: El Cobre, p. 19.

57 Mandelstam, Ossip (1991): *Gespräch über Dante. Gesammelte Essays (II) 1925–1935.* Übertragen und herausgegeben von Ralph Dutli. Zürich: Ammann, S. 130–131.

58 Ebd., S. 131.

59 Ebd., S. 119.

60 Ebd., S. 145.

61 Für Irina Surat bildet das Werk Mandelstams bei allen Wendungen seiner poetischen Entwicklung einen einzigen Text, „eine einheitliche und mehrdimensionale künstlerische Welt". Vgl. Surat, Irina (2007): „Ètjudy o Mandel'štame". *Znamja*, 5, S. 190–202.

62 *Über den Gesprächspartner*, (wie Anm. 56), S. 88.

63 Ebd., S. 22.

64 Zur Familiengenealogie der Mandelstams vgl. Dutli, Ralph (2003): *Meine Zeit, mein Tier. Ossip Mandelstam. Eine Biographie.* Zürich: Ammann, S. 17–29.

65 Vgl. García Gabaldón, Jesús (1999): „Los brotes gemelos: Mandelstam y España". *ABC*, 05.06.

66 Mandelstam, Ossip (1996): *Die Woronescher Hefte. Letzte Gedichte 1935–1937.* Übertragen und herausgegeben von Ralph Dutli. Zürich: Ammann, S. 67.

67 Shentalinski, Vitali (1994): *De los archivos literarios del KGB.* Übersetzt von Vicente Cazcarra und Helena Kriúkova. Madrid: Anaya & Mario Muchnik. Deutsche Ausgabe: Schentalinski, Witali (1996): *Das auferstandene Wort. Verfolgte russische Schriftsteller in ihren letzten Briefen, Gedichten und Aufzeichnungen. Aus den Archiven sowjetischer Geheimdienste.* Übersetzt von Bernd Rullkötter. Bergisch Gladbach: Gustav Lübbe. Zum Dossier von Mandelstam vgl. S. 335–382.

68 Auf Deutsch erschienen unter dem Titel *Das Jahrhundert der Wölfe* (Frankfurt am Main: S. Fischer Verlag, 1971).

69 Mandelstam, Ósip (2011): *Armenia en prosa y en verso.* Übertragen und herausgegeben von Helena Vidal. Barcelona: Acantilado, S. 31.

70 Unbegaun, Boris (1956): *Russian Versification.* Oxford: Clarendon Press, S. iv.

71 Roig, Montserrat (1985): *L'agulla daurada.* Barcelona: Edicions 62, „Cara i Creu", 45, S. 26.

72 Ebd. S. 46.

73 San Vicente, Ricard (1991): „Presentació", in: San Vicente, Ricard (Hg.): *Poesia russa contemporània. Antologia.* Barcelona: Edicions 62, „Les Millors Obres de la Literatura Universal. Segle XX", 52, S. 6.

74 Vidal, Helena (2009): „Introducció", in: Mandelstam, Ósip: *Poemes.* Übertragen und herausgegeben von Helena Vidal. Barcelona: Quaderns Crema, „Poesia dels Quaderns Crema", 59, S. 10. Deutsche Übersetzung in: Mandelstam, Ossip (1993): *Tristia. Gedichte 1916–1925.* Übertragen und herausgegeben von Ralph Dutli. Zürich: Ammann, S. 65.

75 Ebd., S. 10. (Übersetzung S.M.)

76 Pons, Arnau (2005): „La reescriptura poètica?" *Reduccions. Revista de Poesia*, 81–82, S. 113–155 [S. 143].

77 D'Ors, Eugeni (2003): *Glosari 1910–1911.* Herausgegeben von Xavier Pla. Barcelona: Quaderns Crema, „Obra Catalana d'Eugeni d'Ors", 4. Band, S. 773. (Übersetzung S.M.)

56 Mandelstam, Ósip (2004): *Coloquio sobre Dante*. Trad. de Selma Ancira. Barcelona: Acantilado, p. 32.

57 *Ibidem*, p. 33.

58 *Ibidem*, p. 17.

59 *Ibidem*, p. 54.

60 Irina Surat afirma que la obra de Mandelstam, aun con todos los cambios de su evolución poética, constituye un único texto, «un mundo artístico unitario y multimensional». Cf. Surat, Irina (2007): «Ètjudy o Mandel'štame». *Znamja*, 5, pp. 190-202.

61 *Gozo y misterio de la poesía* (como en la nota 55), p. 25.

62 Mandelstam, Osip (2005): *Sobre la naturaleza de la palabra y otros ensayos*. Trad. de José Casas Risco. Madrid: Árdora, p. 19.

63 Acerca de la genealogía de la familia Mandelstam, *cf.* Dutli, Ralph (2003): *Meine Zeit, mein Tier. Ossip Mandelstam. Eine Biographie*. Zürich: Ammann, pp. 17-29.

64 *Cf.* García Gabaldón, Jesús (1999): «Los brotes gemelos: Mandelstam y España». *ABC*, 05.06.

65 Mandelstam, Osip (²2002): *Cuadernos de Voronezh*. Trad. de Jesús García Gabaldón. Montblanc, Tarragona: Igitur, «Poesía», 11, p. 86. Véase también la versión de Aquilino Duque —«y hay una forestal Salamanca / para pájaros díscolos y listos»— en: Mandelstam, Ossip (2010): *Poesía*. Madrid / México: Vaso Roto, p. 283.

66 Shentalinski, Vitali (1994): *De los archivos literarios del KGB*. Trad. de Vicente Cazcarra y Helena Kriúkova. Madrid: Anaya & Mario Muchnik. La trilogía del autor sobre este tema fue publicada posteriormente en español por Galaxia Gutenberg. A propósito del expediente de Mandelstam, *cf.* Shentalinski, Vitali (2006): *Esclavos de la libertad. En los archivos literarios del KGB*. Trad. de Ricard Altés Molina. Barcelona: Galaxia Gutenberg, pp. 323-368.

67 *Armenia* (como en la nota 31), p. 31.

68 Unbegaun, Boris (1956): *Russian Versification*. Oxford: Clarendon Press, p. iv.

69 Roig, Montserrat (1985): *L'agulla daurada*. Barcelona: Edicions 62, «Cara i Creu», 45, p. 26.

70 *Ibidem*, p. 46.

71 San Vicente, Ricard (1991): «Presentació», en: San Vicente, Ricard (ed.): *Poesia russa contemporània. Antologia*. Barcelona: Edicions 62, «Les Millors Obres de la Literatura Universal. Segle XX», 52, p. 6.

72 Vidal, Helena (2009): «Introducció», en: Mandelstam, Óssip: *Poemes*. Barcelona: Quaderns Crema, «Poesia dels Quaderns Crema», 59, p. 10.

73 Pons, Arnau (2005): «La reescriptura poètica?». *Reduccions. Revista de Poesia*, 81-82, pp. 113-155 [p. 143].

74 D'Ors, Eugeni (2003): *Glosari 1910-1911*. Ed. de Xavier Pla. Barcelona: Quaderns Crema, «Obra Catalana d'Eugeni d'Ors», vol. IV, p. 773.

Ossip Mandelstam, 1933. Fotografie aus
Fahrausweis, Universitätsarchiv Princeton

Ósip Mandelstam, 1933. Fotografía del billete de
transporte, Archivo de la Universidad de Princeton

„In Widersprüchen sterb' ich und erwache;
So sehnt sich eine Motte nach dem Feuer.
Ich will verlassen meine Muttersprache,
Doch bleibt sie mir dabei so fristlos teuer."

1928 ≈ 1934

«Me destruyo y contradigo,
cual polilla en vuelo hacia la llama a medianoche,
al querer exiliarme de nuestra lengua
por todo lo inaplazable que le debo».

Батюшков

Словно гуляка с волшебною тростью,
Батюшков нежный со мною живет.
Он тополями шагает в замостье,
Нюхает розу и Дафну поет.

Ни на минуту не веря в разлуку,
Кажется, я поклонился ему:
В светлой перчатке холодную руку
Я с лихорадочной завистью жму.

Он усмехнулся. Я молвил: спасибо.
И не нашел от смущения слов:
— Ни у кого — этих звуков изгибы...
— И никогда — этот говор валов...

Наше мученье и наше богатство,
Косноязычный, с собой он принес —
Шум стихотворства и колокол братства
И гармонический проливень слез.

„Batjuschkow" in der Reinschrift Ossip Mandelstams vom 18. Juni 1932, Blatt 1, GLM

«Bátiushkov», copia en limpio de Ósip Mandelstam, 18 de junio de 1932, folio 1, GLM

214

Batjuschkow

Wie ein Genießer, den Zauberstock zückend –
Zärtlicher Batjuschkow, Nachbar, mir lieb …
Geht durch die Gassen und über die Brücke,
Riecht an der Rose, macht Daphne ein Lied.

Nichts gibt's, so glaube ich, was uns je trennte,
Also hab ich ihn begrüßt, mich verneigt:
Kalt seine hellweiß behandschuhten Hände –
Fiebernd mein Händedruck, glühend vor Neid.

Er aber lächelte. Ich murmle „danke",
Sprach ganz verlegen, die Zunge war schwer:
„Nirgendwo feiner die Klänge und schlanker,
Keiner kann das – dieses Murmeln des Meers …"

All unser Leiden und unseren Reichtum –
Er hat sie, stammelnd, für uns überbracht:
Glocke der Brüderschaft, Rauschen
                          der Dichtung,
Wolkenbruch-Tränen, harmonische Fracht.

Bátiushkov

Cual juerguista con bastón mágico,
El entrañable Bátiushkov vive conmigo.
Entre álamos anda por el empedrado,
Huele la rosa y alaba a Dafne.

Sin creer en nuestra separación ni por un minuto,
Creo que le hice una reverencia:
La mano fría en guante claro
Con envidia febril le apreté.

Se sonrió. Le dije: gracias.
De pura confusión ni encontré las palabras:
—Nadie— las curvas de estos sonidos …
—Y nunca— este murmullo de oleadas …

Nuestros suplicios y nuestra riqueza,
Él, aún del habla confusa, nos regaló
El ruido de la creación poética, la campanada
                          de la fraternidad,
Y el aguacero armónico de las lágrimas.

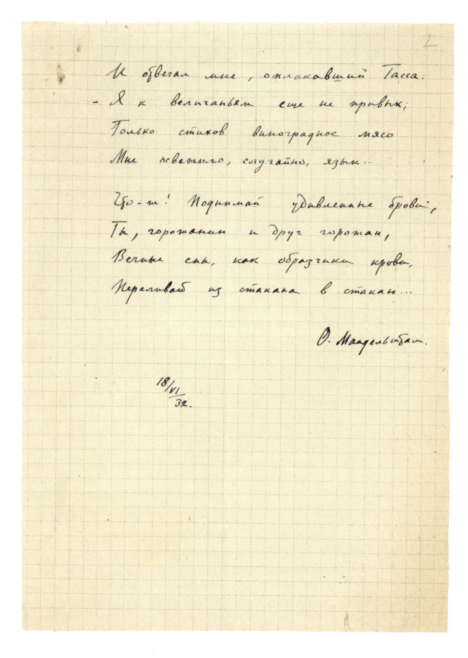

И обвеял мне, оплакавший Тасса:
— Я к величаньям еще не привык;
Только стихов виноградное мясо
Мне освежило, случайно, язык...

Что-ж! Подымай удивленные брови,
Ты, горожанин и друг горожан,
Вечные сны, как образчики крови,
Переливай из стакана в стакан...

О. Мандельштам.

18/VI
32.

„Batjuschkow" in der Reinschrift Ossip Mandelstams vom
18. Juni 1932, Blatt 2, GLM

«Bátiushkov» copia en limpio de
Ósip Mandelstam, 18 de junio de
1932, folio 2, GLM

Er, der den Tasso beweint hat, nun spricht er:
„Selten noch hat man mir Lob aufgetischt;
Einzig das Traubenfleisch guter Gedichte
Hat mir bisweilen die Zunge erfrischt."

Laß nun die staunenden Brauen sich sträuben,
Städter du, und allen Städtern ein Freund!
Gieße wie Blutproben – ewige Träume
Aus einem Glas in das nächste hinein …

1932

Übersetzt von Ralph Dutli

Me contestó, él que lloró a Tasso:
—Aún no me acostumbré a estas loas;
Solo la carne de la vid poética
Fortuitamente me refrescó la lengua …

Alza, pues, las cejas asombradas
Tú, ciudadano y amigo de ciudadanos,
Los sueños eternos, como muestras de sangre,
Trasiega de un vaso a otro …

1932

Traducción de Tatjana Portnova

In seinem Brief an den Vorsitzenden des
armenischen Rates der Volkskommissare
Saak Ter-Gabrieljan vom 14. Juni 1929 bittet
der bekannte sowjetische Parteifunktionär
Nikolaj Bucharin (1888–1938) um Hilfe für
Mandelstam: „Man soll ihn nur in Ruhe
lassen und ihm das Arbeiten ermöglichen.
Über Armenien würde er dann eine Arbeit
schreiben …". Bucharin schätzte Mandelstam sehr und setzte sich tatkräftig für ihn
ein. Maschinenschreiben mit Unterschrift,
NAA

El 14 de junio de 1929, en su carta al
vicepresidente del Consejo armenio de
Comisarios del Pueblo Sahak Ter-Gabrie-
lián, el conocido funcionario soviético del
Partido Nikolái Bujarin (1888-1938) solicita
ayuda para Mandelstam: «Déjenlo tranquilo
y permítanle trabajar. Él escribirá, luego,
un trabajo sobre Armenia…». Bujarin
apreciaba mucho a Mandelstam, por lo que
intercedió enérgicamente a su favor. Mecanoscrito, NAA

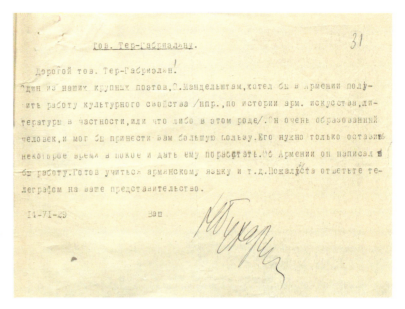

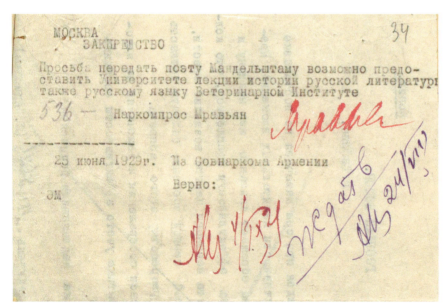

Dienstliches Gesuch des armenischen
Volkskommissariates für Bildungswesen vom 25. Juni 1929 um eine Arbeits-
erlaubnis für Ossip Mandelstam, die es ihm
ermögliche, Vorträge über die Geschichte
der russischen Literatur und Sprache am
universitären Institut für Tiermedizin zu
halten. Diese Lehrinhalte waren Pflicht für
alle Fachrichtungen. Maschinenschreiben
mit Unterschriften, NAA

Petición del Consejo armenio de Comisarios del Pueblo, del 25 de junio de 1929,
solicitando un permiso de trabajo para Ósip
Mandelstam que lo acreditara para dictar
conferencias sobre historia de la literatura y
la Lengua Rusas en el Instituto universitario
de Veterinaria. Esta materia era obligatoria
para todas las especialidades. Mecanoscrito
con firmas, NAA

Mandelstam reiste im Sommer 1930 nach Armenien. Im Frühjahr 1933 erschien in der Zeitschrift *Swesda* Mandelstams Prosawerk *Die Reise nach Armenien*. In der Gruppe neben den Ruinen des Mithras-Tempels von Awan in Armenien im Jahr 1930 ist er in der ersten Reihe rechts neben Jakow Chatschatrjanz zu sehen, links hinter ihm in der Mitte sitzt Nadeschda Mandelstam. GLM

Mandelstam viaja a Armenia en el verano de 1930. En la primavera de 1933 apareció en la revista *Zvezdá* su obra en prosa *Viaje a Armenia*. En esta fotografía de grupo, tomada en 1930 cerca de las ruinas del templo de Mitra en Aván, se le puede ver en la primera fila a la derecha, al lado de Yákov Jachatriants; detrás, en el centro de la imagen, está sentada Nadezhda Mandelstam. GLM

„Den Kaukasus schon dirigiert, daß Berge zittern, / Und stieg dann winkend auf den engen Alpenpfad, / Und sah sich um und ging mit bangen Schritten / Durch die Gespräche hin, die unzählbare Schar –", schrieb Mandelstam im Januar 1934 im Gedenken an Andrej Belyi, dem er nach dessen Tod am 10. Januar mehrere Gedichte widmete. Andrej Belyjs Gemälde „Gebirgslandschaft" ist Teil seines Bild-Zyklus „Armenien" von 1928/29. Papier, Aquarell, Bleistift, GLM

«Dirigía las montañas del Cáucaso / al subir, haciendo señas, por los senderos angostos de los Alpes, / y miraba a su alrededor y caminaba con paso temeroso / a través de las conversaciones de la innumerable multitud», escribió Mandelstam en enero de 1934 en homenaje a Andréi Beli, a quien dedicaría varios poemas tras su muerte el 10 de enero. El cuadro de Andréi Beli «Paisaje montañoso» es parte de su ciclo de pinturas *Armenia* de 1928-1929. Papel, acuarela, lápiz, GLM

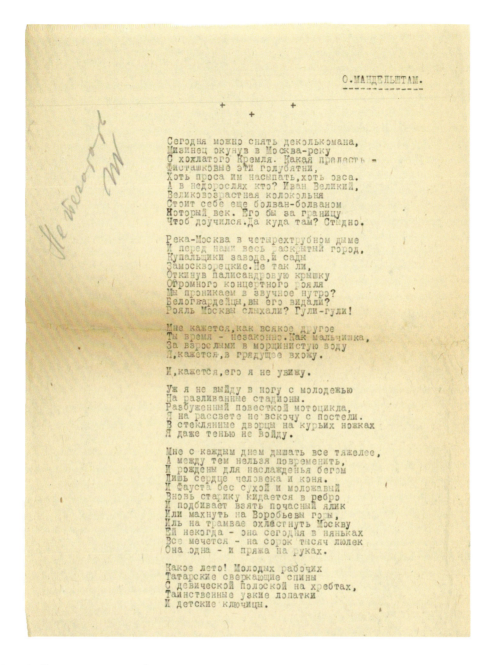

Maschinenschreiben von 1931 mit Vermerk und Handzeichen des Redakteurs der Zeitschrift *Novyj Mir* S. Ingulow: „Nicht drucken". „Und heute könnt man Abziehbilder lösen" wurde zu Lebzeiten veröffentlicht. Blatt 1, GLM

Escrito a máquina, 1931, con nota y seña del redactor de la revista *Novyj Mir* S. Ingúlov: «No imprimir». «Y hoy se pueden quitar las calcomanías», publicada en vida. Folio 1, GLM

Und heute könnt man Abziehbilder lösen
Vom Räuber-Kreml, wenn man seinen Finger
Naßmacht in der Moskwà. Wie reizend sind
Die Türme, wie Pistazien, Taubenschläge –
Man möchte Hirse hinstreun, Haferkörner!
Wer ist der grüne Junge da? Iwan
Der Große, aufgeschoßne Glockenturm,
Steht unbeholfen da, der Dummrian,
Jahrhundertlang. Ins Ausland müßte er,
Die Schulbank drücken. Nein doch! Eine Schande …

Vierschlotig Rauch umgibt nun den Moskwà-Fluß,
Die große Stadt ist vor uns aufgetan –
Fabrikgebäude baden da und Gärten:
Samoskworetschje-Viertel. Dringt man nicht
Genauso tief zur Innenwelt des Klangs,
Wenn man den Palisander-Deckel hebt
Von einem Riesenflügel fürs Konzert?
Ihr Weißgardisten, habt ihr ihn gesehen,
Den Flügel Moskaus – habt ihr ihn gehört?

Mir scheint, du seist, genau wie jede andre,
Gesetzlos, du, die Zeit … Und wie ein Junge
Erwachsnen nachfolgt in die Wasserfalten,
So geh ich vorwärts in die Zukunft weiter –
Und werde sie wohl dennoch niemals sehen.

Ich kann nicht mehr im gleichen Schritt mit Jungen
In jene linienreichen Stadien ziehn,
Ich werd nicht auf den Weckruf des Motorrads
Im Morgengrauen von meinem Bett aufspringen –
Und in die Glaspaläste auf den Hühnerbeinen
Geh ich niemals, nicht mal als leichter Schatten.

Mit jedem Tag wird mir das Atmen schwerer,
Doch mich gedulden, warten: kann ich nicht –
Geboren, noch die Unrast zu genießen,
Ist nur das Menschen- und das Pferdeherz.

Hoy se pueden quitar las calcomanías
Del bandolero Kremlin, al sumergir el meñique
En el río Moscova. Qué belleza
Son estos palomares de pistachos:
Puedes echarles aunque sea mijo,
                aunque sea avena …
Pero, entonces ¿quién es el ignorante?
                Iván el Grande,
El campanario pasado de la cdad.
Se halla cual imbécil
Durante siglos … Mandarle al extranjero
Para terminar los estudios … ¡Ni hablar!
                Da vergüenza...

El río Moscova envuelto en el humo
                de cuatro chimeneas
Y la ciudad entera está descubierta delante
                de nosotros:
Las fábricas y los jardines del otro lado
                del río Moscova
Son bañistas. ¿No de la misma manera,
Al quitar la tapa de palisandro
Del enorme piano de conciertos,
Entramos en las entrañas sonoras?
Los guardias blancos, ¿le habéis visto?
¿Habéis escuchado el piano de Moscú?
                ¡Guli-guli!

Yo creo, como cualquier otro,
Tú, tiempo, eres arbitrario. Cual niño
Detrás de los adultos entra en el agua arrugada,
Parece que entro en el porvenir.
Y parece que no le voy a ver …

Ya no saldré junto a los jóvenes
A los estadios alineados,
Despierto por el aviso de la moto
Por la mañana no saltaré de la cama,

221

- 2 -

Здравствуй, здравствуй,
Мощный некрещеный позвоночник,
С которым проживем не век, не два...

„Und heute könnt man Abziehbilder lösen", Maschinenschreiben, 1931, Blatt 2, GLM

«Y hoy se pueden quitar las calcomanías», escrito a máquina,
1931, Folio 2, GLM

Und Faustens Dämon, schlank und jugendlich,
Fährt nun dem Alten nochmals in die Rippen,
Lockt ihn ein Stündchen in ein Ruderboot
Oder hinauf auf unsre Sperlingsberge,
Und Moskau mit der Trambahn
                    zu umpeitschen …
Hat keine Zeit, die Stadt, ist Kindermädchen –
Da stürzt sie hin zu vierzigtausend Wiegen
Und spinnt auf ihren Fingern leichtes Garn.

Was für ein Sommer! Junger Arbeitsleute
Tatarische und glänzend-dunkle Rücken
Mit mädchenhaften Bändern, rückgratlang,
Und rätselvollen, schmalen Schulterblättern,
Kindlichen Schlüsselbeinen.
                    Grüß dich, grüß dich,
Du mächtige, du ungetaufte Wirbelsäule:
Wirst mit uns sein – jahrhundertlang und mehr!

1931

Übersetzt von Ralph Dutli

En los palacios de cristal sobre las patas de gallo
No entraré ni cual sombra ligera.

Cada día respiro con más dificultad…
Y mientras tanto no hay manera de esperar …
Nacieron para disfrutar de la carrera
Solo los corazones del hombre y del caballo …

El demonio de Fausto, seco y de apariencia joven,
De nuevo se lanza a la vejez,
Incita a coger la barca por horas,
O largarse a la Colina de los gorriones,
O en tranvía a recorrer Moscú.
No tiene tiempo, ¿hoy hace de niñera?
Aún se agita: para cuarenta mil cunas
Está ella sola, con el hilado en sus manos.

¡Qué verano! Las espaldas brillantes
De jóvenes trabajadores tártaros
Con venda de doncella en su espalda,
Los misteriosos omóplatos estrechos
Y clavículas infantiles.
¡Prospera, prospera,
Vigorosa columna vertebral sin bautizar
Gracias a la que viviremos más de uno o dos siglos!

1931

Traducción de Tatjana Portnova

Nadeschda und Ossip Mandelstam mit dessen Schwägerin
Eleonora Gurwitsch im Jahr
1931. Seine Pelzmütze bedachte
Mandelstam 1932 scherzhaft
mit diesem Vierzeiler: „Hut,
gekauft vor wohl zehn Jahren /
Im Staatlichen Gesamt-Kauf-
haus, / Unter dir, muß ich erfahren, / Seh ich alt wie'n Bischof
aus." Fotokopie, GLM, Original
in Privatsammlung

Nadezhda y Ósip Mandel-
stam con su cuñada Eleonora
Gúrvich en el año 1931.
Mandelstam reflexionó sobre su
gorro, en 1932, probablemente
en tono jocoso, en estos cuatro
versos: «Sombrero, comprado
hace diez años / en el almacén
estatal general, / debo enterar-
me, debajo de ti, / que parezco
tan viejo como un arzobispo».
Reproducción fotográfica,
GLM, original en una colección
privada

Nach dem Tod Maximilian Woloschins 1932 diente dessen Haus in Koktebel als staatliches Erholungsheim für Schriftsteller. Ossip Mandelstam kehrte dorthin im Mai/Juni 1933 zurück, auf der Treppe des Hauses ist er in der zweiten Reihe rechts neben Nadeschda Mandelstam, Ws. Popow, W. Popowa, Klawdija Bugajewa und – eine Stufe tiefer sitzend – Andrej Belyj (v. r. n. l.) zu sehen. Fotokopie, GLM, Original in einer Privatsammlung

Después de la muerte de Maksimilián Voloshin en 1932, su casa en Koktebel sirvió como residencia estatal de reposo para escritores. Ósip Mandelstam regresó allí en mayo-junio de 1933. En la escalera de la residencia se le puede ver en la segunda fila, a la derecha, al lado de Nadezhda Mandelstam, Vs. Popov, V. Popova, Klavdia Bugáyeva y —sentado, un peldaño más abajo— Andréi Beli (de derecha a izquierda). Reproducción fotográfica, GLM, original en una colección privada

Reinschrift Mandelstams von „Herr, hilf mir über diese Nacht hinweg" (1931) und „Ein Urstier mit drei Flügelpaaren" (1930). Der Vermerk von Nikolaj Chardschijew bezeugt die Echtheit der Handschrift Mandelstams. GLM

Escrito en limpio de Mandelstam de los poemas «Ayúdame, Señor, a sobrevivir esta noche» (1931) y «Como terrible toro de seis alas» (1930). La nota de Nikolái Járdzhiev atestigua la autenticidad del manuscrito de Mandelstam. GLM

Herr, hilf mir über diese Nacht hinweg:
Ich bange um das Leben Deines Knechts.
Mein Sarg ist Petersburg – hör, wie er ächzt.

1931

Übersetzt von Felix Philipp Ingold

Ayúdame, Señor, a sobrevivir esta noche,
Temo por la vida, por tu esclava…
Vivir en Petersburgo es como dormir
en un ataúd.

1931

Traducción de Tatjana Portnova

Ein Urstier mit drei Flügelpaaren,
So wird hier die Arbeit gesehn,
Wo Rosen ihr Herzblut ersparen,
Um winters in Blüte zu stehn.

1931

Übersetzt von Felix Philipp Ingold

Como terrible toro de seis alas
se muestra aquí el trabajo a los hombres.
Las rosas, hinchadas de sangre sus venas,
florecen a orilla de invierno.

1931

Traducción de Helena Vidal

Niederschrift von Michail Senkewitsch vom 2. März 1931. Epigraph, Datum und Unterschrift in der Handschrift Ossip Mandelstams. Vermerk zur Bestätigung der Echtheit von Mandelstams Handschrift durch Nikolaj Chardschijew. GLM

Escrito de Mijaíl Zenkévich del 2 de marzo de 1931. Epigrama, fecha y firma en manuscrito de Ósip Mandelstam. Nota de Nikolái Járdzhiev que atestigua la autenticidad del manuscrito de Mandelstam. GLM

„Ma voix aigre et fausse …"
Paul Verlaine

Dir nur sag ich hier inständig
Offenheit:
Alles Unsinn, Cherry Brandy,
O Engel mein!

Griechen fanden dort die Schönheit,
Strahlenspur,
Hier für mich – aus schwarzen Höhlen
Qualen nur.

Fuhren Helena weit über
Wellenland,
Wo ich meinem Mund nur trüben
Salzschaum fand.

Meinen Mund bestreicht nun einzig
Leeres Nichts,
Armut zeigt mir höhnisch-reizend
Ihr Gesicht.

Hoppla, weiter, auch mich lockt es –
Alles eins.
Engel Mary, trink die Cocktails,
Kipp den Wein!

Dir nur sag ich hier inständig
Offenheit:
Alles Unsinn, Cherry Brandy,
O Engel mein!

1931

Übersetzt von Ralph Dutli

«Ma voix aigre et fausse…»
Paul Verlaine

Te diré con la última
Franqueza:
Todo son solo quimeras —brandy de cereza—,
Mi ángel.

Allí, donde al heleno le brillaba
La belleza,
A mí de los agujeros negros se me presentaba
La vergüenza.

Los griegos robaron a Elena
En las olas
Y a mí me dejaron con espuma salada
En los labios.

Me untará los labios
El vacío,
Me hará la higa
La penuria.

¿Es posible? ¿Es así? ¿Sopla? ¿Flota?
Da igual todo;
Ángel Mary, bebe cócteles,
Sopla el vino.

Te diré con la última
Franqueza:
Todo son solo quimeras —brandy de cereza—,
Mi ángel.

1931

Traducción de Tatjana Portnova

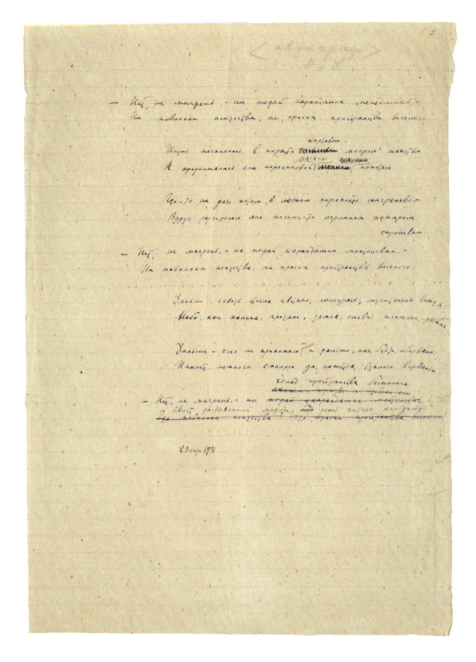

Handschrift Mandelstams mit
Korrekturen vom 23. April 1931.
Echtheitsvermerk von Nikolaj
Chardschijew. GLM

Manuscrito de Mandelstam
con correcciones, 23 de abril de
1931. Prueba de autenticidad de
Nikolái Járdzhiev. GLM

Nein, nicht ein Kopfschmerz – und doch,
      reich ihn her, den Mentholstift –
Weg sind sie: Kunst, ihre Blicke, die Farben
      des Raumes, der froh ist …

Leben, sein Anfang: im Trog – als ein fremdes
      und nasses Geflüster,
Dann ging es weiter, war Lampenruß, weich,
      Kerosingeruch ist es.

Irgendwo draußen, im ledernen Baumgeflecht
      sah ich es wieder:
Lodert es auf, kam es ganz plötzlich –
      als riesiger, brennender Flieder.

Nein, nicht ein Kopfschmerz – und doch,
      reich ihn her, den Mentholstift –
Weg sind sie: Kunst, ihre Blicke, die Farben
      des Raumes, der froh ist …

Weiter, durch farbige Gläser –
      mit Augen, verengten, in Qualen:
Himmel – ist drohende Keule, und Erde –
      nur rotbraune Kahlheit.

Weiter kann ich noch nicht sehen –
      als ob alles breche, verstumme.
Nur die Gerüche: von Teer und von fauligem
      Tran und von Kummer.

Nein, nicht ein Kopfschmerz – doch Kälte des
      Raumes, geschlechtslos und hohl,
Rauschen: zerrissene Gaze, Gitarre von lautem
      Karbol …

1931

Übersetzt von Ralph Dutli

«No, no es migraña» —pero pásame
      un lápiz mentolado—.
¡Ni capa fina del arte, ni colores
      del espacio alegre!

La vida comenzó en una artesa
      con el susurro confuso y húmedo,
Continuó con hollín blando
      de petróleo.

Después, en algún lugar de una dacha, en una
      encuadernación silvestre de zapa,
De repente por algún motivo empezó a arder
      en un enorme incendio de color lila.

«No, no es migraña» —pero pásame
      un lápiz mentolado—.
¡Ni capa fina del arte, ni colores
      del espacio alegre!

Después, a través de los cristales de colores,
      guiñando los ojos, veo dolorosamente:
El cielo, cual maza, es amenazador, la tierra,
      cual calva, está cobrizo …

Después —todavía no me acuerdo— y, después,
      como si estuviera interrumpido:
Huele un poco a brea y parece que a aceite
      podrido de foca …

—No, no es migraña, sino el frío del espacio
      sin género,
El silbido de gasa que rompen y el fragor
      de guitarra fénica.

1931

Traducción de Tatjana Portnova

Handschrift Mandelstams mit
Datierung Mai–September 31
mit Echtheitsvermerk von
Nikolaj Chardschijew. Blatt 1,
GLM

Manuscrito de Mandelstam
con fecha de mayo-septiembre
de 1931. Prueba de autenticidad
de Nikolái Járdzhiev. Folio 1,
GLM

Mir fehlt noch etliches zum Patriarchen,
Mein Alter ist erst halbwegs achtenswert,
Noch schimpft man hinter meinem Rücken nur
Im Idiom der Trambahnzänkereien,
In denen doch kein Sinn wohnt, nicht die Spur:
„So einer ist der!" Gut, ich sag: Entschuldigung,
Und wandle mich doch niemals um …

Und denkst du nach, was an die Welt dich bindet,
Du glaubst dir selber nicht: nur kleiner Kram.
Ein Mitternachts-Schlüsselchen zu fremder Tür,
Für zehn Kopeken Silber in der Tasche,
Ein Photofilm, lichtscheues Zelluloid …

Und wie ein junger Hund stürz ich zum Telephon
Auf jeden Klingellaut, hysterisch-toll,
Hör einmal polnisch „Danke, Herr" und Radebrechen,
Aus einer andern Stadt nur Vorwurf, liebevoll,
Und dann – ein nie gehaltenes Versprechen.

So denkst du oft: woran soll man Gefallen finden
Inmitten dieses bunten Feuerwerks?
Du brodelst über, dort jedoch, da bleibt,
Ja schau nur hin – Verwirrung, Arbeitslosigkeit.
Versuchs doch mal bei denen: Habt ihr Feuer?

Bald scherzhaft lächelnd, bald voll scheuer Würde
Geh ich mit meinem weißen Stock hinaus.
Und in den Gassen lausch ich auf Sonaten,
Bei jedem Straßenkrämer leck ich mir die Lippen,
Blättre in Büchern in den tiefen Toreingängen –
Es ist kein Leben mehr, und dennoch ist es eins.

Ich geh zu Spatzen und Reportern hin
Und dann auch noch zu Straßenphotographen –
Nur fünf Minuten, da bekomm ich schon
Aus einem Eimerchen mein Konterfei:
Vor einem lila Berg im Perserreich.

Aún estoy lejos de ser patriarca,
Aún tengo una edad no tan honorable,
Aún me regañan a mis espaldas
En el idioma de broncas de tranvía
Que no tiene ni sentido ni rudimentos:
¡Tal cual! Pues, pido disculpas,
Pero en el fondo no cambio ni una gota.

Cuando piensas qué te vincula con el mundo,
No puedes creerte a ti mismo: ¡tonterías!
La llave a medianoche del piso ajeno,
Una moneda de diez kopeks de plata en el bolsillo
Y el celuloide de una película sobre ladrones.

Corro al teléfono
Con cada llamada histérica.
En este oigo «Dziękuję, panie»,
El afectuoso reproche forastero
O la promesa incumplida.

Aún piensas a qué aficionarte
En medio de petardos de papel y cohetes:
Te calmarás y puede que queden
Solo jaleo y desempleo:
Por favor, ¡pídeles el fuego a ellos!

Ora me sonrío, ora tomo apostura con timidez
Y salgo con el bastón de puño blanco;
Escucho las sonatas en los callejones,
Delante de todos los puestos me relamo los labios,
Hojeo libros en pases hondos:
No vivo y, sin embargo, vivo.

Iré a los gorriones y a los reporteros,
Iré a los fotógrafos callejeros,
En cinco minutos, con espátula del cubo,
Obtendré mi retrato
Bajo el cono del monte lila del zar.

Handschrift Mandelstams mit
Datierung Mai–September 31
mit Echtheitsvermerk von
Nikolaj Chardschijew. Blatt 2,
GLM

Manuscrito de Mandelstams
con fecha de mayo-septiembre
de 1931. Prueba de autenticidad
de Nikolái Járdzhiev. Folio 2,
GLM

Dann streif ich wohl auf meinen Botengängen
Durch stickig-dampferfüllte Kellerräume,
Wo redlich-reinliche Chinesen hausen,
Teigbällchen mit dem Stäbchenpaar ergreifen,
Mit schlanken, leicht gezinkten Karten spielen
Und Wodka schlürfen wie die Schwälbchen
                                vom Jang-Tse.

Ich mag sie, krächzend, knarrend – Trambahnwagen,
Den Astrachan-Kaviar, will sagen: den Asphalt,
Auf dem die strohgeflochtnen Matten liegen
Wie um den Asti-Wein ein Korbgeflecht,
Die Straußenfedern jener Baugerüste
Um Leninhäuser, wenn kein Stein noch steht.

Ich tret in wunderliche Grotten: die Museen,
Wo Zaubergeister, Rembrandts blähig schimmern
Mit ihrem Glanz von Leder wie aus Cordoba;
Steh staunend vor gehörnten Mitren Tizians
Und staun den bunten Tintoretto an –
Für seine tausend schreierischen Papageien …

Wie sehr möchte ich das Spiel noch weiterspielen,
Mich im Gespräch verlieren, nur die
                                Wahrheit reden,
Und alle Schwermut nun zum Teufel schicken,
Um irgendwessen Hand zu greifen: Sei mir Freund,
Wir gehen noch zusammen ein Stück Weg …

1931

Übersetzt von Ralph Dutli

Otras veces me pondré de ajetreo
En los ablandados sótanos sofocantes
Donde los chinos, limpios y honestos,
Cogen con los palitos las bolitas de masa,
Juegan las estrechas cartas cortadas
Y beben vodka cual golondrinas del Yangtsé.

Me gustan las partidas de los tranvías chirriantes
Y el caviar del asfalto de Astrakán
Cubierto de estera de paja
Que recuerda la cesta de Asti
Y las plumas de avestruz de armadura
En el comienzo de la construcción de las casas
                                leninistas.

Entro en admirables madrigueras de museos
Donde desorbitan los ojos los Rembrandts
                                cual esqueletos
Tras alcanzar el brillo de piel cordobesa,
Admiro las mitras cornudas de Tiziano
Y asimismo me asombro del abigarrado Tintoretto
Por sus mil papagayos chillones.

Qué ganas tengo de retozar,
De hablar, de articular la verdad,
Mandar la hipocondría a la niebla, al demonio,
                                a los diablos,
Coger a alguien de la mano: ser amable,
Y decirle: vamos de camino.

1931

Traducción de Tatjana Portnova

In ihren *Erinnerungen* berichtet Nadeschda Mandelstam von der bleiernen Atmosphäre Mitte der 1920er-Jahre. Aus Angst vor Denunzianten hätten die Menschen den engeren Umgang miteinander gemieden und es habe eine allgemeine Taubheit und Lethargie geherrscht. Worüber hätte man auch sprechen sollen, wenn ohnehin schon alles gesagt und klar war?

En sus *Memorias*, Nadezhda Mandelstam habla del ambiente plomizo que había a mediados de los años veinte: por miedo a los denunciantes, la gente evitaba las relaciones personales estrechas, y en general, imperaban una sordera y una letargia generales. ¿De qué se hubiera podido hablar si, de todas maneras, todo había sido ya dicho y aclarado?

„Weit ist mein Heimatland" lautet die erste Zeile aus dem berühmten und bis heute gesungenen „Lied über die Heimat" von W. I. Lebedew-Kumatsch von 1930. Unbekannter Maler, Plakat. GLM

«Mi patria está lejos», dice la primera línea de la —hoy en día todavía famosa— «Canción de la patria» de V. I. Lébedev-Kumach, de 1930. Pintor desconocido, cartel, papel impreso, GLM

„Bolschewistisches Tempo vorlegen bei der Vorbereitung zur Aussaat", Propaganda-Plakat von L. Tschupjatow aus dem Jahr 1931. Papier, Farblithografie, GLM

«Aumentar la velocidad bolchevique para preparar la siembra», cartel de propaganda de L. Chupiátov del año 1931. Papel, litografía en color, GLM

„Kommunismus – das ist Sowjetmacht plus Elektrifizierung".
Unbekannter Maler, Farblithografie. GLM

«El comunismo es poder soviético más electrificación». Pintor
desconocido, litografía en color,
GLM

„Leningrad" von 1930 in der Handschrift von Ossip Mandelstam und Michail Senkewitsch. „In der Küche" in der Handschrift Michail Senkewitschs vermutlich ergänzt im Januar 1931. Blatt mit Echtheitsvermerk von Nikolaj Chardschijew. GLM

«Leningrado», 1930, manuscrito de Ósip Mandelstam y Mijaíl Zenkévich. «En la cocina», manuscrito de Mijaíl Zenkévich, probablemente completada en enero de 1931. Folio con prueba de autenticidad de Nikolái Járdzhiev. GLM

Leningrad

Meine Stadt find ich wieder, mir zum Weinen vertraut
Wie ein kindliches Fieber, wie ein Äderchen, Haut.

Leningrad siehst du wieder – so schluck schon den Tran!
Der den Uferlaternen entströmt wie ein Wahn …

Und erkenn ihn, den Tag, wie dezembrig er ist,
Wo dem düsteren Teer sich ein Eigelb beimischt.

Petersburg! Nein ich will noch nicht sterben, noch nicht!
Denn du hast meine Nummern, Telephone, Nachricht.

Petersburg! Denn ich hab noch Adressen auf mir,
Wo ich Tote noch finde, ihr Stimmengewirr.

Und im Hinterhaus wohn ich, an die Schläfe mir springt
Eine Klingel, zerrissen, vom Fleisch noch umringt –

Ganze Nächte lang wart ich auf Gäste bei mir,
Zerr die eisernen Ketten da weg von der Tür.

1930

Übersetzt von Ralph Dutli

In der Küche du und ich – beisammen.
Süßen Duft verströmt die weiße Flamme.

Auf das Messer wartet schon der Laib …
Mach den Primuskocher rasch bereit,

Besser noch – du holst die Stricke dort
Und verschnürst, bevor es tagt, den Korb.

Denn wir wollen früh zum Bahnhof gehn,
Unerkannt – auf Nimmerwiedersehn.

1931

Übersetzt von Felix Philipp Ingold

Leningrado

Regresé a mi ciudad, conocida hasta las lágrimas,
hasta las venas, hasta las inflamadas glándulas de la infancia,

Regresaste aquí, pues traga, deprisa,
el aceite de hígado de bacalao de las farolas fluviales de Leningrado.

Reconoce, deprisa, el día de diciembre,
en el que una siniestra brea se añadió a la yema.

Petersburgo, aún no deseo morir:
tú tienes los números de mis teléfonos.

Petersburgo, aún tengo direcciones
en las que hallaré las voces de los cadáveres.

Vivo en la escalera de servicio, y en la sien
me golpea el timbre que arrancaron de un tirón,

toda la noche aguardo en vela la visita de seres queridos
que haga rechinar el herraje de la cerradura de la puerta.

1930

Traducción de Jesús García Gabaldón

Estaremos sentados contigo en la cocina,
El petróleo blanco huele dulce;

El cuchillo afilado y la hogaza de pan …
Si quieres, prepara el hornillo de petróleo,

O, si no, recoge cuerdas
Para atar la cesta antes del amanecer,

Para que partamos hacia la estación
Donde nadie nos encuentre.

1931

Traducción de Tatjana Portnova

Anfang der 1930er-Jahre schrieb Ossip Mandelstam einem unbekannten Adressaten: „Eine beständige materielle Lebensgrundlage hatte ich nie und habe ich auch jetzt nicht. Ich bin es gewohnt, unter dauerndem Druck und absonderlichsten Bedingungen zu arbeiten ... An meine Unversorgtheit und fast schon Obdachlosigkeit hat man sich in der Literatur längst gewöhnt, und ich selber wundere mich nicht mehr darüber. Ich habe nie, und dies wurde von der Kritik jeglicher Ausrichtung eingeräumt, das Niveau meiner Arbeit gesenkt, selbst dann nicht, wenn ich gezwungen war, mich mit einer für einen Dichter so abzehrenden Sache wie Übersetzungen zu beschäftigen. Mein Leben war schwierig, mühsam ..."

A comienzos de los años treinta, Ósip Mandelstam escribe a un remitente desconocido lo siguiente: «Nunca he tenido una base material de vida estable y ahora tampoco la tengo. Estoy acostumbrado a trabajar bajo contante presión y difíciles condiciones... Hace tiempo que la literatura se ha acostumbrado a mi desamparo y falta de hogar, y esto tampoco me asombra a mí mismo. Nunca he bajado el nivel de mi trabajo, lo que fue admitido por la crítica de la respectiva organización, ni siquiera cuando se me vi obligado a trabajar en una cosa tan extenuante para un poeta, como lo es la traducción. Mi vida ha sido difícil, ardua ...».

Alexander Mandelstam, Maria Petrowych, Emil Mandelstam, Nadeschda Mandelstam, Ossip Mandelstam, Anna Achmatowa (v. l. n. r.) 1934 in Ossips Moskauer Wohnung in der Naschtschokin-Gasse (Naschtschokinskij pereulok) Nr. 5. GLM

De izquierda a derecha, Aleksandr Mandelstam, María Petrovyj, Emil Mandelstam, Nadezhda Mandelstam, Ósip Mandelstam y Anna Ajmátova en Moscú, en el apartamento de los Osips situado en la callejuela Nashtshokin, núm. 5, 1934. GLM

Ossip Mandelstam 1929 mit Redaktionskollegen der Zeitung *Moskowskij Komsomolez*, deren Erscheinen unter Stalin zweimal eingestellt wurde, 1931 bis 1939 und 1942 bis 1944. Heute gehört sie zu den auflagenstärksten russischen Tageszeitungen. Fotokopie, GLM, Original in Privatsammlung

Ósip Mandelstam en1929 con sus colegas de redacción del periódico *Moskovski Komsomólets*, el cual fue retirado de la circulación dos veces, bajo el mando de Stalin, de 1931 a 1939 y de 1942 a 1944. En la actualidad es uno de los periódicos rusos de mayor tirada. Reproducción fotográfica, GLM, original en una colección privada

Разговор о Данте.

Così gridai colla faccia levata
(I, XVI).

16.1.36.
№105

I

Поэтическая речь есть скрещенный процесс и складывается она из двух звучаний: первое из этих звучаний — это слышимое и ощущаемое нами изменение самих орудий поэтической речи, возникающих на ходу в ее порыве; второе звучание есть собственно речь, то есть интонационная и фонетическая работа, выполняемая упомянутыми орудиями.

В таком понимании поэзия не является частью природы — хотя бы самой лучшей, отборной — и еще менее является ее отображением, что привело бы к издевательству над законом тождества, но с потрясающей независимостью водворяется на новом, внеположенном поле деятельности, не столько рассказывая, сколько разыгрывая природу при помощи орудийных средств, в просторечии именуемых образами.

Поэтическая речь или мысль лишь чрезвычайно условно может быть названа звучащей, потому что мы слышим в ней лишь скрещенье

Gespräch über Dante, Nieder-schrift vom 16. Januar 1936 von Mandelstams Freund in der Woronescher Verbannung, Sergej Rudakow, mit Epigraph «Così gridai colla faccia levata …» (Inf. XVI, 76). IRLI

Coloquio sobre Dante, escrito del 16 de enero de 1936, de un amigo de Mandelstam, Sergei Rudakov, durante el destierro en Vorónezh, Sergei Rudakov, con el epigrama «Così gridai colla faccia levata…» (*Inferno* XVI, 76). IRLI

Gespräch über Dante
Così gridai colla faccia levata … (*Inferno* XVI, 76)

I

Poetische Sprache ist ein Kreuzungsprozeß und setzt sich aus zwei Klangweisen zusammen. Die erste dieser Klangweisen ist die für uns hörbare und fühlbare Veränderung der Instrumente poetischer Sprache, die bei deren Ausbruch überhaupt erst entstehen.

Die zweite ist das eigentliche Sprechen, d. h. die Arbeit der Intonation und Artikulation, die von den genannten Instrumenten geleistet wird.

So verstanden ist die Poesie kein Teil der Natur, auch nicht ihr bester und erlesenster, und noch weniger ihr Abbild, was einer Verhöhnung des Prinzips der Identität gleichkäme. Vielmehr siedelt sie sich mit einer überwältigenden Unabhängigkeit in einem neuen, außerräumlichen Aktionsfeld an, wo sie die Natur nicht nacherzählt, sondern spielend inszeniert mit Hilfe jener Instrumente, die umgangssprachlich „Bilder" heißen.

Poetisches Sprechen oder Denken kann nur sehr bedingt klingend genannt werden, weil wir in ihm nur die Kreuzung zweier Linien hören […]

1933   Übersetzt von Ralph Dutli

Coloquio sobre Dante
Così gridai colla faccia levata… (*Inferno* XVI, 76)

I

El discurso poético es un proceso cruzado y se genera a partir de dos sonoridades: la primera, audible y perceptible para nosotros, consiste en la transformación de los instrumentos que surgen en el transcurso de su impulso; la segunda sonoridad la constituye el propio discurso, esto es, el trabajo fonético y entonacional realizado por esos instrumentos.

Entendida así, la poesía no es una parte de la naturaleza (ni siquiera la mejor y más selecta) y menos aún su reflejo, lo que conduciría a la burla del principio de identidad, sino que con sorprendente independencia se instala en un nuevo campo de acción, fuera del espacio, no tanto para relatar la naturaleza como para interpretarla con la ayuda de los medios instrumentales comúnmente denominados imágenes.

El discurso pensamiento poético sólo puede denominarse sonoro de forma extraordinariamente convencional, ya que en él oímos el cruce de dos líneas […]

1933   Traducción de Jesús García Galbadón

Beschluss Nr. 410 des Rates
der Volkskommissare vom
23. März 1932, Moskau, Kreml:
Beschluss über die Zuerken-
nung einer persönlichen Rente
für Mandelstam, O. E.
Der Rat der Volkskommissare
beschließt für die Verdienste
im Bereich der russischen Literatur für Mandelstam, Ossip
Emiljewitsch eine lebenslange
persönliche Rente in Höhe von
monatlich 200 Rubel. GARF

Acuerdo núm. 410 del Consejo
de los Comisarios del Pueblo,
de 23 de marzo de 1932, Moscú,
Kremlin: El Consejo de los
Comisarios del Pueblo decide
otorgar una renta vitalicia a
Mandelstam, O. E. por un mon-
to de 200 rublos mensuales, por
sus méritos en el campo de la
literatura rusa. GARF

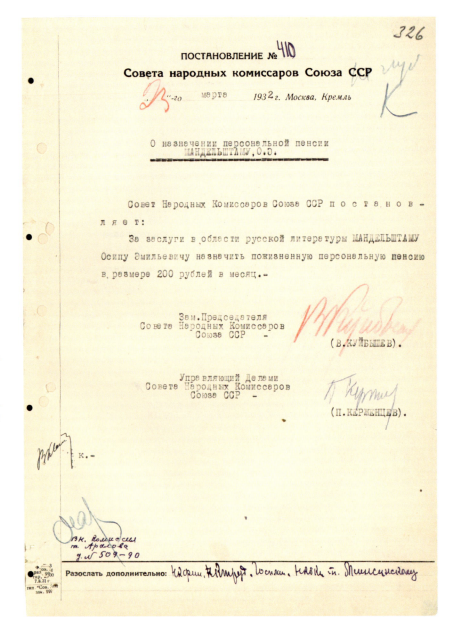

Am 30. August 1933 veröffentlichte die Zeitung *Prawda* [Die Wahrheit] eine Rezension des Kritikers S. Rosenthal: „Mandelstams Bilder dünsten den Mief eines alten, angefaulten Großmachtchauvinisten aus, der sich in Lobeshymnen über Armenien ergeht, dessen Exotik und sklavische Vergangenheit rühmt. Über die Gegenwart verliert er kein Wort. Eine derartige ,Reise' kann man auch im Zimmer hockend unternehmen ... Der unverbesserliche Petersburger Dichter und Akmeist Ossip Mandelstam hat den aufblühenden Sozialismus im erstarkenden Armenien schlichtweg übersehen."

El 30 de agosto de 1933, el diario *Pravda* [La verdad] publicó una reseña del crítico S. Rosenthal: «Las imágenes de Mandelstam emanan el tufo de un viejo y podrido chovinismo de una gran potencia, de alguien que se deshace en himnos de alabanza a Armenia, elogiando su exotismo y su pasado esclavo. Acerca del presente no dice ni una palabra. Un 'viaje' de este tipo también se puede hacer en cuclillas, sin salir de la habitación... El incorregible poeta de Petersburgo y acmeísta Ósip Mandelstam ha omitido, simple y llanamente, el floreciente socialismo de la pujante Armenia».

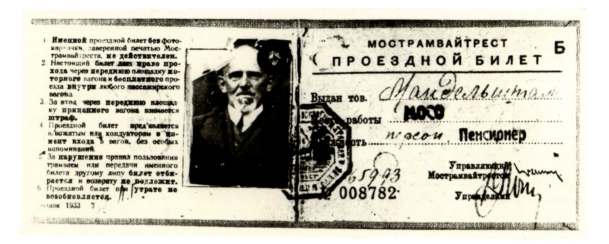

Moskauer Verkehrsverbund-Ausweis für Rentner zur kostenfreien Nutzung des öffentlichen Nahverkehrs, 1933 ausgestellt auf Ossip Mandelstam. Universitätsarchiv Princeton

Documento de la de la empresa de transportes de Moscú para pensionados que acredita el uso gratis del transporte público urbano, expedido a nombre de Ósip Mandelstam en 1933. Archivo de la Universidad de Princeton

Ansicht des Roten Platzes in Moskau im Jahre 1929. GLM

Vista de la Plaza Roja de Moscú en el año 1929. GLM

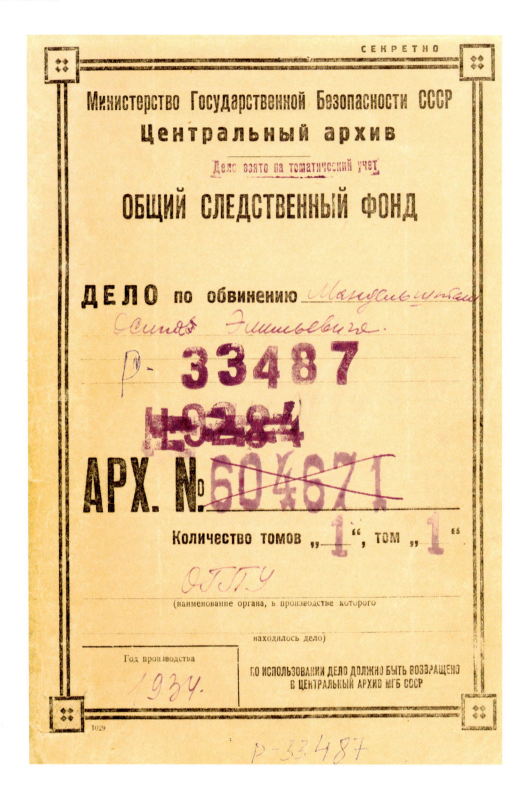

Umschlag und Foto der Untersuchungsakte
Ossip Mandelstams von 1934.
Mandelstam wurde am 16. Mai 1934 in
seiner Wohnung verhaftet. An diese Wohnung erinnert sein Gedicht „Die Wohnung
ist still wie Papier". Am 31. Oktober 1934
schrieb Nadeschda Mandelstam an Marietta
Schaginjan: „Bei Mandelstam sind die
Gedichte eine Entladung des Unglücks, des
Unerlaubten, der Todesangst. Sie kamen aus
einem Vorgefühl der Katastrophe und riefen
nach ihr … Mandelstam fiel aus jedem
Schema heraus. Er störte … Außerdem das
allgemeine Chaos unseres Lebens: dieses
Fließband von Krankheiten und Unglück …
Ich habe immer über Mandelstams Lebens-
fähigkeit gestaunt. Ich habe dieses Gefühl
jetzt nicht. Ich meine, es ist Zeit, Schluß zu
machen. Ich glaube, es ist das Ende. Vielleicht sind das die Folgen von Typhus und
Dysenterie, aber ich habe keine Kraft mehr
und glaube nicht, daß wir das aushalten
werden." ZA FSB RF

Sobre y fotografía del expediente acusatorio
contra Ósip Mandelstam, 1934.
El arresto de Mandelstam se produjo en su
piso el 16 de mayo de 1934 y fue evocado
en el poema «El piso es silencioso, como el
papel». El 31 de octubre de 1934, Nadezhda
Mandelstam escribe a Marietta Shaguinián:
«Para Mandelstam los poemas son una
descarga de la desgracia, de lo prohibido, del
miedo a la muerte. Emergen del presenti-
miento de la catástrofe y gritan por ella…
Mandelstam rompió ese molde. Incomo-
daba… Además, el caos general de nuestra
vida: esa cadena continua de enfermedades
y desgracias… Siempre me asombró la
capacidad de Mandelstam de salir adelante.
Ahora no tengo esta sensación. Me parece
que es hora de terminar. Creo que esto
es el final. Tal vez sean las secuelas del tifus
y la disentería, pero ya no tengo fuerzas
y no creo que lo podamos soportar».
ZA FSB RF

RALPH DUTLI
Dieser Essay wurde im Auftrag der UNESCO City of Literature Heidelberg verfasst.

Stieglitz und blaues Pferd

Ossip Mandelstam in „Wälder Salamanca":
Eine spanische Episode der Woronescher Verbannungszeit

Als Mandelstam im Februar 1935 vor einer Versammlung von Schriftstellern in Woronesch Auskunft geben musste über seine literarische Vergangenheit, folgte auf die provokative Frage, was denn das Wesen seiner Poetik sei, die berühmte Antwort: „Sehnsucht nach Weltkultur".[1] Mandelstam war ein europäisch gesinnter Dichter, der sein Werk als Dialog mit Vorläufern und Verbündeten verstand, mochten sie aus der griechisch-römischen Literatur oder aus den Literaturen Frankreichs[2], Italiens, Deutschlands[3] stammen.

Auch die spanische Kultur hat Anteil an Mandelstams europäischem Mythos, zunächst in bizarren Einzelheiten, in seiner letzten Schaffensphase jedoch markant und intensiv. Immerhin schließt er sie in sein scherzhaftes Gedicht vom 11. April 1931 ein, in dem er sarkastisch auf alles anstößt, was man ihm vorgeworfen hat – auch sein Interesse für die europäische Kultur. Das Trinklied ist eine kleine Hymne auf Europa, in der sich diverse Länder aufspüren lassen – in den „Wellen der Biskaya" auch die Iberische Halbinsel und hier vor allem die spanische Nordküste, die auf den Golf von Biskaya blickt:

> Ich trink auf soldatische Astern, auf alles,
>   für was man mich rügt,
> Den prächtigen Pelz und mein Asthma,
>   auf Petersburg, gallig-vergnügt,
>
> Musik von savoyischen Kiefern, Benzin
>   auf den Champs-Elysées,

RALPH DUTLI

Este ensayo redactado en alemán fue concebido por encargo de la Ciudad de la Literatura UNESCO Heidelberg y traducido al español por Geraldine Gutiérrez-Wienken.

El jilguero y el caballo azul

Ósip Mandelstam en la «frondosa Salamanca»:
un episodio español en el destierro de Vorónezh

En una reunión de escritores en Vorónezh (febrero de 1935), después de haber dado información sobre su pasado literario, Mandelstam responde a la provocadora pregunta sobre cuál era la esencia de su poética con la famosa frase: «nostalgia de una cultura universal».[1] Mandelstam fue un poeta de talante europeo. Concebía su obra como un diálogo entre aliados y precursores, vinieran estos de la literatura grecolatina o de la literatura francesa[2], italiana o alemana[3].

También la cultura española forma parte del mito europeo de Mandelstam, aporta en principio detalles extraños, que sin embargo en su última fase creativa se tornan evidentes e impetuosos. Por lo menos la involucra en su agudo poema del 11 de abril de 1931, donde brinda de modo sarcástico por todos los reproches en su contra, incluso el de su interés por la cultura europea. La canción del bebedor es un pequeño himno a Europa donde se pueden localizar diversas regiones: en las «olas de Vizcaya», por ejemplo, está presente la península ibérica y la costa norte de España que colinda con el golfo de Vizcaya:

Bebo por la lila soldadesca, por todo
       lo que se me reprocha,
la piel señorial y mi asma,
       por los días agrios de Petersburgo,

por la música de los pinos saboyanos,
       la gasolina de los Campos Elíseos,

Auf Rosen im Rolls-Royce, aufs Öl
    der Pariser Gemälde-Allee.

Ich trink auf die Wellen, Biskaya, auf Sahne
    aus Krügen, alpin,
Auf Hochmut von englischen Mädchen
    und koloniales Chinin,

Ich trinke, doch bin ich nicht schlüssig,
    was ich wohl lieber noch hab:
Den fröhlichen Asti Spumante oder –
    Châteauneuf-du-Pape …[4]

Das Trinklied bekommt einen bitteren Beiklang, wenn man weiß, dass der Dichter, der hier auf seinen prächtigen Pelz und seinen „Rolls-Royce" anstößt, zu jener Zeit bereits Mühe hatte, die täglichen Grundnahrungsmittel zu beschaffen. Der vermeintlich „aristokratische" Pelz war der billig erstandene, mottenzerfressene Waschbärmantel aus Rostow am Don, dem er im Prosatext *Der Pelz* (1922) huldigte.[5] In den „soldatischen Astern", die auf blumenartige Bildsymbole auf Uniformspiegeln verweisen, verbarg sich der Vorwurf, den „militaristischen imperialistischen Westen" hochleben zu lassen: Ein absurder Vorwurf an den Dichter, der mitten im Ersten Weltkrieg – den er als schändlichen Bruderkrieg auffasste – mit dem Gedicht *Tierschau* (1916) eine pazifistische Ode geschaffen hatte. Die beiden Weinsorten, die das Gedicht beschließen, sind scherzhafte Sinnbilder für die Kulturen Italiens und Frankreichs, Europas insgesamt. Mandelstams „Ungehorsam" beschränkte sich nicht auf die explizit politischen Gedichte wie das Anti-Stalin-Gedicht (November 1933), in dem der Diktator als „Seelenverderber und Bauernschlächter" bezeichnet wird.[6]

Sein „Hoch auf die Wellen der Biskaya" mag ironisch sein, es hat gleichwohl ernsthaften Anteil an Mandelstams poetischer Europa-Karte, die er zu Beginn des Ersten Weltkriegs beschwor. Im Gedicht „Europa" (1914) tauchen auf der „geheimnisvollen Karte" auch die „Ferse Spanien", die „luftige Skulptur" der Iberischen Halbinsel und der Golf von Biskaya auf (hier 2. und 3. Strophe):

Lebendig sind die Küsten angelegt,
Die Halbinseln wie luftige Skulpturen,
Die Golfe dann recht weiblich und azuren:

las rosas del Rolls-Royce y el óleo
      de los cuadros parisinos.

Bebo por las olas de Vizcaya, por la crema
      de las jarras alpinas,
la petulancia pelirroja de las jóvenes inglesas
      y por la quinina colonial.

Bebo, y aún no me decido:
      Cuál de los dos me gusta más:
si el alegre Asti Spumante o
      el Châteauneuf-du-Pape.[4]

La canción del bebedor adquiere una nota amarga si se toma en cuenta que el poeta que brinda aquí por su capote de piel señorial y su Rolls-Royce tenía que esforzarse, en aquel tiempo, por conseguir sus alimentos básicos. La supuesta piel «aristocrática» era el capote de mapache que había comprado en Rostov del Don, muy barato y carcomido por las polillas y al que rinde homenaje en su texto «La pelliza» (1922).[5] Bajo la «lila soldadesca», que se refiere a los símbolos florales de las divisas de los uniformes militares, se oculta el reproche de dar vivas al «Occidente militarista e imperialista»: un reproche absurdo contra un poeta que escribe una oda pacífica, «La casa de fieras» (1916), en medio de la Primera Guerra Mundial, que él mismo interpretara como una guerra soez y fratricida. Ambos tipos de vino abordados en la canción del bebedor representan imágenes jocosas de la cultura italiana, francesa y europea en general. La desobediencia de Mandelstam no se limitaba explícitamente a los poemas políticos como su poema contra Stalin (noviembre de 1933), donde el dictador es denominado «pervertidor de almas y descuartizador de campesinos».[6]

Su brindis «por las olas de Vizcaya» podría sonar irónico, no obstante, forma parte del mapa poético de Europa evocado por Mandelstam en los preludios de la Primera Guerra Mundial. En el «misterioso mapa» del poema «Europa» (1914) aparecen también el «talón» de España, las «esculturas aéreas» de la península ibérica y el golfo de Vizcaya (he aquí la primera y la tercera estrofas):

Están cortadas sus orillas vivas,
y de penínsulas hay esculturas aéreas;
perfiles casi de hembra de los golfos:
arco indolente de Vizcaya y Génova.

> Biskaya, Genua – die Bögen lässig-träg.
> Europa, Urland der Eroberermeute
> Im Lumpenkleid der Heiligen Allianz –
> Die Ferse Spanien und Meduse du: Italiens
> Und zartes Polen, ohne König heute.[7]

Die spanische Literatur erscheint zunächst marginal in Mandelstams Werk. Im Kapitel „Musik in Pawlowsk" der autobiographischen Prosa *Das Rauschen der Zeit* (1925) steht zu lesen: „Auf den Petersburger Straßen fuhr noch immer die Pferdebahn, von stolpernden Gäulen gezogen, die aussahen, als kämen sie direkt aus dem Don Quijote. […] Nur über den Newskij sausten, in schrillem Geklingel, die neuen Wagen der Expressbahn, gelb gestrichen im Unterschied zu den alten, schmutzig-bordeauxroten, und gezogen von kräftigen und satten Pferden."[8] Die alte und die neue Form großstädtischer Fortbewegung wird hier anhand der gebrechlichen Gäule und Klepper, deren Vorbild Don Quijotes Rosinante hätte sein können, und den im Gegensatz dazu „kräftigen und satten" neuen Pferden ins Bild gefasst. Das weltläufige Zitat des berühmtesten dürren Gauls der Weltliteratur ist immerhin eine kleine Verbeugung vor Miguel de Cervantes' *Don Quijote de la Mancha*.

Erst im Woronescher Spätwerk wird ein tieferes Interesse für die spanische Literatur erkennbar. Den Wunsch, Spanisch zu lernen, äußert Mandelstam in einem Brief von Ende August 1936 an den ehemaligen Mit-Verbannten Sergej Rudakow, der nach Leningrad zurückkehren durfte und ihm jetzt einen Gefallen tun könnte.

> Schicken Sie uns Bücher. Ich möchte spanische Dichter lesen. Beschaffen Sie mir, wenn es geht: *1) ein Wörterbuch, 2) eine Chrestomathie, 3) die besten Autoren – Lyriker oder Epiker – und eine Grammatik*. Uns quälen kleinliche Sorgen: Schuhwerk für uns beide, ein Wintermantel für Nadja. Mit diesem Problem werden wir kaum fertig. Es schränkt unsere Bewegungsfreiheit ein.[9]

Die materiellen Probleme konnten Mandelstams geistige Bewegungsfreiheit nicht hindern, auch in der Woronescher Verbannung entfaltete sich seine „Sehnsucht nach Weltkultur". Wie im Sommer 1933, als er auf der von der Hungerkatastrophe gepeinigten Krim seinen wichtigsten Essay *Gespräch über Dante* schrieb und damit einen Ausbruch in die Weltliteratur suchte, bemühte er sich noch einmal, seinen kulturellen Horizont auszudehnen. Mandelstam hatte 1933 wegen dieser Faszination für fremde Sprachen und

De siempre tierra de conquistadores,
Europa con andrajos de Unión Sacra;
talón de España, itálica medusa,
tierna Polonia, donde no hay monarca.[7]

Por lo pronto, la literatura española aflora de manera marginal en la obra de Mandelstam. En el capítulo «Música en Pávlovsk» de su prosa autobiográfica *El rumor del tiempo* (1925) se puede leer: «por las calles de Petersburgo pasaba todavía el coche tirado por caballos, que daban tropiezos y, como salidos del Don Quijote. […] Por la avenida Nevski corrían con un tintineo estridente solo los nuevos vagones del tren expreso, pintados de amarillo, en comparación con los de color burdeos, viejos y sucios, tirados por caballos fuertes y vigorosos.»[8] La antigua y nueva forma de movimiento, propia de una gran ciudad, es expresada aquí mediante la imagen de frágiles caballos y jamelgos, cuyo modelo podría ser el Rocinante de Don Quijote, en contraste con los caballos nuevos, «fuertes y vigorosos». Tal cita cosmopolita del famoso caballo flaco de la literatura mundial es, al fin al cabo, una pequeña reverencia ante el *Don Quijote de la Mancha* de Miguel de Cervantes.

Pero será en su obra final de Vorónezh donde se hará visible su profundo interés por la literatura española. Mandelstam expresa su deseo de aprender español en una carta, a finales de agosto de 1936, dirigida al ex exiliado Serguei Rudakov. A este le habían permitido regresar a Leningrado, por lo que ahora podría hacerle un favor:

Envíenos libros. Deseo leer a los poetas españoles. Facilíteme si le es posible: *1) un diccionario, 2) una crestomatía, 3) los mejores autores —poetas o autores épicos— y una gramática.* Nos atormentan cosas insignificantes: calzado para ambos, un abrigo de invierno para Nadia. Apenas si podemos arreglárnoslas con este problema. Restringe nuestra libertad de movimiento.[9]

Pero los problemas materiales de Mandelstam no pudieron impedir su libertad de movimiento intelectual, y también durante el destierro de Vorónezh se desplegó su «nostalgia de una cultura universal». Igual que en el verano de 1933, el poeta insiste en expandir su horizonte cultural. Así lo demuestra su principal ensayo, *Coloquio sobre Dante*, escrito en Crimea durante la hambruna que aquejaba a esa península, a través del cual el poeta busca una evasión en la literatura universal. En 1933 le torturaba un sentimiento de culpa debido a su fascinación por las lenguas y literaturas extranjeras:

Literaturen ein Schuldgefühl gequält: Er hatte den Zugang zum zeitgenös-
sischen Leser verloren, war gesellschaftlich isoliert und suchte das Gespräch
mit Dichtern ferner Epochen. In einer düsteren Vision vom Mai 1933 sieht er
für die unerlaubte Begeisterung einen „Unheilslohn" für die „Verräterlippen"
bereitstehen. Hier die erste und die letzte Strophe:

> Versuch sie nicht, die fremden Sprachen,
> > bemüh dich, lass sie doch, vergiss –
> Die Zähne werden dir nichts nützen,
> > was hilft im harten Glas ihr Biss!
> > […]
> Und zur Vergeltung für den Hochmut,
> > du unrettbarer Freund des Klangs,
> Erhalten die Verräterlippen
> > zur Stillung nur den Essigschwamm.[10]

Drei Jahre später, im Sommer 1936, war die Situation eine andere. Am 18.
Juli 1936 hatte der Spanische Bürgerkrieg begonnen. Die Sowjetunion un-
terstützte die Republikaner mit Waffen und freiwilligen Kämpfern. Die Be-
schäftigung mit der „fremden" Literatur war nun nicht mehr als Verrat gebrandmarkt, sondern ein Akt der Solidarität mit den „spanischen Brüdern",
gleichsam republikanische Pflicht.

Das fortdauernde Interesse am Spanischen bestätigt sich in einem Brief
Mandelstams an seinen Vater vom 12. Dezember 1936, in einer besonders
intensiven Schaffensphase – gerade entstanden die Gedichte des zweiten Teils
der *Woronescher Hefte*:

> Auch jetzt kann ich mich nicht zurückhalten: erstens schreibe ich
> Gedichte. Sehr beharrlich. Kraftvoll und tüchtig. Ich kenne ihren
> Wert, brauche keinen danach zu fragen; zweitens habe ich gelernt,
> Spanisch zu lesen […]. Unsere Lage ist – schlicht dreckig. Meine
> Gesundheit ist derart, dass ich mit 45 Jahren die Reize eines Lebens
> mit 85 kennengelernt habe.[11]

Bei allen Woronescher Beschwernissen zwei leuchtende Ereignisse also: Neue
Gedichte entstehen und – „Spanisch gelernt".

Die Ereignisse in Europa beunruhigten Mandelstam. Boris Pasternak
gegenüber hatte er im Frühjahr 1934 als Begründung für sein Epigramm gegen
Stalin geäußert, er hasse nichts so sehr wie den Faschismus, in welcher Form

había perdido el acceso a los lectores contemporáneos, estaba socialmente aislado y buscaba la conversación con poetas de épocas remotas. En una oscura visión, en mayo de 1933, vislumbra debido al éxtasis reprimido, una «paga de calamidad» ya lista para los «labios traidores». A continuación, la primera y la última estrofa:

> No pruebes los dialectos extranjeros,
> esfuérzate en olvidarlos.
> ¡Ni siquiera los dientes te servirán:
> el vidrio es duro de morder!
> […]
> Y como castigo por tu soberbia,
> tú, insalvable amigo de lo sonoro
> una esponja con vinagre recibirás
> para calmar esos labios traidores.[10]

Tres años más tarde, en el verano de 1936, la situación era otra. El 18 de julio de 1936 había comenzado la Guerra Civil Española. La Unión Soviética apoyaba a los republicanos con armas y combatientes voluntarios. La pasión por la literatura «extranjera» no era entonces estigma de traición sino un acto de solidaridad con los hermanos españoles y, en cierto modo, una obligación republicana.

El persistente interés de Mandelstam por la cultura española se puede comprobar en la carta escrita a su padre el 12 de diciembre de 1936, en medio de una intensa fase creativa, en la que habían surgido los poemas de la segunda parte de los *Cuadernos de Vorónezh*:

> No me puedo frenar ahora: primero escribo poesía. De modo muy
> tenaz. Vigoroso y eficiente. Conozco su valor, no necesito preguntarle a nadie; en segundo lugar, aprendí a leer en español […]. Nuestra
> situación es sinceramente horrorosa. Mi salud es tal que a los 45 años
> he podido experimentar la sensación de una vida a los 85.[11]

Ahora bien, pese a las dificultades de Vorónezh, se destacan dos magníficos acontecimientos: escribe nuevos poemas y «aprende español».

Los sucesos en Europa inquietaban a Mandelstam. Ya en la primavera de 1934 le había explicado a Borís Pasternak la razón de su epigrama contra Stalin: que no había nada que él odiase más que el fascismo, en la forma y como quiera que este apareciera.[12] En el ciclo de poemas «Estancias» (mayo-junio de

er auch auftreten möge.[12] Im Gedichtzyklus *Stanzen* von Mai/Juni 1935 vereint er die beiden Diktatoren Stalin und Hitler zu einer Gestalt, hier das siebte Gedicht:

Ich muss nun leben, atmen, bolschewisten,
Und Sprache tun, unfolgsam, Freund mir und allein –
Dort in der Arktis hör ich Sowjetmaschinisten,
Motorenlärm. Ich will erinnern, alles wissen:
Der deutschen Brüder Hälse, lila Kamm der Lorelei,
Mit dem der Gärtner – Henker – seine Pausen fristet.[13]

Die „Hälse" der „deutschen Brüder" werden gerade von einem „Henker" traktiert – mit dem „lila Kamm der Lorelei", einem romantisch verbrämten Fallbeil oder Exekutionsinstrument. Nach Adolf Hitlers Machtergreifung 1933 braucht man nicht zu rätseln, wer mit dem „Henker" gemeint ist. Und dennoch: Die beiden blutigsten totalitären Regime des Jahrhunderts werden hier überblendet, denn es war Stalin, der von der Sowjetpropaganda als „weiser Gärtner" gepriesen wurde. Der Gärtner-Henker ist ein monströses Verschmelzungsprodukt von Hitler und Stalin, vier Jahre vor dem 23. August 1939, dem Datum des deutsch-sowjetischen Nichtangriffspaktes oder „Hitler-Stalin-Paktes". Mandelstam verdammt die entsprechenden Totalitarismen gleichermaßen. Und Mussolini? Im Gedicht *Ariosto* vom Mai 1933, das er im Juli 1935 in Woronesch überarbeitete, heißt es:

Europa ist nun kalt. Italien – Dunkelheit.
Die Macht ist widerlich wie Baderhände.
Ach könnte man, so schnell's nur geht,
                        noch alles wenden,
Aufs Adria-Meer ein Fenster auftun, groß und breit! [14]

Jede totalitäre Macht wird hier als „widerlich" gebrandmarkt. Im Gedicht *Rom* (16. März 1937) wird Mussolini als „Diktator-Missgeburt" bezeichnet, die Schwarzhemden – als „Söldner von braunem Blut" und „toter Cäsaren böse Welpenbrut". Und der künstlerische Nimbus Roms? „Michelangelo, all deine Waisen / Stehn gehüllt in Stein und Scham."[15]

Blitzhaft trat Spanien in Mandelstams Fokus, als er von der Ermordung Federico García Lorcas durch Falangisten in Víznar bei Granada am 19. August 1936 erfuhr. Am 10. September 1936 meldet der Kriegskorrespondent Michail Kolzow in der *Prawda* die Nachricht von der Erschießung des Dich-

1935) reúne a ambos dictadores, Stalin y Hitler, en una figura. A continuación el sexto poema:

> Debo vivir, respirando y «bolchevizando»,
> Trabajar el habla, sin escuchar, amigo de mí mismo.
> Oigo en el Ártico el golpeteo de las máquinas soviéticas.
> Recuerdo todo: el cuello de los hermanos alemanes,
> Y al jardinero y verdugo que mataba el tiempo
> Con el peine lila de Lorelei.[13]

Los «cuellos de los hermanos alemanes» están siendo torturados por un «verdugo», con un «peine lila de Lorelei», una romántica guillotina o un instrumento de ejecución. Luego de la toma del poder por Adolf Hitler en 1933 no hace falta especular sobre la identidad del «verdugo». Y, sin embargo, ambos regímenes totalitarios, los más sangrientos del siglo, están aquí superpuestos, pues el elogiado por la propaganda soviética como «sabio jardinero» era Stalin. El verdugo-jardinero representa un monstruoso producto de fusión de Hitler y Stalin, cuatro años antes del 23 de agosto de 1939, la fecha del pacto de no agresión germano-soviético o el «Pacto Hitler-Stalin». Mandelstam condenaba ambos sistemas totalitaristas. ¿Y Mussolini? En el poema *Ariosto* de mayo de 1933, que Mandelstam revisó y perfeccionó en julio de 1935 en Vorónezh, dice lo siguiente:

> Europa es fría. Italia: oscura.
> El poder es repulsivo como las manos del barbero.
> ¡Oh si se pudiera abrir una ventana cuanto antes,
> grande y amplia, hacia el mar Adriático![14]

Todo poder totalitario es señalado en este texto como «repulsivo». En el poema «Roma» (16 de marzo de 1937) Mussolini es denominado «dictador degenerado», los camisas negras como «mercenarios de sangre morena» y «feroces cachorros de césares muertos». ¿Y la aureola artística de Roma? «Todos son huérfanos tuyos, Miguel Ángel, / Cubiertos de piedra y oprobio».[15]

De modo fulminante, Mandelstam centra su atención en España al enterarse del asesinato de Federico García Lorca a manos de los falangistas, en Víznar, cerca de Granada, el 19 de agosto de 1936. El 10 de septiembre de 1936 el corresponsal de guerra Mijaíl Koltsov anuncia en el diario *Pravda* la noticia sobre el asesinato del poeta, seguidamente, el 15 de septiembre aparece en la *Literatúrnaja Gazeta* una detallada nota necrológica de Fiódor Kelyin sobre

ters, am 15. September folgt ein ausführlicher Nachruf in der *Literaturnaja Gaseta* von Fjodor Keljin über den „Volksdichter" und „Freund des Sowjetlandes" García Lorca. Der Dichtermord durch die „faschistischen Henker" wird als politisches Fanal aufgenommen, die Empörung darüber kaschiert die Repressionen gegen Dichter im eigenen Land. Angesichts der Bücherverbrennungen in Nazideutschland wollte sich die Sowjetunion der Welt als Hort der Kultur präsentieren, besonders markant auf dem „Antifaschistischen Kongress zur Verteidigung der Kultur" im Juni 1935 in Paris. In Moskau, wo im August 1936 der erste Schauprozess den Beginn des „Säuberungs"-Terrors einläutete, war Stalins Schriftstellermassaker erst in Vorbereitung.

Der Dezember 1936 war, begleitet von der Faszination des Spanischen, eine der intensivsten Schaffenszeiten Mandelstams überhaupt. Wie in Rausch und Fieber kamen die Gedichte des zweiten der *Woronescher Hefte* zum Vorschein. Dort gibt es zwei Texte, für welche die Ereignisse in Spanien eine wichtige Rolle spielen. Es sind die so genannten „Stieglitz"-Gedichte, die um Freiheitsdrang und Gefangenschaft kreisen, um Beharrlichkeit und „Ungehorsam".

Im ersten setzt sich der Dichter in einem gleichsam schamanistischen Ritual mit dem Singvogel gleich, der direkt angesprochen wird.

> Stieglitz, eins mit mir, den Kopf nach hinten
> Schaust du auf die Welt, ganz neu:
> Ob er dir ins Auge schlägt, der Winter,
> Gleich wie mir, so stachlig wie die Spreu?
>
> Bötchengleicher Schwanz, die Federn: schwarz-und-gelbe,
> Röte, die zum Schnabel fließt –
> Weißt du denn, mein Stieglitz, du derselbe,
> Wie sehr du Spiegel-Dandy bist?
>
> Was für Luft da herrscht auf seinem Scheitel:
> Schwarzer, roter, weißer Ort!
> Wachsam schaut er aus nach beiden Seiten –
> Schaut nur kurz. Flog fort.[16]

Der eigensinnige Singvogel wird zur Identifikationsfigur für den Dichter („eins mit mir", „zu zweit vereint"). Mandelstams charakteristische Kopfhaltung haben diverse Zeitgenossen bezeugt: den erhobenen Kopf in den Nacken gelegt („den Kopf nach hinten"). Auch die „schwarz-und-gelben" Far-

García Lorca, el «poeta del pueblo» y «amigo del país soviético». El asesinato del poeta por «verdugos fascistas» es visto como una señal politica; la indignación por este hecho disfraza las represiones contra poetas en su propio país. Ante la quema de libros en la Alemania nazi, la Unión Soviética pretendió presentarse frente al mundo como un refugio de la cultura, especialmente notable en el Congreso Internacional de Escritores Antifascistas por la Defensa de la Cultura realizado en París en junio de 1935. En Moscú, donde el primer simulacro de proceso en agosto de 1936 daba inicio a la Gran Purga, apenas se estaba fraguando la masacre de escritores orquestada por Stalin.

Diciembre de 1936 resultó ser una de las fases creativas más intensas de Mandelstam, acompañada de su fascinación por el español. Como en un estado febril y de éxtasis brotaron los poemas del segundo de los *Cuadernos de Vorónezh*. Entre estos se encuentran dos textos en los cuales los sucesos de España juegan un papel importante. Se trata de los textos conocidos como los poemas «del jilguero», que giran en torno a los temas de la sed de libertad y del cautiverio, de la tenacidad y la desobediencia.

En el primer poema, el poeta se identifica, en cierto modo en un ritual chamanístico, con un pájaro cantor al cual aborda de inmediato.

> Jilguero mío, con la cabeza hacia atrás.
> Miremos juntos al mundo:
> ¿El invierno, dime, te salta a la vista
> como a mí, tan punzante como el tamo?
>
> La punta de la quilla, negro-amarillas las plumas,
> un rubor hacia el pico.
> ¿Sabes tú, mi jilguero,
> hasta cuándo serás espejo de dandi?
>
> ¡Qué porte tiene en la testa:
> negro y rojo, amarillo y blanco!
> Atento mira a ambos lados,
> apenas mira. ¡Echó a volar! [16]

El caprichoso pájaro cantor se convierte en una figura de identificación para el poeta («jilguero mío»). La postura peculiar de Mandelstam, con la cabeza inclinada hacia la nuca («la cabeza hacia atrás»), ha sido atestiguada por varios de sus coetáneos. También los colores negro-amarillos llaman la atención: han sido asociados reiteradas veces con el judaísmo en la obra de Mandelstam.

ben lassen aufhorchen: Sie werden in Mandelstams Werk wiederholt mit dem Judentum assoziiert („Dies schwarz-und-gelbe Licht, Judäas Freude ist es!", heißt es im Gedicht „Inmitten all der Priester ein junger Levit" vom November 1917).[17] In der autobiographischen Prosa *Das Rauschen der Zeit* (1925) werden das „schwarz-gelbe Ritual" der jüdischen Feiertage und die Farben des Gebetsmantels seines Großvaters in Riga beschworen.[18] Der Stieglitz als „jüdischer Vogel"? Die Identifikation betrifft Haltung, Farbe der Herkunft, Wachsamkeit, Fluchtinstinkt, Freiheitsdrang.

Ein Wortspiel macht den Stieglitz (russisch: щегол, gesprochen: stschegól) zum „Dandy" (oder „Geck", russisch: щёголь, gesprochen: stschjógol). Als wachsam und zur schnellen Flucht fähig (im letzten Vers: „Schaut nur kurz. Flog fort.") wird der kleine Vogel bezeichnet. Der verbannte Dichter möchte es ihm gleichtun. Eine Variante des Gedichtes bezeichnet den Vogel unmissverständlich als „mein Ebenbild" und als Symbol eines vitalen Imperativs. Der Dichter befiehlt ihm in einem nur scheinbar scherzhaften „Ukas" (Dekret) „zu leben": „Ich rufe meinem Ebenbild als Antwort zu: / Stieglitz, du sollst leben – mein Dekret!"

Ob Mandelstam auch auf die christliche Ikonographie anspielt, wo der Stieglitz (oder Distelfink) in den Madonnenbildern – von Martin Schongauers *Madonna im Rosenhag* bis Raffaels *Madonna del Cardellino* – ein Symbol für Passion und Opfertod Christi darstellt, weil er „gerne Dornen pickt"? Die kulturelle und religiöse Dimension ist nicht ausgeschlossen, aber wie oft bei Mandelstam kam der Anlass für das Gedicht aus dem Alltagsleben. Wadik, der kleine Sohn der Vermieterin der letzten Woronescher Unterkunft, stellte Vogelfallen und trieb mit den eingefangenen Vögeln Handel.

Der gefangene Vogel – wiederum als Sinnbild für den Dichter – erscheint im zweiten Stieglitz-Gedicht vom Dezember 1936, und mit ihm der Name einer spanischen Stadt:

> Im luftigen Milchbrot steht der Stieglitz
> Der herzbeklemmend plötzlich bebt,
> Der Zorn pfeffert die Pelerine hitzig –
> Sein Häubchen schwarz und schön genäht.
>
> Verleumdung ist das Brett, die Stange,
> Verleumdung hundertfach der Käfig-Trug –
> Verkehrt die Welt und voller Lug,
> Es gibt ein Wälder-Salamanca
> Für Vögel unfolgsam und klug![19]

«¡Esa luz negro-amarilla es la alegría de Judea!», escribe en el poema «Entre sacerdotes un joven levita» en noviembre de 1917.[17] Su volumen de prosa autobiográfica *El rumor del tiempo* (1925) rememora el «ritual negro-amarillo» de las festividades judías y los colores del gran talit de su abuelo en Riga.[18] ¿El jilguero como «pájaro judío»? La identificación sugiere postura, color de procedencia, vigilancia, instinto de fuga, sed de libertad.

Un juego de palabras convierte el jilguero (ruso: щегол, se pronuncia: schegól) en «dandi» (o «petimetre», ruso: щёголь, se pronuncia: schiógal). El pequeño pájaro se distingue, además, por su viveza y capacidad de emprender vuelo rápidamente: «Apenas mira. ¡Echó a volar!». El poeta desterrado quisiera imitarlo. Una variante del poema describe el pájaro, de manera inequívoca, como «mi viva imagen» y como símbolo de un imperativo vital. El poeta le ordena «vivir» a través de un ucase (decreto) que solo a primera vista puede parecer una broma: «Hago venir mi viva imagen como respuesta: / Jilguero, ¡tú debes vivir: es mi decreto!»

También se podría pensar que Mandelstam alude a la iconografía cristiana, por ejemplo, a las imágenes de madonas —de la *Virgen del rosal* de Martin Schongauer o a la *Virgen del jilguero* de Rafael— donde el jilguero representa un símbolo de la pasión y muerte de Jesús ¿porque «le gusta picotear espinas»? No hay que descartar la dimensión cultural y religiosa pero, frecuentemente, el motivo de un poema de Mandelstam surge de la vida cotidiana. Vádik, el hijo menor de la arrendadora de la última morada de Mandelstam en Vorónezh, ponía trampas para cazar pájaros y comerciaba con los atrapados.

El pájaro cautivo, de nuevo como símbolo del poeta, aparece en el segundo «poema del jilguero» de diciembre de 1936 y, además, junto al nombre de una ciudad española:

En el pan del aire, el jilguero
palpita y de repente tiembla,
el rencor salpimienta la toga:
su birrete negro y bien cosido.

Calumnia la percha, la tablilla,
calumnia la jaula de cien barrotes
y, en el mundo todo está al revés,
¡pero hay una frondosa Salamanca
para pájaros sabios y desobedientes![19]

Der Tod eines anderen spanischen Dichters – nach der Erschießung Federico García Lorcas – beschäftigte Mandelstam: Am 4. Januar 1937 las er in der *Prawda* vom Tod des Dichters Miguel de Unamuno am 31. Dezember 1936. Der starrsinnige Dichter und Widerspruchsgeist war von Francos Schergen in Salamanca unter Hausarrest gestellt worden bis zu seinem Tod.

Der Dichter im Vogelkäfig – mag sein Name spanisch oder russisch-jüdisch lauten. Mandelstam überblendet einmal mehr, wie in den *Stanzen* und im Gedicht *Ariosto*, die intellektuellen Opfer des Stalinismus und des Faschismus. Aber warum „Wälder-Salamanca" oder „Salamanca der Wälder"? Russland wurde traditionell mit dem Wald assoziiert, auch von Mandelstam selbst in seinem Gedicht „Wie fremd ist alles in der Zoten-Hauptstadt" (1918), einem Text voller Misstrauen gegen Moskau nach dem Oktoberumsturz, in dem die Stadt als „dunkler Wald" erscheint.[20] Salamanca, der Ort von Unamunos Gefangenschaft, wird vereint gesehen mit Mandelstams Verbannungsort Woronesch – „Wälder-Salamanca" wird zur Chiffre für den Ort der gefangenen Dichter überall auf der Welt, die sich in dem „zornigen, unfolgsamen, klugen" Stieglitz gespiegelt sehen dürfen.

Während Mandelstam im Herbst 1936 über die inhaftierten und vernichteten Dichter nachdachte, fiel ihm ein Buch in die Hände, das für ihn zu einer Offenbarung wurde: *Spanische und portugiesische Dichter als Opfer der Inquisition*, erschienen 1934 im Moskauer Verlag „Academia".[21] Der Herausgeber war ein alter Bekannter Mandelstams: Valentin Parnach, Dichter, Musiker, Tänzer und Choreograph, Pionier des sowjetischen Jazz, aber auch Übersetzer französischer und spanischer Dichter (Calderón, Góngora, García Lorca, Rafael Alberti). Parnach lebte jahrelang in Paris und recherchierte in europäischen Archiven über spanisch-jüdische Dichter des 16. Jahrhunderts, die Opfer der Inquisition wurden.

Parnach war – wenigstens teilweise – Vorbild der Hauptfigur in Mandelstams einziger fiktionaler Prosa, *Die ägyptische Briefmarke* (1928). Der Name des „kleinen Mannes" lautet dort „Parnok", er ist ein Außenseiter, ein Verlierer, eine Reinkarnation der Gestalten Gogols (*Der Mantel*) und Dostojewskijs (*Der Doppelgänger*), eine Verkörperung des gefährdeten Individuums in einer aus den Fugen geratenen Welt.[22]

Jetzt bescherte der als Tänzer und Jazzmusiker berühmt gewordene Parnach dem verbannten Dichter Mandelstam die Begegnung mit einem für ihn wesentlichen Buch – und mit seinen eigenen jüdischen Ursprüngen. Nadeschda Mandelstam schreibt im zweiten Band ihrer Memoiren, die auf Deutsch unter den Titeln *Das Jahrhundert der Wölfe* (1971) und *Generation*

Después del asesinato de Federico García Lorca, hubo otro caso de muerte de un poeta español que ocupó a Mandelstam. El 4 de enero de 1937 leyó en el diario *Pravda* que el poeta Miguel de Unamuno había fallecido el 31 diciembre de 1936. Este poeta de espíritu contestatario y testarudo había sido condenado por los esbirros de Franco a prisión domiciliaria, hasta su muerte.

El poeta en una jaula de pájaro: da igual si su nombre suena español o ruso judío. Mandelstam superpone, una vez más, las víctimas intelectuales del estalinismo y del fascismo como en las *Estanzas* y en el poema *Ariosto*. ¿Pero por qué escribe «la Salamanca de los bosques» o «la frondosa Salamanca»? Tradicionalmente Rusia era asociada con el bosque, también por el mismo Mandelstam en su poema «Qué extraño es todo en la obscena capital» (1918). Es un texto saturado de desconfianza frente a Moscú luego de la Revolución de Octubre, en el que la ciudad figura como «un bosque oscuro».[20] Si se considera Salamanca, el lugar de arresto de Unamuno, junto al lugar de destierro de Mandelstam, Vorónezh, entonces, «la frondosa Salamanca» se convierte en el código del lugar de los poetas cautivos en todas partes del mundo, donde estos se podrían ver reflejados en la imagen del «iracundo, desobediente, sabio jilguero».

En el otoño de 1936, mientras Mandelstam reflexiona sobre el encarcelado y aniquilado poeta, llega un libro a sus manos que se convertirá en una revelación para él: *Poetas españoles y portugueses víctimas de la Inquisición*, publicado en 1934 por la editorial Academia, Moscú.[21] El editor es un viejo conocido de Mandelstam: Valentín Parnaj, poeta, músico, bailarín y coreógrafo. Pionero del jazz soviético, pero también traductor de poetas franceses y españoles (Calderón, Góngora, García Lorca, Rafael Alberti). Parnaj vivió mucho tiempo en París y realizó investigaciones en los archivos europeos sobre poetas judeoespañoles del siglo XVI que fueron víctimas de la Inquisición.

Parnaj fue el modelo, al menos parcialmente, de la figura principal de *El sello egipcio* (1928), el único texto en prosa de ficción de Mandelstam. El «hombrecito» se llama Parnok, un marginado y perdedor, o sea, la reencarnación de la figura de Gógol (*El capote*) y la personificación del individuo expuesto al peligro, en el mundo deteriorado de Dostoyevski (*El doble*).[22]

Ahora Parnaj, quien se hiciera famoso como bailarín y músico de jazz, le regala al desterrado poeta Mandelstam un encuentro con un libro esencial para él y, además, ligado a sus propios orígenes judíos. Nadezhda Mandelstam[23] escribe en la segunda parte de sus memorias, no publicadas hasta ahora en español, un capítulo titulado «El eterno judío»:

ohne Tränen (1975) erschienen (das entsprechende Kapitel „Der ewige Jude" fehlt jedoch in der deutschen Ausgabe des zweiten Teils):

> Mandelstam […] vergaß nie, dass er Jude war, doch das „Gedächtnis des Blutes" war bei ihm eigenartig. Es ging auf die Urväter und auf Spanien zurück, auf den Mittelmeerraum, aber den Weg der heimatlosen Väter über Zentraleuropa vergaß er schlechthin. Anders gesagt, spürte er eine Verbindung zu den Hirten und Königen der Bibel, zu alexandrinischen und spanischen Juden, Dichtern und Philosophen, und er wählte sich sogar einen Verwandten unter ihnen: einen spanischen Dichter, den die Inquisition angekettet in einem unterirdischen Verlies festhielt. „Ich habe von ihm noch wenigstens einen Blutstropfen", sagte Mandelstam, als er in Woronesch die Biographie des spanischen Juden las.[23]

Der von aschkenasischen, deutschen Juden abstammende Mandelstam suchte sich also beharrlich einen sephardischen, spanischen Vorfahren.[24] Und Nadeschda Mandelstam führt das Motiv des täglichen Sonetts an, das der eingekerkerte Dichter im Geist geschaffen und auswendig gelernt haben soll, um in den Verhören und Foltern nicht den Verstand zu verlieren. Dichten als Überlebensmittel – ob in Salamanca oder Woronesch. Mandelstam, das Opfer der Stalinschen Inquisition, muss in Parnachs Anthologie Trost gesucht haben.

Die meisten Dichter waren Marranen, zwangsgetaufte Juden, die von der Inquisition des heimlichen Judaisierens angeklagt wurden. Die Parallelen sind nicht abwegig: Auch Mandelstam hatte sich 1911 in Finnland christlich taufen lassen, um an der Petersburger Universität studieren zu können, wo es eine diskriminierende Dreiprozentquote für jüdische Studenten gab. Seine Beziehung zum Judentum war komplex und wechselhaft, von früher Distanznahme zu erneuter Wiederannäherung.[25]

Parnachs Anthologie wurde 2012 neu ediert, und das Suchen nach dem spanisch-jüdischen Vorfahren konnte erneut beginnen. Oder sind es drei verschiedene Dichter in einem? Das Signalement könnte auf Luis de León (1527 bis 1591) zutreffen, der nach seinem Studium der Theologie in Salamanca lehrte. Er stammte von Marranen ab und wurde 1571 vom Inquisitionsgericht der häretischen Auslegung der Bibel angeklagt. Zudem hatte er – was den Verdacht des Krypto-Judentums noch verstärkte – das *Lied der Lieder* Salomos und das biblische Buch Hiob ins Spanische übersetzt (aber auch antike Texte von Homer, Vergil, Horaz). Er saß fünf Jahre in den Kerkern der

Mandelstam […] nunca olvidó que era judío, sin embargo, «la memoria de sangre» le resultaba algo peculiar. Se remonta a los antepasados y a España, a la región mediterránea, pero olvida la ruta de los padres apátridas, a través de la Europa Central. Dicho de otra manera: se sintió vinculado con los pastores y reyes de la Biblia, con los judíos alejandrinos y españoles, poetas y filósofos y, escogió hasta un pariente entre ellos: un poeta español que la Inquisición mantuvo encadenado y preso en una mazmorra subterránea. «Al menos una gota de sangre he de tener de él», dijo Mandelstam cuando leyó la biografía de un judío español en Vorónezh.[24]

Mandelstam, quien descendía de asquenazíes judeoalemanes, insistía en buscar ancestros sefarditas españoles.[25] Nadezhda Mandelstam cita el motivo del poeta confinado por largos años en una mazmorra, que componía y memorizaba un soneto a diario para no perder la razón durante los interrogatorios y las torturas. La composición de versos aparece como medio de supervivencia, tanto en Salamanca como en Vorónezh. Mandelstam, víctima de la Inquisición estalinista, muy probablemente buscó consuelo en la antología de Parnaj.

La mayoría de los poetas eran «marranos», o sea, judíos bautizados a la fuerza, que eran inculpados por la Inquisición de judaización clandestina. Los paralelos tienen su lógica puesto que Mandelstam también se había dejado bautizar en 1911 en Finlandia para poder estudiar en la Universidad de San Petersburgo, donde existía una cuota discriminatoria del tres por ciento para los estudiantes judíos. Su relación con el judaísmo era compleja y oscilante, pasaba de un otrora distanciamiento a una «nueva» aproximación.[26]

La antología de Parnaj fue reeditada en 2012, y así se pudo reanudar la búsqueda de ancestros judeoespañoles. ¿O se trata quizá de tres poetas diferentes en uno? Estas características podrían ser aplicadas a Luis de León (1527-1591), quien dio clases en Salamanca luego de sus estudios de teología, era descendiente de marranos y fue inculpado por el tribunal de la Inquisición en 1571 por la interpretación herética de la Biblia. Y además había traducido al español el *Cantar de los cantares* de Salomón y el *Libro de Job* de la Biblia (pero también a Homero, Virgilio y Horacio), lo cual reforzaba la sospecha de criptojudaísmo. Pasó cinco años en las mazmorras de la Inquisición, salió en libertad y retomó su actividad docente en Salamanca, donde hoy una estatua en la plaza de la Universidad lo recuerda. Su obra poética apareció póstumamente en 1631.

Inquisition, kam schließlich frei und setzte seine Lehrtätigkeit in Salamanca fort – heute steht seine Statue auf dem Platz vor der Universität. Seine dichterischen Werke erschienen posthum 1631.

Oder ist Mandelstams mysteriöser Vorfahr David Abenatar Melo (16./17. Jahrhundert, genaue Lebensdaten unbekannt)? Er übersetzte die Psalmen Davids, wurde ebenfalls des heimlichen Judaisierens angeklagt und gefoltert. Er kam 1611 nach mehreren Jahren frei – oder er konnte fliehen. Seine spanische Psalmenübersetzung erschien 1626 in Frankfurt am Main. Hier darf man an Mandelstams Gedicht *An die deutsche Sprache* (8. bis 12. August 1932) denken, in dem er von einer Begegnung der jüdischen Mystik mit dem deutschen 18. Jahrhundert der Aufklärung träumte. Dort stehen die Verse: „In Frankfurt damals, als die Väter gähnten, / Von einem Goethe war da noch kein Wort."[26] David Abenatar Melo schildert in seinen Gedichten die erlittenen Folterungen, aber auch seine Befreiung – vielleicht ein Hoffnungszeichen für den verbannten Mandelstam?

Oder war der Vorfahr Daniel Levi de Barrios (1625 bis 1701)? Geboren als Miguel de Barrios in der Nähe von Córdoba, der Heimat des Dichters Luis de Góngora, den er als „neuen Homer" pries und dessen *Soledades* (Einsamkeiten) er in opulenten Metaphern nacheiferte. In seiner Jugend reiste er viel, war in Oran, Nizza, Livorno, Brüssel. Erschüttert über die Autodafés und Hinrichtungen der Marranen, bekannte er sich in Livorno zu seinem ursprünglichen Judentum. Er landete in Amsterdam, wohin viele zwangsgetaufte spanische Juden vor den Scheiterhaufen der Inquisition flohen. Als der selbsterklärte Messias Sabbatai Zwi (1626 bis 1676) auftauchte, gab Daniel Levi de Barrios alle materiellen Sicherheiten auf, wartete auf das Wunder der Erlösung und starb als Bettler.

Von allen drei Gestalten ließen sich Züge des erträumten Vorfahren herleiten. Hat sich Mandelstam einen synthetischen sephardischen Ahnen ausgedacht? Nadeschda Mandelstam verrät uns seinen Namen nicht. Und so muss das Rätsel bestehen bleiben.

Aber warum beschäftigte sich Mandelstam mit marranischen Dichtern des 16./17. Jahrhunderts und Opfern der Inquisition, wenn gerade, wie in der *Prawda* zu lesen stand, ein Jahrhundertdichter in Granada erschossen worden war? García Lorcas Ermordung folgte ein politisch akzentuierter Aufschrei, aber eine erste Sammlung seiner Gedichte – auch Valentin Parnachs Übersetzungen werden vertreten sein – erschien in Moskau erst 1944, über fünf Jahre nach Mandelstams Tod im Gulag. Mandelstams Dichterkollegin Marina Zwetajewa übersetzte in ihren letzten beiden Lebensjahren – sie beging am 31. August 1941 Selbstmord – ebenfalls Gedichte des Andalusiers.

¿O será quizá David Abenatar Melo (siglo XV o XVI, datos personales desconocidos) el misterioso antepasado de Mandelstam? Había traducido los Salmos de David y había sido igualmente torturado y acusado de judaización clandestina. En 1611 fue puesto en libertad (o quizás pudo escapar). Su traducción de los salmos en español apareció en 1626 en Fráncfort del Meno. Esto nos lleva a pensar en el poema «A la lengua alemana» (8-12 de agosto de 1932) donde Mandelstam sueña con un encuentro entre la mística judía y el siglo XVIII de la Ilustración alemana. De este poema son los siguientes versos: «Aún en Fráncfort nuestros padres suspiraban, / aún no teníamos noticias de Goethe»[27] David Abenatar Melo expone en sus poemas las torturas sufridas, pero también da cuenta de su liberación: ¿quizá esto significó una señal de esperanza para el alma del desterrado Mandelstam?

¿O era acaso el antepasado de Daniel Levi de Barrios (1625-1701)? Nacido como Miguel de Barrios cerca de Córdoba, la patria del poeta Luis de Góngora, a quien Mandelstam elogiara como el «nuevo Homero», y cuyas *Soledades* imitara mediante opulentas metáforas. Daniel Levi de Barrios viajó mucho en su juventud, estuvo en Orán, Niza, Livorno, Bruselas. Estremecido por los autos de fe y las ejecuciones de que eran víctimas los marranos, reconoció públicamente en Livorno su origen judío. Termina en Ámsterdam, adonde huían de la hoguera de la Inquisición muchos de los judeoespañoles bautizados a la fuerza. Cuando apareció Shabtai Tzvi (1626-1676), autodeclarado como el Mesías, Daniel Levi de Barrios renunció a todos sus bienes materiales, se dedicó a esperar el milagro de la redención y murió siendo un mendigo.

De todas estas tres figuras se pueden deducir los rasgos de los soñados antepasados de Mandelstam. ¿Se inventaría Mandelstam un antepasado sefardita sintético? Nadezhda Mandelstam no nos revela su nombre, seguirá siendo, por tanto, un misterio.

Pero ¿por qué se ocupa Mandelstam de poetas marranos de los siglos XVI o XVII y de víctimas de la Inquisición si recién se podía leer en el *Pravda* que un poeta contemporáneo había sido asesinado en Granada? Al asesinato de García Lorca siguió un enfático grito pero también la publicación de la primera colección de sus poemas —y asimismo las traducciones de Valentín Parnaj— en Moscú en 1944, cinco años después de la muerte de Mandelstam en el Gulag. Igualmente Marina Tsvetáyeva, la poeta compañera de Mandelstam, había traducido poemas del autor andaluz en los dos últimos años de su vida. Esta poeta se suicidó el 31 de agosto de 1941. Sin embargo, Mandelstam no pudo haber conocido ninguna de estas traducciones. La antología de Parnaj fue una lectura clave para su fascinación por el español.

Doch Mandelstam konnte weder die einen noch die anderen Übersetzungen kennen. Unter seiner Faszination für das Spanische blieb Parnachs Anthologie eine Schlüssellektüre.

Mandelstam hatte in seinem „Wälder-Salamanca" auszuharren, einem Ort des Exils aus Atemnot, Krankheit, Hunger und Angst, aber auch dem Entstehungsort eines Höhepunktes der europäischen Lyrik mit dem Namen *Woronescher Hefte*. Er suchte Schicksalsgenossen und fand sie in García Lorca, Unamuno und marranischen Opfern der spanischen Inquisition des 16. Jahrhunderts.

Jeder Dichter hat sein eigenes Bestiarium, seine Identifikationsfigur in der Tierwelt. Bei Ossip Mandelstam ist es ein buntfarbiger Singvogel, der Stieglitz, Emblem für alle gefangenen Dichter. Vielleicht ließe sich García Lorca das Pferd zuordnen? Genauer: das „blaue Pferd aus meinem Wahnsinn" (caballo azul de mi locura), aus dem Gedicht „Deine Kindheit in Menton".[27]

Und wenn Mandelstam im Centro Federico García Lorca in Granada zu Gast ist, lässt sich auch an einen Austausch von Pferden zwischen den großen Dichtern denken. Mandelstam bezeichnete sie in einem Gedicht von 1913 als Beduinen, die schlafend zu Pferd ihre Gedichte schaffen. Die erste Strophe beschwört Joseph den Träumer, den jüngsten Sohn des Patriarchen Jakob, der von seinen Brüdern nach Ägypten verkauft wurde (I. Buch Moses, 37–50) – Mandelstams Vorname Ossip ist eine russifizierte Form des biblischen Namens „Iossif/Joseph". Ein Ausbruch aus der bitteren Gegenwart ist möglich („Nur wenig braucht es zur Erleuchtung"), eine „Befreiung durch Gesang", kraft der Notwendigkeit, eigenständig und wahr zu dichten:

> Die Luft – vertrunken, und das Brot vergiftet.
> Und diese Wunden heilen: hart.
> Die Schwermut Josephs in Ägypten –
> Genauso bittere Gegenwart.
>
> Ein Sternenhimmel, Beduinen
> Zu Pferd, sie reiten da im Schlaf
> Und dichten frei – von dem, was ihnen
> An diesem wirren Tag geschah.
>
> Nur wenig braucht es zur Erleuchtung:
> Verlorenging dein Köcher, tausch
> Dein Pferd! Die Sicht wird leichter –
> Und all der Nebel löst sich auf.

Mandelstam debía aguantar aún más en su «frondosa Salamanca», lugar de exilio, asfixia, enfermedad, hambre y miedo, pero también el lugar de origen de uno de los puntos culminantes de la lírica europea bajo el título *Cuadernos de Vorónezh*. El poeta buscó coetáneos de destino y los encontró en García Lorca, Unamuno y en las víctimas marranas de la Inquisición española del siglo XVI.

Cada poeta tiene su propio bestiario, su figura de identificación en el mundo animal. El de Ósip Mandelstam es el jilguero, un pájaro de vivos colores, cantor y emblema de todos los poetas cautivos. ¿Quizá se le pueda asignar a García Lorca el caballo? Para ser más exactos: el «caballo azul de mi locura» de su poema «Tu infancia en Menton».[28]

Entonces, si Mandelstam fuera invitado al Centro Federico García Lorca, en Granada, se podría pensar en un intercambio de caballos entre los grandes poetas. Mandelstam los denomina beduinos en un poema de 1913: componen sus poemas a caballo mientras duermen. La primera estrofa de este poema evoca a José, el soñador, el hijo menor del patriarca Jacob, que fue vendido en Egipto por sus hermanos (1. Libro de Moisés, Génesis, cap. 37-50). El nombre de Mandelstam, Ósip, es una versión rusa del nombre bíblico «Yoséf/José». De manera que esto sugiere una evasión de la cruda realidad de su presente, «solo una chispa necesita la musa», una liberación por medio del canto en virtud de la necesidad de componer versos, de verdad y de manera autónoma:

El pan envenenado y el aire ebrio.
¡Y sanan duro esas heridas!
José, vendido allá en Egipto,
su melancolía, cruda realidad.

Bajo el cielo estrellado beduinos
a caballo cabalgan dormidos,
componen libres sus poemas
sobre el día vivido, en sobresalto.

Solo una chispa necesita la musa:
se perdió tu carcaj: ¡cambia entonces
tu caballo! La vista será más clara
y toda la niebla se disolverá.

Singt einer wahr und singt es eigen,
Mit vollem Atem – wenn's gelingt
Verschwindet alles, übrig bleiben
Der Raum, die Sterne, er, der singt![28]

In den *Woronescher Heften*, den Tod hinter sich lassend, ruft ein Dichter aus: „Nur noch sterben – und dann noch: der Sprung auf das Pferd!"[29] Federico García Lorca und sein blaues Pferd beugen sich über den russischen Stieglitz (spanisch: el jilguero), den Gast aus Woronesch alias „Wälder-Salamanca".

¡Si uno canta de verdad y canta
a todo pulmón —si se lograra esto
desaparecería todo, solo quedarían
el espacio, las estrellas y el que canta! [29]

En los *Cuadernos de Vorónezh* el poeta exclama, dejando la muerte atrás: «¡Morir —y con la misma montarse al caballo!» [30] Federico García Lorca y su caballo azul se inclinan sobre el jilguero ruso, el invitado de Vorónezh alias «la frondosa Salamanca».

1 Ralph Dutli: *Meine Zeit, mein Tier. Ossip Mandelstam. Eine Biographie.* Ammann Verlag, Zürich 2003, S. 446.

2 Ralph Dutli: Ossip Mandelstam – *„Als riefe man mich bei meinem Namen".* Dialog mit Frankreich. Ein Essay über Dichtung und Kultur. Ammann Verlag, Zürich 1985.

3 Ralph Dutli: „Ich war das Buch, das euch im Traum erscheint": Deutsche Echos in Ossip Mandelstams Werk. In: Ders.: *Mandelstam, Heidelberg. Gedichte und Briefe 1909–1910.* Wallstein Verlag, Göttingen 2016, S. 135–174.

4 Ossip Mandelstam: *Mitternacht in Moskau. Gedichte 1930–1934.* Zürich 1986, S. 69 (alle Mandelstam-Zitate nach der Ausgabe „Das Gesamtwerk in zehn Bänden. Aus dem Russischen übertragen und herausgegeben von Ralph Dutli." Ammann Verlag, Zürich 1985–2000, © neu: S. Fischer Verlag, Frankfurt am Main).

5 Ossip Mandelstam: *Das Rauschen der Zeit. „Autobiographische" Prosa der 20er Jahre.* Zürich 1985, S. 127–132.

6 Ossip Mandelstam: *Mitternacht in Moskau. Gedichte 1930–1934.* Zürich 1986, S. 165.

7 Ossip Mandelstam: *Der Stein. Frühe Gedichte 1908–1915.* Zürich 1988, S. 145.

8 Ossip Mandelstam: *Das Rauschen der Zeit. „Autobiographische" Prosa der 20er Jahre.* Zürich 1985, S. 13.

9 Ossip Mandelstam: *Du bist mein Moskau und mein Rom und mein kleiner David. Gesammelte Briefe 1907–1938.* Zürich 1999, S. 252.

10 Ossip Mandelstam: *Mitternacht in Moskau. Gedichte 1930–1934.* Zürich 1986, S. 153

11 Ossip Mandelstam: *Du bist mein Moskau und mein Rom und mein kleiner David. Briefe 1907–1938.* Zürich 1999, S. 253.

12 Ralph Dutli: *Meine Zeit, mein Tier. Ossip Mandelstam. Eine Biographie.* Zürich 2003, S. 404–406, 414f.

13 Ossip Mandelstam: *Die Woronescher Hefte. Letzte Gedichte 1935–1937.* Zürich 1996, S. 33. Das zitierte siebte Gedicht entpricht dem sechsten in der Übersetzung von Jesús García Gabaldón.

14 Ossip Mandelstam: *Mitternacht in Moskau. Gedichte 1930–1934.* Zürich 1986, S. 149

15 Ossip Mandelstam: *Die Woronescher Hefte. Letzte Gedichte 1935–1937.* Zürich 1996, S. 163/165.

16 Ossip Mandelstam: *Die Woronescher Hefte. Letzte Gedichte 1935–1937.* Zürich 1996, S. 65.

17 Ossip Mandelstam: *Tristia. Gedichte 1916–1925.* Zürich 1993, S. 47.

18 Ossip Mandelstam: *Das Rauschen der Zeit. „Autobiographische" Prosa der 20er Jahre.* Zürich 1985, S. 24 bzw. S. 43.

19 Ossip Mandelstam: *Die Woronescher Hefte. Letzte Gedichte 1935–1937.* Zürich 1996, S. 67.

20 Ossip Mandelstam: *Tristia. Gedichte 1916–1925.* Zürich 1993, S. 183.

21 Испанские и португальские поэты, жертвы инквизиции. Стихотворения, сцены из комедий, хроники, описания аутодафэ, протоколы, обвинительные акты, приговоры. Собрал, пер., снабдил статьями, биографиями и примеч. В. Парнах. Москва–Ленинград: Academia, 1934. [Перепеч. Санкт-Петербург : Гиперион, 2012]. [Spanische und portugiesische Dichter als Opfer der Inquisition: Gedichte, Szenen aus Komödien, Chroniken, Beschreibungen von Autodafés, Protokolle, Anklageakten, Urteile. Gesammelt, übersetzt, mit biographischen Auskünften und Anmerkungen versehen von V. Parnach. Moskau/Leningrad, Verlag Academia 1934 (Neuausgabe: Sankt Petersburg, Verlag Giperion 2012)].

22 Ossip Mandelstam: *Das Rauschen der Zeit. „Autobiographische" Prosa der 20er Jahre.* Zürich 1985, S.185–242.

23 Nadežda Mandelʹštam: *Vtoraja Kniga.* Moskva: Soglasie 1999, S. 509f.

24 Zur Geschichte der Familie Mandelstam vgl. die Kapitel „Fahrt nach Himbeerstadt" und „Die Muttersprache und unbekannte Geräusche" in Ralph Dutli: *Meine Zeit, mein Tier. Ossip Mandelstam. Eine Biographie.* Zürich 2003, S. 17–46.

25 Zu Mandelstams Beziehung zum Judentum: *Ebendort,* S. 31–40, 106–108, 145–149, 196f., 293–297, 330, 373–375.

26 Ossip Mandelstam: *Mitternacht in Moskau. Gedichte 1930–1934.* Zürich 1986, S. 139. Zum Gedicht *„An die deutsche Sprache"* vgl. Ralph Dutli: „Ich war das Buch, das euch im Traum erscheint: Deutsche Echos in Ossip Mandelstams Werk", in: Ders.: *Mandelstam, Heidelberg. Gedichte und Briefe 1909–1910.* Göttingen 2016, S. 165–174.

27 Federico García Lorca: *Dichter in New York. Gedichte.* Übertragung und Nachwort von Martin von Koppenfels. Suhrkamp Verlag, Frankfurt am Main 2000, S. 21.

28 Ossip Mandelstam: *Der Stein. Frühe Gedichte 1908–1915.* Zürich 1988, S. 117.

29 Ossip Mandelstam: *Die Woronescher Hefte. Letzte Gedichte 1935–1937.* Zürich 1996, S. 35.

1 Ralph Dutli: *Meine Zeit, mein Tier. Ossip Mandelstam. Eine Biographie* [Siglo mío, bestia mía. Osip Mandelstam. Una biografía]. Ammann Verlag, Zúrich 2003, p. 446.

2 Ralph Dutli: Ossip Mandelstam – „*Als riefe man mich bei meinem Namen*". Dialog mit Frankreich. Ein Essay über Dichtung und Kultur [Osip Mandelstam. «Como si me llamaran por mi nombre». Diálogo con Francia. Un ensayo sobre Poesía y Cultura]. Ammann Verlag, Zúrich 1985.

3 Ralph Dutli: „Ich war das Buch, das euch im Traum erscheint": Deutsche Echos in Ossip Mandelstams Werk. En: Íd.: *Mandelstam, Heidelberg. Gedichte und Briefe 1909–1910* [«Yo era el libro que les apareció en sueños»: Ecos alemanes en la obra de Osip Mandelstam, en Íd.: *Mandelstam, Heidelberg. Poemas y correspondencia 1909-1910*]. Wallstein Verlag, Gotinga 2016, pp. 135-174.

4 Osip Mandelstam, poema escrito el 11 de abril de 1931 [Trad. en conversación con Ralph Dutli].

5 Osip Mandelstam: *El sello egipcio, El rumor del tiempo*, Madrid, Alfaguara, 1981.

6 Ossip Mandelstam: *Mitternacht in Moskau. Gedichte 1930–1934* [Medianoche en Moscú. Poemas 1930-1934]. Zúrich 1986, p. 165 [Trad. en conversación con Ralph Dutli].

7 Osip Mandelstam: *Poesía*. Trad. Aquilino Duque. Vaso Roto Ediciones, Madrid 2010, p. 115.

8 Ossip Mandelstam: *Das Rauschen der Zeit. „Autobiographische" Prosa der 20er Jahre* [El rumor del tiempo. Prosa «autobiográfica» de los años 20]. Zúrich 1985, p. 13.

9 Ossip Mandelstam: *Du bist mein Moskau und mein Rom und mein kleiner David. Gesammelte Briefe 1907–1938* [Tú eres mi Moscú y mi Roma y mi pequeño David. Correspondencia reunida 1907-1938]. Zúrich 1999, p. 252.

10 Ossip Mandelstam: *Mitternacht in Moskau. Gedichte 1930–1934* [Medianoche en Moscú. Poemas 1930-1934]. Zúrich 1986, p. 153 [Trad. en conversación con Ralph Dutli].

11 Ibíd., p. 253.

12 *Meine Zeit, mein Tier. Ossip Mandelstam. Eine Biographie* [Siglo mío, bestia mía. Osip Mandelstam. Una biografía]. Ammann Verlag, Zúrich 2003, pp. 404-406, 414.

13 Osip Mandelstam: *Cuadernos de Vorónezh*. Pról. Anna Ajmátova. Trad., n. y epílogo de Jesús García Gabaldón. Igitur/Poesía, Tarragona, 1999, p. 49 [N. del T.: El poema citado aquí es el número seis, corresponde al núm. siete de la trad. de Ralph Dutli].

14 Ossip Mandelstam: *Mitternacht in Moskau. Gedichte 1930–1934* [Medianoche en Moscú. Poemas 1930-1934]. Zúrich 1986, p. 149 [Trad. en conversación con Ralph Dutli].

15 Osip Mandelstam: *Cuadernos de Vorónezh* [Véase óp. cit. núm. 13], p. 155.

16 Osip Mandelstam: *Cuadernos de Vorónezh*, poema del jilguero, 9-27 de diciembre de 1936 [Trad. en conversación con Ralph Dutli].

17 Ossip Mandelstam: *Tristia. Gedichte 1916–1925* [Tristia. Poemas 1916-1925]. Zúrich 1993, p. 47.

18 Osip Mandelstam: *El sello egipcio, El rumor del tiempo*, Madrid, Alfaguara, 1981.

19 Osip Mandelstam: *Cuadernos de Vorónezh* [Trad. en conversación con Ralph Dutli].

20 Ossip Mandelstam: *Tristia. Gedichte 1916–1925* [Tristia. Poemas 1916-1925]. Zúrich 1993, p. 183.

21 *Poetas españoles y portugueses víctimas de la Inquisición*. Ed. Valentín Parnaj. Academia. Moscú, Leningrado 1934 / Nueva edición: San Petersburgo, Ed. Giperion 2012. (Idioma: ruso).

22 Osip Mandelstam: *El sello egipcio, El rumor del tiempo*, Madrid, Alfaguara, 1981.

23 Nadezhda Mandelstam: *Contra toda esperanza*. Alianza Editorial, Madrid 1984. [En alemán publicado en 1971 bajo el título: *Das Jahrhundert der Wölfe* / El siglo de los lobos].

24 Nadezhda Mandelstam: *Vtoraja kniga*. Moskva: Soglasie 1999, S. 509f [Trad. en conversación con Ralph Dutli].

25 Sobre la historia de la familia Mandelstam véase el cap. „Fahrt nach Himbeerstadt" y „Die Muttersprache und unbekannte Geräusche" en Ralph Dutli: *Meine Zeit, mein Tier. Ossip Mandelstam. Eine Biographie* [cap. «Viaje a la ciudad Frambuesa» y «La lengua materna y los sonidos desconocidos» en Ralph Dutli: Siglo mío, bestia mía. Osip Mandelstam. Una biografía]. Ammann Verlag, Zúrich 2003, p. 17-46.

26 Ibíd. pp. 31-40, 106-108, 145-149, 196f., 293-297, 330, 373-375 (Relación de Mandelstam con el Judaísmo).

27 Ossip Mandelstam: *Mitternacht in Moskau. Gedichte 1930–1934* [Medianoche en Moscú. Poemas 1930-1934]. Zúrich 1986, p. 139. Sobre el poema A la lengua alemana véase Ralph Dutli: „Ich war das Buch, das euch im Traum erscheint: Deutsche Echos in Ossip Mandelstams Werk", en íd.: *Mandelstam, Heidelberg. Gedichte und Briefe 1909–1910* [«Yo era el libro que les apareció en sueños»: Ecos alemanes en la obra de Osip Mandelstam, en íd.: Mandelstam, Heidelberg. Poemas y cartas 1909-1910]. Wallstein Verlag, Gotinga 2016, pp. 165-174.

28 Federico García Lorca: *Poesía completa*. Galaxia Gutenberg. Círculo de Lectores. Barcelona 2013, p. 467.

29 Ossip Mandelstam: *Der Stein. Frühe Gedichte 1908–1915* [La piedra. Primeros poemas 1908-1915. Trad. en conversación con Ralph Dutli].

30 Osip Mandelstam: *Cuadernos de Vorónezh* [Trad. en conversación con Ralph Dutli].

Ossip Mandelstam 1935 in Woronesch,
RGALI

Ósip Mandelstam en 1935 en Vorónezh,
RGALI

„Genommen habt ihr mir: die Meere, Lauf und Flug,

Und gebt den Schritten Zwang der Erde, ihrer Lehme.

Und was habt ihr erreicht? Erfolg und Glanz genug:

Die Lippen rühren sich, ihr könnt sie mir nicht nehmen."

1934 ≈ 1938

«Privándome del mar, del vuelo y del correr,

Y dando al pie el apoyo de una tierra herida,

¿Qué habéis logrado? Excelente cálculo:

No podréis arrancar mis labios trémulos».

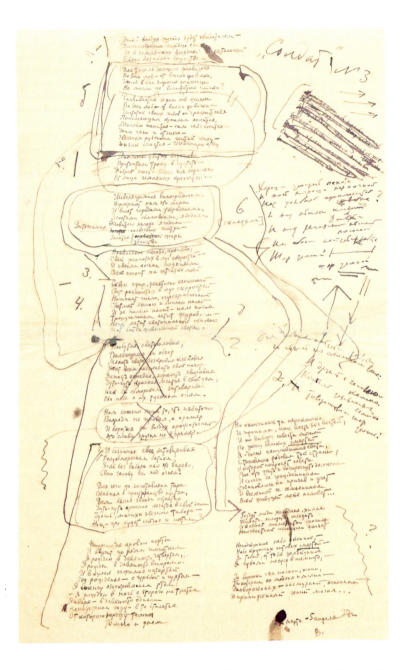

„Soldat Nr. 3": Niederschrift verschiedener „Verse vom unbekannten Soldaten" vom 27. März – 5. April 1937, angefertigt von Nadeschda Mandelstam mit Korrekturen von Ossip Mandelstam. Die Strophen flossen später bei Veröffentlichung in unterschiedliche Gedichte der „Verse vom unbekannten Soldaten" ein. IRLI

«Soldado núm. 3»: Escrito de diferentes «Versos de un soldado desconocido», del 27 de marzo–5 de abril de 1937, redactado por Nadezhda Mandelstam con correcciones de Ósip Mandelstam. Las estrofas desembocaron más tarde en la publicación de diversos poemas de los «Versos del soldado desconocido». IRLI

Verse vom Unbekannten Soldaten

Dieser Luftstrom, er soll es bezeugen,
Dieses Herz, und der weit reicht – sein Stoß:
In den Erdbunkern schlingt sie aufs neue,
Jene See, ist ein Stoff, fensterlos.

Und die Sterne, sie wollen verleumden,
Wollen sichten – warum? – jedes Los:
Die Verdammung von Richtern und Zeugen,
Und die See, einen Stoff, fensterlos.

Ist ein Manna ohne Namen, Bedeutung:
Sämann Regen erinnert sich schwer –
Wie sie Kreuze zu Wäldern verstreuten,
Diese See und die Keile vom Heer.

Reihen knochiger frierender Menschen
Stehn zum Hungern und Töten parat –
Und ins Grab, allbekannt ist das Ende,
Wird gelegt, anonym, ein Soldat.

So lehr du mich, entkräftete Schwalbe,
Die du lang nicht mehr fliegst und vergisst –
Wie nur kann ich im Luftgrab mich halten
Ohne Steuer und Flügel und List?

Und im Namen von Lermontow, Dichter,
Geb ich dir meinen strengen Bericht:
Wie die Grube den Buckligen richtet
Und das Grab in den Luftraum mich flicht.

1937

Übersetzt von Ralph Dutli

Versos del soldado desconocido

Que este aire sea testigo
De su corazón de largo alcance,
Y en las trincheras, un omnívoro y activo
Océano sin ventana es la materia.

¿De qué sirven estas estrellas delatoras?
Todo deben contemplar ¿para qué?
En la reprobación del juez y del testigo,
En un océano sin ventana, está la materia.

Recuerda la lluvia, rudo sembrador
—su anónimo maná—,
Cómo bosques de crucecitas señalaban
Al océano o cuña militar.

Habrá gente débil y fría
Que matará, sentirá hambre y frío
Y en una célebre tumba
Yacerá el soldado desconocido.

Enséñame, débil golondrina
Que has desaprendido a volar,
Cómo dominar esta tumba aérea
Sin timón y sin alas.

Y de Lérmontov, Mijaíl
Te entregaré un severo informe
De cómo la bóveda enseña a la tumba
Y una fosa de aire imanta.

1937

Traducción de Jesús García Gabaldón

Durchsuchungs- und Haftbefehl vom 30. April 1938. ZA FSB RF

Orden de allanamiento y detención del 30 de abril de 1938, ZA FSB RF

Auszug aus der Gefangenenakte Nr. 117794 vom 31. Dezember 1938: Dokument zur Feststellung der Identität des am 27. Dezember 1938 im Durchgangslager 3/10 Wtoraja Retschka Verstorbenen durch Abgleich mit den Fingerabdrücken Ossip Mandelstams vom 14. Mai 1938. Maschinenschreiben, MWD-Archiv

Extracto del acta de detención núm. 117794 del 31 de diciembre de 1938: constancia de identificación, a través de las huellas dactilares del fallecido el 27 de diciembre de 1938 en el campo de transición 3/10 de Vtoraya Rechka Ósip Mandelstam, 14 de mayo de 1938. Escrito a máquina, Archivo del MVD

19

Протокол

Допроса Мандельштама Осипа Эмильевича

Вопрос: Вы арестованы за антисоветскую деятельность Признаете себя виновным?

Ответ: Виновным себя в антисоветской деятельности не признаю

Вопрос: За что вы были арестованы в 1934 году?

Ответ: В 1934 году я был арестован и осужден за антисоветскую деятельность, выразившуюся в сочинении (на протяжении ряда лет) контрреволюционных стихотворений (Керенский, "Весна", "Касандра" и др.) к 3 годам высылки в г. Воронеж

Вопрос: После высылки вам запрещено было проживать в Москве несмотря на это вы почти регулярно наезжали в Москву.

Расскажите к кому и с какой целью вы ездили в Москву?

Ответ: По окончании высылки летом 1937г я приехал в Москву не зная того что мне запрещено проживать в Москве После этого я выехал в село Савелово а в ноябре м-це 1937 года переехал в г. Калинин.

Должен признать свою вину в том что несмотря на запрещение и не имея разрешения я не однократно приезжал в Москву.

Цель моих поездок в сущности сводилась к тому что-бы через Союз писателей получить необходимую работу т.к. в условиях г. Калинина я не мог найти себе работы.

По мимо этого я добивался через Союз писателей получения критической оценки моей поэтической работы и потребности творческого общения с сов. писателями В дни приезда я останавливался у Шкловского (писатель) Осмеркина (художник) которым я читал свои стихи кроме вышеперечисленных лиц я так же читал свои стихи Фадееву на квартире у Катаева Валентина, Пастернаку, Маркишу, Кирсанову, Суркову Петрову Евгению, Лахути и Яхонтову (актер)

О.Э. Мандельштам

Verhörprotokoll vom 17. Mai 1938, geführt von Leutnant Schilkin, Blatt 1, ZA FSB RF

Interrogatorio a Ósip Mandelstam conducido por el subteniente Shilkin el 17 de mayo de 1938, página 1, ZA FSB RF

20

Вопрос: Следствию известно что вы бывая в москве вели антисоветскую деятельность о которой вы умалчиваете.
Дайте правдивые показания

Ответ: Ни какой антисоветской деятельности не вел.

Вопрос Вы ездили в Ленинград?

Ответ: Да ездил.

Вопрос Расскажите о целях ваших поездок в Ленинград?

Ответ: В Ленинград я ездил для того что бы получит материальную поддержку от литераторов. Эту поддержку мне оказывали Тынянов, Чуковский, Зощенко и Стенич.

Вопрос: Кто оказывал Вам материальную поддержку в Москве?

Ответ: Материальную поддержку мне оказывали братья Катаевы, Шкловский и Кирсанов.

Вопрос: Расскажите о характере ваших встреч с Кибальчичем?

Ответ: С Кибальчичем я встречался исключительно на деловой почве не более 3х раз.
Первый раз в 1924-25г я зашел к нему на службу в ленгиз за получением переводной работы. Второй раз я был у него на квартире это посещение так же было вызвано необходимостью получения переводной работы и третий раз в 1932г я будучи в ленинграде пригласил к себе в гостиницу несколько ленинградских писателей в том числе и Кибальчича которым прочел свое произведение "Путешествие в Армению" Больше я никогда с ним не встречался.

О. Э. Мандельштам.

Допросил: Опу Упол-Ботъ Уотд 1упр НКВД
мл. лейтенант Е. П. Л. Шилкин

Verhörprotokoll vom
17. Mai 1938, geführt von
Leutnant Schilkin, Blatt 2,
ZA FSB RF

Interrogatorio a Ósip
Mandelstam conducido
por el subteniente Shilkin
el 17 de mayo de 1938,
página 2, ZA FSB RF

Das Verhör vom 17. Mai 1938:

FRAGE: Sie wurden wegen antisowjetischer Tätigkeit verhaftet. Bekennen Sie sich schuldig?

ANTWORT: Schuldig wegen antisowjetischer Tätigkeit bekenne ich mich nicht.

FRAGE: Wofür wurden Sie im Jahre 1934 verhaftet?

ANTWORT: Im Jahre 1934 wurde ich wegen antisowjetischer Tätigkeit verhaftet und zu drei Jahren Verbannung in Woronesch verurteilt; sie kam im – mehrere Jahre dauernden – Verfassen konterrevolutionärer Gedichte zum Ausdruck („Kerenskij", „Frühling", Kassandra" u. a.).

FRAGE: Nach der Verbannung war es Ihnen verboten, sich in Moskau aufzuhalten. Dessen ungeachtet sind sie fast regelmäßig nach Moskau gekommen. Erzählen Sie, zu wem und mit welcher Absicht Sie nach Moskau gefahren sind.

ANTWORT: Nach Beendigung der Verbannungszeit im Sommer 1937 fuhr ich hierher nach Moskau, ohne zu wissen, daß es mir verboten war, mich in Moskau aufzuhalten. Danach fuhr ich in das Dorf Sawjolowo und im November 1937 nach Kalinin.

Ich bekenne mich in dem Sinne schuldig, daß ich, ungeachtet des Verbots, mehrmals unerlaubt nach Moskau gefahren bin. Ich hatte dabei im Wesentlichen die Absicht, durch den Schriftstellerverband eine Arbeit zu finden, die ich dringend brauchte und was unter den in Kalinin herrschenden Umständen unmöglich war.

Außerdem versuchte ich, durch den Schriftstellerverband eine kritische Beurteilung meiner poetischen Arbeit sowie Kontakt mit sowjetischen Schriftstellern zu erhalten. Wenn ich hierher fuhr, fand ich bei Schklowskij (Schriftsteller) und bei Osmjorkin (Künstler) Unterkunft, denen ich meine Gedichte vortrug. Außer den beiden Genannten trug ich meine Gedichte auch Fadjedew in der Wohnung von Valentin Katajew vor, Pasternak, Markisch, Kirsanow, Surkow, Jewgenij Petrow, Lachuti und Jachontow (Schauspieler).

FRAGE: Der gerichtlichen Untersuchung ist bekannt, daß Sie, wenn Sie sich in Moskau aufhielten, antisowjetische Tätigkeit betrieben, die Sie verschweigen. Sagen Sie wahrheitsgemäß aus.

ANTWORT: Ich habe keinerlei antisowjetische Tätigkeit betrieben.

FRAGE: Sind Sie nach Leningrad gefahren?

ANTWORT: Ja, das bin ich.

FRAGE: Erzählen Sie von den Absichten solcher Fahrten nach Leningrad.

ANTWORT: Nach Leningrad bin ich gefahren, um von Literaten materielle Unterstützung zu erhalten. Diese Unterstützung gewährten mir Tynjanow, Tschukowskij, Soschtschenko und Stenitsch.

FRAGE: Wer hat Ihnen in Moskau materielle Unterstützung gewährt?

ANTWORT: Materielle Unterstützung gewährten mir die Brüder Katajew, Schklowskij und Kirsanow.

FRAGE: Berichten Sie von der Art Ihrer Treffen mit Kibaltschitsch.

ANTWORT: Mit Kibaltschitsch hatte ich ausschließlich Treffen geschäftlicher Art, und nur drei Mal. Einmal suchte ich ihn im Jahre 1924–25 in seiner Dienststelle im Leningrader Staatsverlag auf, um eine Übersetzungsarbeit in Empfang zu nehmen. Das zweite Mal war ich bei ihm in der Wohnung, und auch diesen Besuch mußte ich wegen einer Übersetzungsarbeit machen. Das dritte Mal war im Jahre 1932. Ich befand mich in Leningrad und hatte zu mir ins Hotel einige Leningrader Schriftsteller, darunter auch Kibaltschitsch, eingeladen, denen ich mein Werk *Reise nach Armenien* vorlas. Sonst bin ich ihm nicht mehr begegnet.

Übersetzt von Kay Borowsky

Interrogatorio del 17 de mayo de 1938:

PREGUNTA: ¿Usted fue detenido por actividades antisoviéticas? ¿Se confiesa culpable?

RESPUESTA: No, no me confieso culpable de actividades antisoviéticas.

PREGUNTA: ¿Por qué fue detenido en el año 1934?

RESPUESTA: En el año 1934 fui detenido por actividades antisoviéticas y condenado a tres años de destierro en Vorónezh; este se tradujo en la escritura —que duró varios años— de poemas contrarrevolucionarios («Kérenski», «Primavera» y «Casandra») etcétera).

PREGUNTA: Después del destierro se le prohibió permanecer en Moscú, pero usted, a pesar de la prohibición, venía a Moscú casi regularmente. Explique a casa de quién y con qué intención venía usted a Moscú.

RESPUESTA: Después de la finalización del tiempo de destierro, en el verano de 1937, vine a Moscú sin saber que me lo habían prohibido. Luego fui al pueblo de Saviólovo y en noviembre de 1937 a Kalinin.

Me confieso culpable en el sentido de que a pesar de la prohibición vine muchas veces a Moscú de manera ilegal. Principalmente tenía la intención, a través de la Asociación de Escritores, de conseguir un trabajo, el cual necesitaba urgentemente y me era imposible de conseguir en Kalinin, debido a las circunstancias que allí imperaban. Además, intenté conseguir por medio de la Asociación de Escritores una evaluación de mi trabajo poético, así como entrar en contacto con escritores soviéticos. Cuando venía a Moscú me quedaba en casa de Shklovski (escritor) y Osmiorkin (artista), a los cuales les recitaba mis poemas. Aparte de los dos ya nombrados, le recitaba mis poemas a Fadéyev en casa de Valentín Katáyev, aPasternak, Márkish, Kirsánov, Surkov, Yevgueni Petrov, Lajuti y Yájontov (actor).

PREGUNTA: La inspección judicial tiene conocimientos de que usted ejercía actividades antisoviéticas mientras estaba en Moscú, y las está ocultando. Declare la verdad.

RESPUESTA: No ejercí ninguna actividad antisoviética.

PREGUNTA: ¿Fue a Leningrado?

RESPUESTA: Sí, sí fui.

PREGUNTA: Explique cuáles eran las intenciones de tales viajes a Leningrado.

RESPUESTA: Fui a Leningrado para obtener apoyo material por parte de algunos escritores. Tyniánov, Chukovski, Zóschenko y Sténich me brindaron dicho apoyo.

PREGUNTA: ¿Quién le otorgó apoyo material en Moscú?

RESPUESTA: Apoyo material me brindaron los hermanos Katáyev, Shklovski y Kirsánov.

PREGUNTA: Informe sobre la naturaleza de su encuentro con Kibaltshitsh.

RESPUESTA: Con Kibálchich sostuve encuentros, exclusivamente, de negocio, y solo tres veces. Una vez, en el año 1924-1925, acudí a su oficina, en la Editorial Estatal de Leningrado, para recibir un trabajo de traducción. La segunda vez estuve en su casa, y esa visita también la hice por un trabajo de traducción. La tercera vez fue en el año de 1932. Me encontraba en Leningrado y había invitado al hotel a varios escritores de la ciudad, entre los que se encontraba Kibálchich, a los cuales les leí mi obra *Viaje a Armenia*. Aparte de esto, no sostuve más encuentros con él.

Traducción de Geraldine Gutiérrez-Wienken

Осип Мандельштам

ПОСЛЕ СКРИПИЧНОГО КОНЦЕРТА .

За Паганини длиннопалым
Бегут цыганскою гурьбой —
Кто с чехом - чех, кто с польским балом,
А кто - с венгерской чемчурой

Девчонка, выскочка, гордячка,
Чей звук широк, как Енисей:
Утешь меня игрой своей.
На голове твоей, полячка,
Марины Мнишек холм кудрей
Смычок твой митилен, скрипачка

Утешь меня, Шопеном чалым,
Серьезным Брамсом, - нет, постой:
Парижем мощно- одичалым,
Мучным и потным карнавалом
Иль брагой Вены молодой -

Вертлявой, в дирижерских фрачках,
В дунайских фейерверках, скачках, -
И вальс из гроба в колыбель
Переливающей, как хмель

Играй же на разрыв аорты,
С кошачьей головой во рту:
Три черта было - ты четвертый
Последний чудный черт в цвету.

Воронеж, май 35 г.

О. Мандельштам

„Nach dem Violinkonzert…“, entstanden in Woronesch im Mai 1935. Maschinenschreiben mit Unterschrift Ossip Mandelstams. GLM

«Después del concierto de violín…», poema compuesto en Vorónezh, en mayo de 1935. Escrito a máquina, con la firma de Ósip Mandelstam. GLM

Die Violinistin

Und Paganinis langen Fingern
Folgt polternd die Zigeunerschar –
Ein Tschechen-Tschilpen, Polenkinder,
Und lachend ein Magyaren-Paar.

Du Stolzebein und Naseweise,
Wie breit – ein Jenissej – dein Klang,
So tröst mich, spiele, mir ist bang –
Auf deinem Kopf, da türmt sich leise
Marina Mniszeks Locken-Überschwang,
Dein Bogen argwöhnt, ängstelt greise.

So tröst mich mit Chopin, dem Scheckenpferd,
Und mit dem strengen Brahms, nein halt!
Mit dem verwilderten Paris, noch mehr
Mit Mehl und Schweiß im Karneval,
Mit Dünnbier, jungem Wien beschert –

Dem Zappel-Wien mit Dirigentenfliege
Und Feuerwerk auf Donaukies –
Der Walzer, Rauschgetränk, er gießt
Aus deinem Sarg dich in die Wiege …

So spiel schon, bis die Ader bricht,
Ein Katzenköpfchen dir im Mund –
Drei Teufel gab es: Du – mein vierter Wicht,
Ein taufrisch letzter Teufelsbund!

1935

Übersetzt von Ralph Dutli

La violinista

Tras el pálido Paganini
Baila y canta un grupo de cíngaros,
Uno, una danza checa, otro una polka,
Y otro un baile húngaro.

Altiva y esbelta muchacha,
Con tu canto, amplio como el Enisei,
Me arrastras hacia tu música.
En tu cabeza, polaca, está
La colina rizada de Marina Mniszek.
Es sospechoso tu arco, violinista.

Cálmame con el cano Chopin,
El serio Brahms –no, mejor,
Con París, furiosamente salvaje,
Con un carnaval sudoroso y enharinado,
O con cerveza de la joven Viena,

Que flota, en un frac de director de orquesta,
En los fuegos artificiales del Danubio,
                    en las carreras de caballos,
Y el vals, que desde la tumba se vierte en la cuna,
Como la ebriedad.

¡Toca, haz estallar la aorta,
Con una cabeza de gato en la boca!
¡Eran tres diablos y tú eres el cuarto,
el último y espléndido diablo en flor!

1935

Traducción de Jesús García Gabaldón

Ossip Mandelstam 1936 mit weiteren
Patienten im Sanatorium in Tambow.
GLM, Original in Privatsammlung

Ósip Mandelstam en 1936 con otros
pacientes en el sanatorio de Tambov.
GLM, original en colección privada

Ossip Mandelstam in Woronesch 1935.
Kopie, RGALI, Original in Privatsammlung

Ósip Mandelstam en Vorónezh, 1935.
Copia, RGALI, original en colección
privada

Vor der Abreise aus Woronesch: Ossip und Nadeschda
Mandelstam mit Woronescher Freunden, der Paläonto-
login Maria Jarzewa (sitzend) und der Pädagogin
Natalja Stempel (stehend), Woronesch, Mai 1937. Fotokopie, GLM, Original in Privatsammlung

„Das letzte Mal habe ich Mandelstam im Herbst 1937
gesehen. Sie – er und Nadja – waren in Leningrad für
zwei Tage. Die Zeit war apokalyptisch. Das Unheil folgte
uns allen wie ein Schatten. Sie hatten überhaupt keine
Unterkunft. Ossip atmete schwer, schnappte mit den
Lippen nach Luft. Ich kam, um sie zu sehen, weiß nicht
mehr wohin. Alles war wie in einem Alptraum."
Anna Achmatowa, *Blätter aus dem Tagebuch*

Ósip y Nadezhda Mandelstam con amigos de Vorónezh,
la paleontóloga María Yártseva (sentada) y la pedago-
ga Natalia Stempel (de pie), Vorónezh, mayo de 1937.
Reproducción fotográfica, GLM, original en colección
privada

«La última vez que vi a Mandelstam fue en el otoño de
1937. Ellos —él y Nadia— pasaron dos días en Leningrado. Era una época apocalíptica. La desgracia nos perseguía a todos como una sombra. Ellos no tenían ningún
domicilio. Ósip respiraba con dificultad, jadeaba. Fui
a verlos, no sé a dónde. Todo era como en una pesadilla».
Anna Ajmátova, *Diario*

Ossip Mandelstam und Wera
Chasina, Mutter von Nadeschda
Mandelstam, Woronesch im
März/April 1937.
Foto: Marina Jarzewa,
Fotokopie, GLM Original in
Privatsammlung

„Das, was mit mir geschieht –
kann nicht länger fortdauern.
Weder ich noch meine Frau
haben mehr die Kraft, dieses
Entsetzen noch länger auszu-
halten. Mehr noch: der feste
Entschluß ist gereift, dies alles
mit irgendwelchen Mitteln zu
beenden. Das ist kein ‚befriste-
ter Aufenthalt in Woronesch‘,
keine ‚administrative Verbannung‘ usw.
Das ist folgendes: ein Mensch,
der eine sehr schwere Psychose
durchgemacht hat (genauer:
einen zermürbenden und
finsteren Wahnsinn), beginnt
sofort nach dieser Krankheit,
nach einem Selbstmordversuch,
physisch verkrüppelt, wieder
mit der Arbeit. Ich habe mir
gesagt – recht haben die, die
mich verurteilt haben … Ich
bin ein Schatten. Mich gibt es
nicht. Ich habe nur das Recht zu
sterben.“
Ossip Mandelstam an Kornej
Tschukowskij, Woronesch, vor
dem 17. April 1937

Ósip Mandelstam y Vera Jázina,
en Vorónezh en marzo-abril de
1937. Foto: Marina Yártseva,
Reproducción fotográfica, GLM
original en colección privada

«Esto que me ocurre a mí no
puede durar más. Ni mi mujer
ni yo tenemos ya fuerzas para
soportar esto por más tiempo.
Todavía más: hemos considerado
firmemente la decisión de po-
nerle fin a todo esto utilizando
cualquier medio. Esto no es
ninguna 'estadía temporal en
Vorónezh', ninguna 'deportación administrativa', etc.
Es lo siguiente: un hombre
que ha pasado por una fuerte
psicosis (exactamente: una des-
moralizante y tenebrosa locura)
comienza a trabajar enseguida,
físicamente mutilado después
de esta enfermedad, después de
un intento de suicidio. Lo dije,
los que me condenaron tenían
razón… Soy una sombra. No
existo. Solo tengo derecho a
morir».
Ósip Mandelstam a Kornéi
Chukovski, Vorónezh, antes del
17 de abril de 1937

Aufnahme der Umgebung des vermutlichen
Sterbeortes Ossip Mandelstams aus den
1970er-Jahren. GLM

Una imagen de los alrededores del supuesto
lugar donde murió Ósip Mandelstam,
tomada en los años setenta. GLM

Organisationsschema des Zuges des
Gefangenentransports von insgesamt 1500
Häftlingen auf der Strecke Moskau—Wladiwostok im September 1938. Papier, Bleistift
und Farbstift, RGVA

Organigrama del tren de transporte de
presos, de 1500 cautivos en total, correspondiente al trayecto Moscú–Vladisvostok, en
septiembre de 1938. Papel, lápiz y lápiz de
color, RGVA

Am 22. Oktober 1938 schrieb Nadeschda Mandelstam diesen „Letzten Brief" an Ossip Mandelstam, der am 2. Mai 1938 verhaftet, im Moskauer Butyrka-Gefängnis festgehalten und am 2. August von einem NKWD-Sondergericht zu fünf Jahren Arbeitslager wegen konter-revolutionärer Tätigkeit verurteilt wurde. Nadeschda wusste zu diesem Zeitpunkt noch nichts von der Verurteilung, noch kannte sie den Aufenthaltsort ihres Mannes:

„Ossja, liebster, ferner Freund!
Mein Lieber, ich habe keine Worte für diesen Brief, den Du vielleicht nie lesen wirst. Ich schreibe ihn in den leeren Raum hinaus. Vielleicht kommst Du zurück, und ich werde nicht mehr da sein. Dann wäre dies das letzte Andenken.
Ossjuscha, was war mein kindliches Leben mit Dir für ein großes Glück. Unsere Streitgespräche, unsere Zänkereien, unsere Spiele und unsere Liebe. […]
Erinnerst Du Dich, wie wir unsere kargen Festmähler in unsere armseligen Unterkünfte und Nomadenzelte schleppten? Weißt Du noch, wie gut das Brot war, wenn es wie ein Wunder vor uns lag und wir es zu zweit aßen. Und dann der letzte Winter in Woronesch. Unsere glückliche Armut und die Gedichte. […]
Jeder Gedanke gilt Dir. Jede Träne und jedes Lächeln auch. Ich preise jeden Tag und jede Stunde unseres bitteren Lebens, mein Freund, mein Gefährte, mein blinder Blindenführer …
Wir stießen einander an wie blinde junge Hunde und fühlten uns wohl dabei. Und Dein armer, fieberheißer Kopf und all der Wahnsinn, mit dem wir unsere Tage verbrannten. Was war das für ein Glück – und wie haben wir immer gewusst, dass gerade das unser Glück war. […]"

Übersetzt von Ralph Dutli

El 22 de octubre de 1938 escribe Nadezhda Mandelstam esta «Última carta» a Ósip Mandelstam, quien había sido detenido el 2 de mayo de 1938, arrestado en la prisión de Butyrka, Moscú y condenado el 2 de agosto por un tribunal de excepción del NKVD a cinco años en campo de trabajo forzado por actividad contrarrevolucionaria. En ese momento, todavía Nadezhda no sabía nada sobre la condena, tampoco conocía el paradero de su marido:

«¡Osia, mi bienamado y lejano amigo!
No tengo palabras, querido mío, para escribir esta carta que tal vez nunca vayas a leer. Estoy escribiéndole a un espacio vacío. Tal vez regreses y ya no me encuentres aquí. En ese caso esta sería la última cosa por la cual podrías recordarme.
Osiusha, qué felicidad ha sido vivir juntos como niños. Nuestras riñas y disputas, nuestros juegos y nuestro amor. […]
¿Te acuerdas de cómo reuníamos provisiones para nuestros míseros banquetes en los lugares de paso en los que establecíamos nuestra tienda de nómadas? ¿Te acuerdas de lo bien que sabía el pan cuando lo conseguíamos de puro milagro y lo comíamos juntos? Y el último invierno en Vorónezh. Nuestra miseria feliz y los poemas. […]
Cada uno de mis pensamientos es acerca de ti. Cada lágrima y cada sonrisa son para ti. Bendigo cada día y cada hora de nuestra amarga vida en común, mi bienamado, mi compañero, mi ciego lazarillo...
Éramos como dos cachorros ciegos que se tocan con el hocico y se sienten a gusto juntos. Y qué enfebrecida estaba tu pobre cabeza, y con cuánta insensatez desperdiciábamos los días de nuestra vida. Qué felicidad era esa, y cómo supimos siempre que nuestra felicidad era precisamente aquello […]».

Traducción de Sebastià Moranta

Nadeschda Mandelstam in der Datschen-
siedlung Peredelkino in der Nähe Moskaus
im Sommer 1970 mit Jelena, Jewgenij und
Lisa Pasternak.
Foto: M. Balzwinnik, GLM

Nadezhda Mandelstam en una dacha en
Peredélkino, cerca de Moscú, en el verano
de 1970 con Yelena, Yevgueni y Liza
Pasternak.
Foto de M. Baltsvínnik, GLM

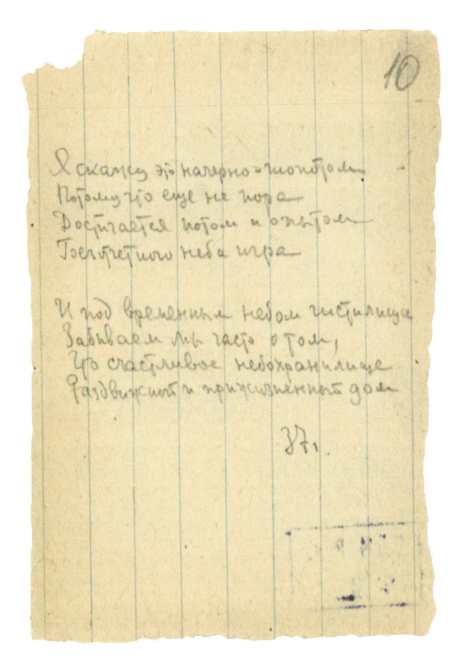

„Ich entwerf' es nur, sag' dir
flüsternd…" von 1937 als
Niederschrift von Nadeschda
Mandelstam, GLM

«Lo diré llanamente, en un
susurro…», 1937, escrito por
Nadezhda Mandelstam, GLM

Ich entwerf es nur, sag es dir flüsternd,
Denn die Zeit dafür ist noch nicht reif:
Spiel des Himmels – tief unbewußt ist er –
Wird durch Schweiß und durch Weisheit erreicht.

Unterm vorläufigen Fegfeuerhimmel
Geht das Gedächtnis uns allzuoft aus:
Dieses glückliche Himmelsrauminnre
Ist uns weitgespannt, ein Leben lang Haus.

1937

Übersetzt von Ralph Dutli

Lo diré llanamente, en un susurro,
Porque aún no es hora de partir:
Con sudor y experiencia
Se alcanza el juego del cielo inconsciente …

Y bajo el fugaz cielo del purgatorio
A menudo olvidamos
Que el dichoso almacén del cielo
Es una casa extensa y duradera.

1937

Traducción de Jesús García Gabaldón

Daten zu Leben und Werk

Zusammengestellt nach der Mandelstam-Biographie von Ralph Dutli: *Meine Zeit, mein Tier. Ossip Mandelstam. Eine Biographie.* Ammann Verlag, Zürich 2003 (neu: S. Fischer Verlag, Frankfurt am Main 2005; Taschenbuch-Ausgabe unter dem Titel *Mandelstam. Eine Biographie*).

1891

15. Januar. Ossip Mandelstam wird als erster Sohn einer jüdischen Familie in Warschau geboren. Der Vater ist Handschuhmacher und Lederhändler und stammt aus dem Schtetl Schagory, Gouvernement Kowno, im litauisch-lettischen Grenzgebiet. Die Mutter, Flora Werblowskaja, ist Klavierlehrerin und stammt aus dem litauischen Wilna. Kindheit ab 1892 in Pawlowsk, ab 1897 in Sankt Petersburg.

1899

Eintritt ins fortschrittliche Petersburger Tenischew-Gymnasium, wo auch Vladimir Nabokov zur Schule ging.

1906

M. begeistert sich für marxistische Schriften, u.a. Karl Kautskys „Erfurter Programm" der Sozialdemokratischen Partei Deutschlands, und gerät durch einen Schulfreund, Borís Sinani, in Kontakt zur Sozialrevolutionären Partei.

1907

15. Mai: Schulabschluss. September-Oktober: in Wilna. Ab Ende Oktober: Studienaufenthalt in Paris, hört Vorlesungen an der Sorbonne und am Collège de France bei Henri Bergson und Joseph Bédier (bis Mai 1908). Begeisterung für die „Musik des Lebens", die Dichtung Villons und Verlaines; M. berichtet in einem Brief an die Mutter von seinem „Gedichtfieber", schreibt Gedichte und Prosa.

1908

Sommeraufenthalt in der Schweiz, am 27. Juli kurze, vor der Familie verheimlichte Fahrt nach Genua. September: Rückkehr nach Petersburg. Eine vom Ministerrat am 16. September beschlossene Dreiprozentquote für jüdi-

Datos biobibliográficos

Recopilación a partir de la biografía de M. de Ralph Dutli: *Meine Zeit, mein Tier. Ossip Mandelstam. Eine Biographie* (Siglo mío, bestia mía. Ósip Mandelstam. Una biografía). Ammann Verlag, Zúrich 2003 (reed.: *Mandelstam. Eine Biographie.* S. Fischer Verlag, Fráncfort del Meno 2005).

1891

15 de enero. Ósip Mandelstam, primogénito de una familia judía, nace en Varsovia. Su padre, fabricante de guantes y peletero, proviene del *schtetl* de Zhagori (actualmente Žagarė), provincia de Kovno (Kaunas), en la región fronteriza entre Lituania y Letonia. Su madre, Flora Verblóvskaya, es profesora de piano, oriunda de Vilna, Lituania. Infancia: A partir de 1892 en Pávlovsk y desde 1897 en San Petersburgo.

1899

Ingresa en el Instituto Ténishev de Petersburgo, una institución liberal y democrática, donde también estudió Vladimir Nabokov.

1906

M. se entusiasma con algunos escritos marxistas; entre otros, el «Programa de Erfurt» de Karl Kautsky, miembro del Partido Socialdemócrata de Alemania. Por medio de un amigo de la escuela, Borís Sinani, entra en contacto con el Partido Social-Revolucionario.

1907

15 de mayo: Obtiene el título de Bachiller. Septiembre-octubre: En Vilna. Desde finales de octubre: Estancia de estudios en París; asiste a clases en la Sorbona y en el Collège de France con Henri Bergson y Joseph Bédier (hasta mayo de 1908). Entusiasmo por la «música de la vida», la poesía de Villon y de Verlaine; M. informa en una carta a su madre sobre su «fiebre poética», escribe poemas y prosa.

1908

Veraneo en Suiza. El 27 de julio realiza un breve viaje a Génova, a escondidas de su familia. Septiembre: Regreso a Petersburgo. Una cuota del 3% aplica-

sche Studenten verhindert die Aufnahme des Studiums, M. besucht die Versammlungen der Religionsphilosophischen Gesellschaft.

1909

April: M. besucht die „Versakademie" beim Oberhaupt der Petersburger Symbolisten, Wjatscheslaw Iwanow, trägt am 16. Mai erstmals eigene Gedichte vor. Ende Juli bis September: Aufenthalt mit der Familie in der Schweiz, in Beatenberg und Montreux. Anfang Oktober. In Heidelberg, M. immatrikuliert sich am 12. November an der „Großherzoglich Badischen Universität Heidelberg", belegt Vorlesungen zur französischen Literatur des Mittelalters bei Friedrich Neumann und zur Kunstgeschichte bei Henry Thode, außerdem Vorlesungen zur Philosophiegeschichte bei Wilhelm Windelband und Emil Lask. Schreibt mehrere Briefe an Maximilian Woloschin und Wjatscheslaw Iwanow mit Gedichtbeilagen aus dem „Heidelberger Zyklus".

1910

15. März, nach dem Ende des Wintersemesters: Aufbruch nach Italien, M. kommt bis in die Südschweiz, nach Lugano. März bis Juli: Rückkehr nach Petersburg, Aufenthalte in Finnland, in Hangö und Helsinki. 24. Juli: Reise nach Berlin, wo seine Mutter sich einer Operation unterziehen muss, Aufenthalt bis Mitte Oktober in Zehlendorf. August: In der Petersburger Kunstzeitschrift *Apollon* (Nr. 9) erscheinen erstmals Gedichte von Mandelstam, fünf an der Zahl.

1911

14. März: M. lernt bei einem literarischen Abend bei Wjatscheslaw Iwanow die Dichterin Anna Achmatowa kennen. 14. Mai: Er lässt sich in Viborg christlich taufen, um die Hürde der Dreiprozentquote für jüdische Studenten zu überwinden und in Petersburg studieren zu können. 10. September: Aufnahme des Studiums an der Petersburger Universität, Historisch-Philologische Fakultät, im Fach Romanische Sprachen. Teilnahme an der von Nikolaj Gumiljow gegründeten „Dichterzeche".

1912

1. März: Gründung des Akmeismus zur Überwindung des russischen Symbolismus. M. fühlte sich der Dichtergruppierung um Gumiljow und Achmatowa sein Leben lang zugehörig. Der Name leitet sich vom griechischen Wort „akmē" ab: Spitze, Blüte, Reife. Der Akmeismus lehnte sich gegen das Denken in Symbolen und Analogien auf, forderte eine Rückkehr zum Irdischen, Orga-

da a los estudiantes judíos por el Consejo de Ministros el 16 de septiembre impide el inicio de sus estudios universitarios. M. asiste a las reuniones de la Sociedad de Filosofía de la Religión.

1909

Abril: M. visita la «Academia del verso» en casa del mentor de los simbolistas de Petersburgo, Viacheslav Ivánov, y el 16 de mayo recita sus propios poemas por primera vez en público. Desde finales de julio hasta septiembre: Se encuentra con su familia en Suiza (Beatenberg y Montreux). A principios de octubre: M. en Heidelberg; se matricula el 12 de noviembre en la Universidad del Gran Ducado de Baden de Heidelberg, luego asiste a las clases de Literatura Francesa Medieval de Friedrich Neumann y a las de Historia del Arte de Henry Thode, y también a las clases de Historia de la Filosofía de Wilhelm Windelband y Emil Lask. Escribe cartas a Maksimilián Voloshin y Viacheslav Ivánov, y anexa poemas del «ciclo de Heidelberg».

1910

15 de marzo, al finalizar el semestre de invierno: Viaje a Italia. M. llega hasta el sur de Suiza, a Lugano. De marzo a julio: Regreso a Petersburgo, estancia en Finlandia (Hanko y Helsinki). 24 de julio: Viaje a Berlín, donde su madre debe operarse; permanece allí, en Zehlendorf, hasta mediados de octubre. Agosto: La revista de arte *Apolón* (núm. 9) de Petersburgo publica por primera vez poemas de M., cinco en total.

1911

14 de marzo: M. conoce a la poeta Anna Ajmátova en una velada literaria en casa de Viacheslav Ivánov. 14 de mayo: En Víborg se bautiza como cristiano para superar el obstáculo de la cuota del 3% para estudiantes judíos y poder estudiar en Petersburgo. 10 de septiembre: Inicia estudios en la Facultad de Filología e Historia de la Universidad de San Petersburgo, en la especialidad de Lenguas Románicas. Miembro del Taller de los Poetas, fundado por Nikolái Gumiliov.

1912

1 de marzo: Se constituye el acmeísmo con el fin de superar el simbolismo ruso. M. se sintió identificado toda su vida con el grupo de poetas en torno a Gumiliov y Ajmátova. El nombre se deriva del griego ἀκμή *akmé* 'cumbre', 'floración', 'madurez'. El acmeísmo rechazaba el pensamiento en símbolos y analogías, exigía un regreso a lo terrenal, orgánico y concreto, a la precisión

nischen, Konkreten, zur kunstvollen Genauigkeit des Handwerks, zum Prinzip der Identität, zur Zeitlichkeit im Hier und Jetzt, zu „apollinischer Klarheit".

1913

Januar: Manifeste des Akmeismus von Nikolaj Gumiljow und Sergej Gorodezkij in der Zeitschrift *Apollon* (Nr. 1). M.s Manifest „Der Morgen des Akmeismus" entsteht gleichzeitig, wird aber erst 1919 veröffentlicht. März: M.s erster Gedichtband *Der Stein* erscheint in Petersburg. Erste literarische Essays in der Zeitschrift *Apollon* („Über den Gesprächspartner", „François Villon"). Gedichtlesungen, Bohèmeleben in der Petersburger Künstlerkneipe „Der Streunende Hund".

1914

August: Beginn des Ersten Weltkriegs, auf den M. mit Gedichten reagiert („Reims und Köln", „Europa"). Er wird wegen Herzschwäche vom Kriegsdienst freigestellt, fährt nach Warschau, um sich als Krankenpfleger für Kriegsverwundete zu melden, besucht erschüttert das Warschauer Ghetto. Er schreibt einen Essay über den russischen Philosophen Pjotr Tschaadajew, der von Westeuropa und vom Katholizismus fasziniert war, durchlebt in mehreren Gedichten eine „katholische Phase".

1915

Sommer in Koktebel auf der Halbinsel Krim, im Haus von Maximilian Woloschin; erste Krim-Gedichte („Schlaflosigkeit. Homer. Gespannte Segel"). Bekanntschaft mit Marina Zwetajewa.

1916

Zweite, erweiterte Ausgabe des Gedichtbandes *Der Stein*. M. schreibt das pazifistisch-europäisch gestimmte Gedicht „Tierschau" („Friedensode").
Januar bis Juni: Freundschaft mit Marina Zwetajewa, die er mehrmals in Moskau besucht, Austausch von Liebesgedichten. Juli: Fahrt nach Koktebel, auf die Krim. 26. Juli: Tod der Mutter, M. trifft erst zur Beerdigung in Petersburg ein, schreibt sein Requiem-Gedicht „Diese Nacht – nicht gutzumachen". M. schreibt den Essay „Puschkin und Skrjabin", eine Apologie der christlichen Kunst, bezeichnet den Tod als „letzten schöpferischen Akt" des Künstlers. Dezember: Zuneigung zu Salomeja Andronikowa, M. widmet ihr das rätselhafte Gedicht „Solominka" (Strohhälmchen).

artística del oficio artesanal, al principio de identidad, a la temporalidad del «aquí y ahora», a la «claridad apolínea».

1913

Enero: Manifiestos del acmeísmo de Nikolái Gumiliov y Serguéi Gorodetski en la revista *Apolón* (núm. 1). Al mismo tiempo, M. escribe el manifiesto «La mañana del acmeísmo», que sin embargo no será publicado hasta 1919. Marzo: El primer poemario de M., *La piedra*, se publica en Petersburgo. Primeros ensayos literarios en la revista *Apolón*: «Del interlocutor», «François Villon». Lecturas de poemas, vida bohemia en el café de artistas de Petersburgo El Perro Vagabundo (*Brodiáchaya sobaka*).

1914

Agosto: Comienza la Primera Guerra Mundial; M. responde con los poemas «Reims y Colonia», «Europa». Exento del servicio militar por enfermedad cardíaca, viaja a Varsovia, donde se registra como enfermero de heridos de guerra, y visita estremecido el gueto. Escribe un ensayo sobre el filósofo ruso Piotr Chaadáyev, que estaba fascinado por Europa Occidental y por el catolicismo; experimenta en varios poemas una «fase católica».

1915

Veraneo en Koktebel, en la península de Crimea, en casa de Maksimilián Voloshin; primeros poemas sobre Crimea: «Insomnio. Homero. Las velas desplegadas». Relación de amistad con Marina Tsvetáyeva.

1916

Segunda edición, ampliada, del poemario *La piedra*. M. escribe el poema pacifista y paneuropeo «La casa de fieras» (también conocido como «Oda a la paz»). De enero a junio: Amistad con Marina Tsvetáyeva, a quien visita varias veces en Moscú; intercambio de poemas de amor. Julio: Viaje a Koktebel, Crimea. 26 de julio: Muere su madre; M. consigue llegar a Petersburgo a tiempo para el entierro, y escribe el poema-réquiem «Es esta noche irremediable». M. escribe el ensayo «Pushkin y Skriabin», una apología del arte cristiano, en el que considera la muerte como el «último acto de creación» del artista. Diciembre: Relación afectuosa con Salomeya Andrónikova; M. le dedica el enigmático poema «Solóminka» (Pajita).

1917

18. Mai: Abbruch des Universitätsstudiums. Juni bis August: Auf der Krim, in Koktebel, Aluschta, Feodossija. Auf den Oktoberumsturz der Bolschewiki reagiert M. mit einem Gedicht gegen das „Joch von Bosheit und Gewalt". Dezember: Das Anna Achmatowa gewidmete Gedicht „An Kassandra" bezeichnet die Revolution als „Sieg ohne Hände" und als „Pest".

1918

Mai: M. schreibt das von apokalyptischen Bildern geprägte Revolutionsgedicht „Die Dämmerung der Freiheit". Juni: Kurze Anstellung in Lunatscharskijs Volkskommissariat für Bildungswesen. Zusammenstoß mit dem Tschekisten Bljumkin, dem er Erschießungsbefehle entwindet und sie zerreißt, worauf er mit dem Tod bedroht wird und sich verstecken muss. Negatives Gedicht auf die neue Hauptstadt Moskau („Wie fremd ist alles in der Zoten-Hauptstadt").

1919

Hunger in Moskau zur Zeit des „Kriegskommunismus", Terror, Erschießungen. Mitte Februar bis Ende März: in Charkow. 1. Mai: M. lernt inmitten der Bürgerkriegswirren in Kiew seine spätere Frau kennen, Nadeschda Chasina, Malereistudentin bei Alexandra Exter. Ab Mitte September: Auf der Krim, in Feodossija und Koktebel. 5. Dezember: Erster Brief an Nadeschda („Mit Dir werde ich vor nichts Angst haben, nichts wird zu schwer sein").

1920

Auf der Krim, im bürgerkriegsgeplagten Feodossija. August: M. wird von den „Weißen" als „bolschewistischer Spion" verhaftet, dann freigelassen und im georgischen Batumi von den Menschewiken erneut inhaftiert. Mitte September: Rückkehr nach Moskau und Petrograd. November-Dezember: Bekanntschaft mit der Schauspielerin Olga Arbenina, M. schreibt mehrere Liebesgedichte („Nimm dir zur Freude nun aus meinen Händen"). 25. November: Das Gedicht „Petersburg: Es wird uns neu zusammenführen" mit den Versen: „In der Sowjetnacht werde ich beten / Für das selige sinnlose Wort".

1921

März: Fahrt nach Kiew, Wiederbegegnung mit Nadeschda Chasina. Mit ihr Fahrt in den Kaukasus, auf der Suche nach Arbeit und Brot, Kislowodsk, Baku, Tiflis, Batumi. Mai: Veröffentlichung des zentralen Essays „Das Wort und die Kultur" („Poesie ist ein Pflug, der die Zeit in der Weise aufbricht, dass ihre Tiefenschichten, ihre Schwarzerde, zutage treten"). September: In Tiflis

1917

18 de mayo: Interrumpe sus estudios universitarios. De junio a agosto: En Crimea (Koktebel, Alushta, Feodosia). M. responde a la Revolución bolchevique de Octubre con un poema en contra del «yugo de la maldad y la violencia». Diciembre: El poema «A Casandra», dedicado a Anna Ajmátova, se refiere a la revolución como una «victoria sin manos» y una «peste».

1918

Mayo: M. escribe un poema sobre la revolución con imágenes apocalípticas, «El ocaso de la libertad». Junio: Empleo por poco tiempo en el Comisariado Popular de Educación, dirigido por Lunacharski. Encontronazo con el chequista Bliumkin, a quien sustrae y rompe órdenes de fusilamiento; en consecuencia es amenazado de muerte y tiene que esconderse. Poema muy crítico sobre Moscú, la nueva capital del país: «Qué extraño es todo en la obscena capital».

1919

Hambruna en Moscú en tiempos del «comunismo de guerra», terror, fusilamientos. Desde mediados de febrero a finales de marzo: En Járkov. Primero de mayo: En medio del caos de la guerra civil, M. conoce en Kiev a Nadezhda Jázina —estudiante de pintura de Aleksandra Ekster—, quien más tarde sería su esposa. Desde mediados de septiembre: En Crimea (Feodosia y Koktebel). 5 de diciembre: Primera carta a Nadezhda («Contigo no tendré miedo de nada, nada será demasiado difícil»).

1920

En Feodosia, ciudad que padece las consecuencias de la guerra civil. Agosto: M. es arrestado por los «blancos», quienes le acusan de ser un espía bolchevique; después es liberado, y de nuevo apresado en Batumi, Georgia, por los mencheviques. Mediados de septiembre: Regreso a Moscú y Petrogrado. De noviembre a diciembre: Amistad con la actriz Olga Arbénina; M. escribe varios poemas de amor («Toma de mis manos un motivo de alegría»). 25 de noviembre: Poema «En Petersburgo nos reuniremos de nuevo», que contiene los siguientes versos: «por la bendita palabra sin sentido / yo me pondré a rezar en la noche soviética».

1921

Marzo: Viaje a Kiev, donde se reencuentra con Nadezhda Jázina. Viaja con ella al Cáucaso en busca de trabajo y sustento (Kislovodsk, Bakú, Tiflis, Batumi). Mayo: Se publica su importante ensayo «La palabra y la cultura» («La poesía

erfährt M. vom Tod seines Freundes und Dichterkollegen Nikolaj Gumiljow, der am 25. August als „Konterrevolutionär" in Petrograd erschossen wurde. Er schreibt sein berühmtes Gedicht „Nachts, da draußen, wusch ich mich". Dezember: Rückkehr aus Georgien.

1922

Anfang März: Trauung mit Nadeschda Chasina in Kiew durch amtlichen Registereintrag. Juni: Der Essay „Über die Natur des Wortes" erscheint in Charkow. 7. Juni: In der Berliner Emigrantenzeitung *Nakanune* (Vorabend) erscheint der Essay „Menschenweizen", ein Aufruf gegen Nationalismus und ein Bekenntnis zu Europa. August: Im exilrussischen Berliner Verlag Petropolis erscheint der Gedichtband *Tristia* ohne M.s ordnenden Zugriff; die Zensur hatte das Erscheinen in Moskau verhindert. 8./9. Oktober: Das zentrale Gedicht „Meine Zeit, mein Tier" entsteht, in dem die Zeit als Tier mit gebrochenem Rückgrat angesprochen wird.

1923

20. Januar: In der Berliner Zeitung *Nakanune* erscheint der Essay „Humanismus und Gegenwart", eine Warnung vor dem Totalitarismus und eine Beschwörung des europäischen Humanismus. März: Zentrale Gedichte entstehen, die „Griffel-Ode" („Hier schreibt die Angst") und „Der Hufeisenfinder", in dem Russland als sterbendes Pferd beschworen und die Bewahrung des Gedächtnisses der Dichtung übertragen wird. Ende Mai: In Moskau erscheint der Gedichtband *Das zweite Buch*. Juli: Dritte, erweiterte Ausgabe des Gedichtbandes *Der Stein*. 23. August: M. erklärt seinen Austritt aus dem Allrussischen Schriftstellerverband, er wird aus den Mitarbeiterlisten der sowjetischen Zeitschriften gestrichen. August-September: In Gaspra auf der Krim, Beginn der Arbeit an der autobiographischen Prosa *Das Rauschen der Zeit*. 6. Oktober: Rückkehr nach Moskau (in einem Brief: „Keine Arbeit, kein Geld, keine Wohnung"). M. versucht, sich mit Übersetzungen über Wasser zu halten, porträtiert Clara Zetkin und interviewt den später als Ho Chi Minh bekannt gewordenen vietnamesischen Politiker.

1924

Das Gedicht „Der 1. Januar 1924" entsteht in Kiew, wird nach Lenins Tod am 21. Januar abgeschlossen und enthält eine radikale Auseinandersetzung mit der „tauben, gewissenlosen" Epoche: „Wen bringst du um noch? Wen wirst du noch preisen? / Und welche Lüge fällt dir wohl noch ein?" Es enthält auch eine Vision vom Untergang des Dichters: „Das Lied von Kränkungen und Lehm, sie werden's

es un arado que revienta el tiempo de tal forma que las capas más profundas, su humus, quedan en la superficie»). Septiembre: En Tiflis, M. se entera de la muerte de su amigo y también poeta Nikolái Gumiliov, ejecutado el 25 de agosto por contrarrevolucionario en Petrogrado. Escribe su famoso poema «Me lavaba de noche afuera, en el patio». Diciembre: Regreso de Georgia.

1922

A comienzos de marzo: Contrae matrimonio con Nadezhda Jázina en Kiev, por medio de una solicitud oficial al registro. Junio: Se publica el ensayo «Sobre la naturaleza de la palabra» en Járkov; el 7 de junio aparece el ensayo «El trigo humano» en el periódico de la emigración rusa en Berlín *Nakanune* (La Víspera), un llamamiento contra del nacionalismo y un compromiso con Europa. Agosto: Petrópolis, la editorial de los exiliados rusos en Berlín, publica el poemario *Tristia* sin el consentimiento de M.; la censura había impedido su aparición en Moscú. 8 y 9 de octubre: Escribe el poema «Siglo mío, fiera mía», en que el siglo se presenta como una fiera con la columna vertebral rota.

1923

20 de enero: El periódico berlinés *Nakanune* publica el ensayo «El humanismo y el presente», una advertencia en contra del totalitarismo y una afirmación del humanismo europeo. Marzo: Escribe importantes poemas como la «Oda al estilete» («Aquí escribe el miedo…») y «Quien encuentra una herradura», en el que se alude a Rusia como un caballo moribundo y se propugna la preservación de la memoria a través de la poesía. A finales de mayo: En Moscú se publica *El segundo libro*. Julio: Tercera edición, ampliada, del poemario *La piedra*. 23 de agosto: M. declara su salida de la Unión de Escritores de Rusia; las revistas soviéticas lo borran de sus listas de colaboradores. De agosto a septiembre: En Gaspra (Crimea) comienza a trabajar en el volumen de prosa autobiográfica *El rumor del tiempo*. 6 de octubre: Regreso a Moscú. En una carta escribe: «sin trabajo, sin dinero, sin casa». M. intenta sobrevivir mediante traducciones, escribe sobre Clara Zetkin y entrevista al político vietnamita que posteriormente sería conocido como Ho Chi Minh.

1924

Comienza a escribir el poema «1 de enero de 1924» en Kiev, y lo termina después de la muerte de Lenin el 21 de enero; plantea un enfrentamiento radical con la época «sorda, despiadada»: «¿A quién más vas a asesinar? ¿A quién más ensalzarás? / ¿Qué mentira inventarás?». Contiene también una visión sobre el final del poeta: «Quebrarán la cancioncilla de las ofensas de barro, /

brechen, / Mit Blei versiegeln dir den Mund." Kurz danach folgt ein Gedicht, das jede Zeitgenossenschaft aufkündigt: „Nein ich war nirgendwo und niemands Zeitgenosse." Mühselige Brotarbeiten, Übersetzungen, Verlagsgutachten.

1925

Januar-März: Kurze heftige Liebesaffäre mit Olga Waksel, der er zwei seiner schönsten Gedichte widmet („Das Leben fiel, ein Wetterblitz"). Ende April: In Leningrad erscheinen das autobiographische Prosabuch *Das Rauschen der Zeit* sowie kleine Kinderbücher: *Die beiden Trams* und *Der Primuskocher*. Erster Herzanfall, Atemnot. Die Periode des Schweigens: Fünf Jahre lang wird M. keine Gedichte mehr schreiben. Ab Oktober: Nadeschda Mandelstam in Jalta auf der Krim, um ihre Tuberkulose zu kurieren. M. intensiviert die Brotarbeiten, um den Aufenthalt sicherzustellen, schreibt Lageberichte an Nadeschda vom Kampf um jeden Rubel und Liebesbriefe voller zärtlicher Kosenamen.

1926

Bis Mai fährt M. mehrmals auf die Krim zu Nadeschda und nach Kiew, zahlreiche Übersetzungen als Broterwerb. Zwei weitere Kinderbücher erscheinen in Leningrad: *Luftballons* und *Die Küche*.

1927

M. wohnt in Zarskoje Selo. Im Sommer Arbeit an der halb fiktionalen, halb autobiographischen Prosa *Die ägyptische Briefmarke* („Die Angst nimmt mich bei der Hand und führt mich"). September bis Dezember: Nadeschda Mandelstam aus gesundheitlichen Gründen wiederum in Jalta.

1928

Letzte Buchveröffentlichungen zu Lebzeiten, dank einer Einflussnahme Nikolaj Bucharins: *Gedichte* (1908–1925), *Die ägyptische Briefmarke* (Prosa), *Über Poesie* (Essays). 18. November: Antwort auf eine Zeitungsumfrage zum Thema „Der Sowjetschriftsteller und die Oktoberrevolution": „Ich fühle mich als Schuldner der Revolution, bringe ihr jedoch Gaben dar, die sie vorläufig noch nicht benötigt." Beginn der „Eulenspiegel-Affäre", eine Beschuldigung wegen Plagiats, die in eine von offiziellen Stellen gelenkte Verleumdungs- und Hetzkampagne gegen M. ausartet.

1929

7. April: M. attackiert in der Zeitung *Iswestija* die Übersetzungspraktiken der sowjetischen Verlage („Pfusch vom Fließband"). Ab Mai Verschärfung der

y con estaño te sellarán los labios». Poco después sigue un poema que niega toda contemporaneidad: «No, jamás fui yo coetáneo de nadie». Arduos trabajos para ganarse el pan, traducciones, informes para editoriales.

1925

Enero-marzo: Corta e intensa aventura amorosa con Olga Váksel, a quien dedica dos de sus poemas más bellos («La vida cayó como un rayo»). A finales de abril: En Leningrado aparecen el libro autobiográfico *El rumor del tiempo* y dos libros para niños (*Los dos tranvías* y *El hornillo*). Primer infarto, asfixia. Período de silencio: Durante cinco años M. no escribirá ningún poema más. A partir de octubre: Nadezhda Mandelstam se encuentra en Yalta, Crimea, para curarse de la tuberculosis. M. intensifica su trabajo para asegurarle la estancia, escribe a Nadezhda detallados informes sobre su lucha por cada rublo y cartas de amor llenas de motes cariñosos.

1926

Hasta mayo: M. viaja varias veces a Crimea para visitar a Nadezhda, y también a Kiev; numerosas traducciones como modo de sustento. Publica otros dos libros para niños en Leningrado: *Globos y La cocina*.

1927

M. vive en Tsárskoye Seló. Durante el verano trabaja en el texto en prosa medio de ficción, medio autobiográfico *El sello egipcio* («El miedo me toma de la mano y me conduce»). De septiembre a diciembre: Nadezhda Mandelstam de nuevo en Yalta por motivos de salud.

1928

Últimos libros publicados en vida, gracias a las influencias de Nikolái Bujarin: Poemas (1908-1925), *El sello egipcio* (prosa), *Sobre la poesía* (ensayos). 18 de noviembre: Respuesta de M. a la encuesta de un periódico sobre el tema «Los escritores soviéticos y la Revolución de Octubre»: «Me siento deudor de la revolución, pero le ofrezco obsequios que por el momento aún no necesita». Comienza el «*affaire* Eulenspiegel», una acusación de plagio que termina en una campaña de acoso y calumnias en contra de M., dirigida por entidades oficiales.

1929

7 de abril: M. ataca en el periódico Izvestia las prácticas de traducción de las editoriales soviéticas («chapuzas en serie»). En mayo se agudiza el «*affaire*

„Eulenspiegel-Affäre". Dezember: M. schreibt als Antwort die polemische, anti-stalinistische *Vierte Prosa* und einen Offenen Brief an die sowjetischen Schriftsteller, der den Bruch mit der offiziellen Literatur bedeutet.

1930

Verhöre durch den Untersuchungsrichter zur „Eulenspiegel-Affäre". 13. März in einem Brief: „Ich bin allein. Ich bin arm. Nichts ist wiedergutzumachen. Der Bruch ist – Reichtum. Ich muss ihn bewahren. Darf ihn nicht vergeuden." M. erfährt vom Selbstmord Wladimir Majakowskijs am 14. April. April bis Oktober: Durch eine Intervention Bucharins ermöglichte Reise in den Kaukasus, nach Abchasien, Georgien, Armenien. Oktober: In Tiflis, nach der Rückkehr aus Armenien, Wiederaufnahme des lyrischen Schaffens, nach fünfjährigem Schweigen. Gedichtzyklus Armenien. Dezember: Rückkehr nach Leningrad.

1931

Die offiziellen Schriftstellerorganisationen widersetzen sich M.s Niederlassung in Leningrad, Umzug nach Moskau, Beginn des Nomadenlebens, M. wohnt bei Verwandten und in provisorischen Unterkünften. März 1931: Die Gedichte der *Moskauer Hefte* entstehen, u.a. das Gedicht auf das „Wolfshund-Jahrhundert" („Doch ich bin nicht von wölfischem Blut"). April: Beginn der Arbeit an der Prosa *Die Reise nach Armenien*.

1932

23. November: Letzte Gedichtveröffentlichung in der *Literaturnaja Gaseta*: „Leningrad", „Mitternacht in Moskau" („Zeit, dass ihr wisst: Auch ich bin Zeitgenosse!), „An die deutsche Sprache".

1933

Mai: Abdruck des Prosawerks *Die Reise nach Armenien* in der Zeitschrift *Swesda*, letzte Veröffentlichung zu Lebzeiten. Auf der Krim schreibt M. ein Gedicht über die Hungerkatastrophe in der Ukraine („Ein kaltes Frühjahr. Krimstadt – nur ein Hungergeist"), das Teil des Ermittlungsdossiers gegen ihn sein wird. Im Gedicht „Ariosto": „Die Macht ist widerlich wie Baderhände." Juni bis August: Polemik in den Zeitungen gegen Mandelstams Prosa. Bis zum Herbst auf der Krim: Arbeit am Essay *Gespräch über Dante*. Oktober: M. bekommt nach Jahren des Nomadenlebens in Moskau eine Wohnung zugewiesen. November: Er schreibt sein Epigramm gegen Stalin, eine Entlarvung des „Seelenverderbers und Bauernschlächters".

Eulenspiegel». Diciembre: M. responde con el polémico texto antiestalinista *La cuarta prosa* y una «Carta abierta a los escritores soviéticos» que significa la ruptura con la literatura oficial.

1930

Interrogatorios de los jueces de instrucción por el «*affaire* Eulenspiegel». El 13 de marzo escribe en una carta: «Estoy solo. Soy pobre. Nada tiene remedio. La ruptura es riqueza. Tengo que conservarla. No la puedo malgastar». M. se entera del suicidio de Vladímir Mayakovski el 14 de abril. De abril a octubre: Gracias a la intervención de Bujarin, viaje por el Cáucaso (Abjasia, Georgia, Armenia). Octubre: En Tiflis, al regresar de Armenia, retoma el trabajo poético, luego de cinco años de silencio. Ciclo de poemas «Armenia». Diciembre: Regreso a Leningrado.

1931

Las organizaciones oficiales de escritores se oponen a que M. se establezca en Leningrado. Se traslada a Moscú y comienza una vida nómada; M. vive en casa de parientes y en alojamientos provisionales. Marzo: Escribe los poemas de los *Cuadernos de Moscú*; entre otros, el poema sobre «el siglo perro-lobo» («mas yo no tengo sangre de lobo»). Abril: Comienza a trabajar en el texto en prosa *Viaje a Armenia*.

1932

23 de noviembre: Última publicación de sus poemas en *Literatúrnaya Gazeta*: «Leningrado», «Medianoche en Moscú» («¡Es hora de que sepáis que yo también soy contemporáneo!»), «A la lengua alemana».

1933

Mayo: El texto en prosa *Viaje a Armenia* aparece en la revista *Zvezdá*, última publicación en vida. En Crimea escribe un poema sobre la hambruna en Ucrania («Fría primavera. La hambrienta Stari Krim») que será parte del expediente en su contra. Poema «Ariosto»: «El poder es repulsivo como las manos del barbero». De junio a agosto: Polémica en la prensa contra la prosa de M. Hasta el otoño en Crimea: Trabaja en el ensayo *Coloquio sobre Dante*. Octubre: Tras años de vida nómada le asignan una casa en Moscú. Noviembre: Escribe su epigrama contra Stalin, en el que califica al líder soviético de «pervertidor de almas y descuartizador de campesinos».

1934

Januar: Gedichtzyklus „Achtzeiler" und Requiem auf Andrej Belyj. Im Februar zu Anna Achmatowa: „Ich bin zum Sterben bereit." Ende März: M. trifft Boris Pasternak und rezitiert ihm das Anti-Stalin-Gedicht (Begründung: „Ich hasse nichts so sehr wie den Faschismus, in welcher Form er auch auftritt"). 6. Mai: M. ohrfeigt öffentlich den offiziellen Sowjetschriftsteller Alexej Tolstoj. 16./17. Mai: Nächtliche Hausdurchsuchung und Verhaftung, Beschlagnahmung der Manuskripte, Verhöre im Moskauer Lubjanka-Gefängnis. Selbstmordversuch. 28. Mai: Verurteilung zu drei Jahren Verbannung und Transport unter Bewachung nach Tscherdyn (Ural). Erneuter Selbstmordversuch, M. springt aus dem Fenster des Landkrankenhauses. Revision des Urteils, laut Order: „Isolieren, aber erhalten." Ab Juni: Neuer Verbannungsort Woronesch im südrussischen Schwarzerdegebiet.

1935

Februar: Antwort auf provokative Fragen von Woronescher Schriftstellern, u.a. was Akmeismus sei: „Sehnsucht nach Weltkultur". April-Mai: Die ersten Gedichte der *Woronescher Hefte* entstehen (drei solcher Hefte bis Mai 1937), Vitalitätsschub in der Begegnung mit der Natur („Schwarzerde"): „Ich muss nun leben, war schon zweifach tot." Juni–Juli: Arbeit an Rundfunksendungen über „Goethes Jugend" und Glucks Oper *Orpheus und Eurydike*. Mitte Dezember: Zusammenbruch auf der Straße, Aufenthalt im Nervensanatorium von Tambow.

1936

Juli-August: In Sadonsk am Don-Fluss. Der erste Moskauer Schauprozess, Beginn von Stalins „Säuberungs"-Terror. M. verliert jede Arbeitsmöglichkeit. Materielle Not. Dezember: In einem intensiven Schaffensschub entstehen die Gedichte des zweiten Teils der *Woronescher Hefte*.

1937

Herzkrankheit, Atemnot. Januar: M. schreibt „mit dem Kopf in der Schlinge" die „Stalin-Ode", um sein Leben zu retten. April, in einem Brief: „Ich bin ein Schatten. Mich gibt es nicht. Ich habe nur das Recht zu sterben. Mich und meine Frau treibt man in den Selbstmord." In einem diffamierenden Artikel einer Woronescher Zeitung wird M. unter die „Trotzkisten und andere klassenfeindliche Elemente" eingereiht. Mai: Ende der dreijährigen Verbannung, Rückkehr nach Moskau, wo M. das Wohnrecht abgesprochen wird. Umzug nach Sawjolowo an der Wolga, dann Kalinin.

1934

Enero: Ciclo poético «Octavas» y réquiem por Andréi Beli. En febrero confiesa a su amiga Anna Ajmátova: «Estoy listo para morir». A finales de marzo: M. se encuentra con Borís Pasternak y le recita el poema contra Stalin. Su explicación: «No hay nada que odie más que el fascismo, en la forma en que aparezca». 6 de mayo: M. abofetea en público al escritor oficial soviético Alekséi Tolstói. Noche del 16 al 17 de mayo: Registro domiciliario y arresto, confiscación de manuscritos, interrogatorios en la cárcel de la Lubianka, en Moscú. Intento de suicidio. 28 de mayo: Condena de tres años, deportación y transporte bajo vigilancia a Cherdyn, en los Urales. Nuevo intento de suicidio, M. salta por la ventana del hospital de distrito. Revisión de la condena, según la orden «Aislar, pero preservar». A partir de junio: Vorónezh, en las tierras negras del sur de Rusia, será su nuevo lugar de deportación.

1935

Febrero: M. responde a las provocadoras preguntas de los escritores de Vorónezh —entre otras, acerca de la esencia del acmeísmo— con la famosa frase: «Nostalgia de una cultura universal». Abril-mayo: Escribe los últimos poemas de los *Cuadernos de Vorónezh* (tres cuadernos hasta mayo de 1937), experimenta accesos de vitalidad en comunión con la naturaleza, p. ej. en el poema «Tierra negra» («Debo vivir, aunque ya estuve dos veces muerto»). Junio-julio: Trabajo en programas de radio sobre «La juventud de Goethe» y la ópera *Orfeo y Eurídice* de Gluck. Diciembre: Se derrumba en plena calle; estancia en el sanatorio de Tambov.

1936

Julio-agosto: En Zadonsk, a orillas del Don. Primer simulacro de proceso, comienza la campaña de la Gran Purga de Stalin. M. pierde toda posibilidad de trabajar. Indigencia. Diciembre: En una intensa fase creativa escribe los poemas de la segunda parte de los *Cuadernos de Vorónezh*.

1937

Enfermedad cardíaca, asfixia. Enero: M. escribe «con la soga al cuello» la «Oda a Stalin» para salvar su vida. Abril, en una carta: «Soy una sombra. No existo. Sólo tengo el derecho a morir. A mi mujer y a mí nos están empujando al suicidio». En un artículo difamatorio de un periódico de Vorónezh, M. es incluido en la lista de los «trotskistas y otros enemigos de clase». Mayo: Fin de los tres años de destierro. Regreso a Moscú, donde se le priva del derecho de residencia. Mudanza a Saviólovo, a orillas del Volga, y después a Kalinin.

1938

2. März: Bewilligung eines Aufenthalts in einem Erholungsheim in Samaticha (eine Falle). Dritter Moskauer Schauprozess, nach dem sein einstiger Protektor Bucharin erschossen wird. 16. März: Denunziationsbrief Wladimir Stawskijs, des Generalsekretärs des Schriftstellerverbandes, an den NKWD-Chef Jeschow mit der Bitte, „das Problem Mandelstam zu lösen". 2. Mai: M. wird in Samaticha verhaftet und ins Moskauer Butyrka-Gefängnis verbracht. 2. August: Verurteilung durch ein NKWD-Sondergericht zu fünf Jahren Arbeitslager wegen konterrevolutionärer Tätigkeit, nach Artikel 58–10 („Antisowjetische Agitation und Propaganda"). 8. September: Abtransport nach Sibirien. 12. Oktober: Ankunft im Durchgangslager 3/10 „Wtoraja Retschka" bei Wladiwostok, Baracke 11 für „Konterrevolutionäre". Aus dem letzten Brief, 2./3. November: „Meine Gesundheit ist sehr schwach. Bin äußerst erschöpft. Abgemagert, fast nicht wiederzuerkennen. Aber Kleider zu schicken, Essen und Geld – weiß nicht, ob es Sinn hat. Versucht es trotzdem. Ich friere sehr ohne Kleider." Flecktyphus-Epidemie. 27. Dezember: Mandelstam stirbt im Lager bei einer Desinfektionsmaßnahme.

Nachtrag

Nadeschda Mandelstam überlebte die Stalin-Epoche, lernte M.s Gedichte auswendig, versteckte die Manuskripte bei wenigen Freunden, ließ das Archiv in den Westen schmuggeln, wo es seit 1976 an der Princeton University, New Jersey, aufbewahrt wird. Mit ihren Memoiren, deutsch unter dem Titel *Das Jahrhundert der Wölfe* erschienen, trug sie 1970 entscheidend zur weltweiten Entdeckung von Mandelstams Werk bei. Sie starb am 29. Dezember 1980 in Moskau.

Nach Stalins Tod 1953 zirkulierten M.s Gedichte im Untergrund des Samisdat und wurden zum Symbol für ein trotz widrigster politischer Umstände ungebrochenes künstlerisches Schaffen. Einem 1973 in der Sowjetunion erschienenen zensierten Auswahlband mit geschichtsklitterndem Vorwort folgte erst 1990 unter Gorbatschow die erste unzensierte Ausgabe von Pavel Nerler. Im deutschen Sprachraum war es Paul Celan, der 1959 mit einer Auswahl von Gedichten den russischen Dichter bekannt machte (S. Fischer Verlag, Frankfurt am Main), in der DDR beförderte die von Fritz Mierau herausgegebene Auswahl *Hufeisenfinder* (Reclam, Leipzig 1975) die dortige Rezeption. Ralph Dutlis zehnbändige Mandelstam-Gesamtausgabe erschien 1985 bis 2000 im Ammann Verlag, Zürich.

1938

2 de marzo: Se le autoriza una estancia en una casa de reposo en Samátija (una trampa). Tercer simulacro de proceso en Moscú, después del cual su antiguo protector Bujarin es ejecutado. 16 de marzo: Carta de denuncia de Vladímir Stavski, secretario general de la Unión de Escritores, dirigida al jefe del NKVD (Comisariado del Pueblo para Asuntos Internos) Yezhov, con la petición de «resolver el problema Mandelstam». 2 de mayo: M. es arrestado en Samátija y trasladado a la prisión de Butyrka, en Moscú. 2 de agosto: Un tribunal especial del NKVD dicta condena de tres años en campo de trabajo por actividad contrarrevolucionaria de acuerdo con el artículo 58-10 («Agitación y propaganda antisoviéticas»). 8 de septiembre: Transporte a Siberia. 12 de octubre: Llega al campo de tránsito 3/10 de Vtoraya Rechka, cerca de Vladivostok, barracón 11 para «contrarrevolucionarios». Su última carta, del 2 o 3 de noviembre: «Mi salud es muy frágil. Estoy al límite de mis fuerzas. Demacrado, casi irreconocible. Por eso no sé si tiene sentido que me mandéis ropa, comida y dinero. Pero intentadlo de todas formas. Sin ropa caliente tengo mucho frío». Epidemia de tifus. 27 de diciembre: M. muere en el campo de tránsito, durante unas medidas de desinfección.

Adenda

Nadezhda Mandelstam sobrevivió a la época de Stalin, memorizó los poemas de M., escondió los manuscritos en casa de unos pocos amigos y mandó el archivo de contrabando a Occidente; desde 1976 se conserva en la Universidad de Princeton, New Jersey. Con sus memorias, cuyo primer volumen se publicó en español bajo el título Contra toda esperanza, contribuyó decisivamente a partir de 1970 a la divulgación de la obra de M. a nivel mundial. Murió el 29 de diciembre de 1980 en Moscú.

Después de la muerte de Stalin en 1953 circularon poemas de M. en la clandestinidad del *samizdat* y se convirtieron en símbolo de una creación artística inquebrantable a pesar de las condiciones políticas adversas. Tras una antología censurada que se publicó en 1973 en la Unión Soviética, con un prólogo pseudohistórico, hubo que esperar hasta 1990, en tiempos de Gorbachov, para que viera la luz la primera edición sin censura, a cargo de Pavel Nerler. En el área lingüística alemana fue Paul Celan quien dio a conocer la obra del poeta ruso en 1959 mediante la traducción de una selección de poemas (S. Fischer Verlag, Fráncfort del Meno). La recopilación *Hufeisenfinder* (Quien encontró una herradura) (Reclam, Leipzig 1975), editada por Fritz Mierau, promovió la recepción del autor en la RDA. Los diez tomos de *Das Gesamtwerk* (Obra completa) de M. a cargo de Ralph Dutli aparecieron en el período de 1985-2000 en la editorial Ammann, Zúrich.

Autoren

RALPH DUTLI, geboren 1954 in Schaffhausen (Schweiz), studierte in Zürich und an der Pariser Sorbonne Romanistik und Russistik, lebt als freier Schriftsteller in Heidelberg. Er ist Romanautor, Lyriker, Essayist, Biograph, Übersetzer und Herausgeber der zehnbändigen Ossip-Mandelstam-Gesamtausgabe. Er erhielt zahlreiche Preise und Auszeichnungen, u.a. den Johann-Heinrich-Voß-Preis 2006 der Deutschen Akademie für Sprache und Dichtung, den Rheingau Literaturpreis 2013 und den Preis der LiteraTour Nord 2014 für seinen Roman *Soutines letzte Fahrt*, sowie den Düsseldorfer Literaturpreis 2014 für sein literarisches Gesamtwerk.

Veröffentlichungen (Auswahl): *Notizbuch der Grabsprüche*. Gedichte (2002); *Meine Zeit, mein Tier. Ossip Mandelstam. Eine Biographie* (2003); *Russische Literaturgeschichte*, erzählt von Ralph Dutli (Hörbuch, 2003); *Novalis im Weinberg*. Gedichte (2005); *Nichts als Wunder. Essays über Poesie* (2007); *Liebe Olive. Eine kleine Kulturgeschichte* (2009; neu 2013); *Fatrasien. Absurde Poesie des Mittelalters* (2010); *Das Lied vom Honig. Eine Kulturgeschichte der Biene* (2012); *Soutines letzte Fahrt*. Roman (2013); *Richard de Fournival: Das Liebesbestiarium*. Mit einem Essay von Ralph Dutli (2014); *Die Liebenden von Mantua*. Roman (2015); *Mandelstam, Heidelberg* (2016).

WLADIMIR BORISOWITSCH MIKUSCHEWITSCH, geboren 1936, befasst sich mit der russischen und europäischen Kultur in ihrer Verflechtung. Den Erlebnissen solcher Verflechtung sind seine lyrischen Werke gewidmet. In den Büchern seiner philosophischen Essayistik *Die Blitzstrahlen* (Проблески, 1997) und *Das Nordlicht* (Пазори, 2007) werden kulturphilosophische und existentielle Problematiken betrachtet. Seine Übersetzungen sind aufs Engste mit seinen kulturgeschichtlichen Forschungen verbunden und setzen diese eigentlich fort. Seine Mandelstam-Studien sind ein besonderes Kapitel seiner Forschungen. Mikuschewitsch betrachtet Mandelstam als den russisch-europäischen Dichter, der das Europäische an das Russische fügt und das Russische an das Europäische, was in der Rezeption erst seit kürzerer Zeit bemerkt und nachempfunden wird.

Autores

RALPH DUTLI, nacido en Schaffhausen, Suiza, en 1954. Estudió Filología Románica y Eslava en Zúrich y en la Sorbona de París. Vive y trabaja en Heidelberg como escritor, narrador, poeta, ensayista y biógrafo. Es traductor y editor de los diez tomos de la Obra completa de Ósip Mandelstam al alemán. Ha recibido numerosos premios, entre los cuales destacan: el Johann-Heinrich-Voß-Preis (2006) de la Academia Alemana de Lengua y Poesía; el Rheingau Literaturpreis (2013); el Premio LiteraTour Nord (2014) por su novela *Soutines letzte Fahrt* [El último viaje de Soutine], y el Düsseldorfer Literaturpreis 2014 por el conjunto de su obra literaria.

Publicaciones (selección): *Notizbuch der Grabsprüche*. Gedichte (2002); *Meine Zeit, mein Tier. Ossip Mandelstam. Eine Biographie* (2003); *Russische Literaturgeschichte, erzählt von Ralph Dutli* (Hörbuch, 2003); *Novalis im Weinberg*. Gedichte (2005); *Nichts als Wunder. Essays über Poesie* (2007); *Liebe Olive. Eine kleine Kulturgeschichte* (2009; reed. 2013); *Fatrasien. Absurde Poesie des Mittelalters* (2010); *Das Lied vom Honig. Eine Kulturgeschichte der Biene* (2012); *Soutines letzte Fahrt*. Roman (2013); *Richard de Fournival: Das Liebesbestiarium*. Mit einem Essay von Ralph Dutli (2014); *Die Liebenden von Mantua*. Roman (2015); *Mandelstam, Heidelberg* (2016).

WLADIMIR BORISOWITSCH MIKUSCHEWITSCH, nacido en 1936. Se dedica al estudio de las relaciones entre la cultura rusa y la europea. Su obra poética se nutre de dicha experiencia intercultural. Sus ensayos filosóficos *Resplandores* (Проблески, 1997) y *Aurora boreal* (Пазори, 2007) tratan sobre problemáticas filosófico-culturales y existenciales. Sus traducciones están estrechamente relacionadas con sus investigaciones, de manera que ofrecen una continuación de las mismas. Sus estudios sobre Mandelstam constituyen un capítulo especial de su trabajo de investigación. Mikuschewitsch considera a Mandelstam como un poeta ruso-europeo, que añade lo ruso a lo europeo y viceversa, asunto que, recientemente, es observado y compartido por la recepción.

SEBASTIÀ MORANTA, geboren 1974 auf Mallorca in Spanien. Studium der Katalanistik/Romanistik und Slavistik an der Universität Barcelona. Später Studium der russischen Sprache und Literatur am Institut A. S. Puschkin sowie an der Universität M. V. Lomonossow, beide in Moskau. Er hielt mehrere Vorträge zum Werk Ossip Mandelstams und zu den Übersetzungen seiner Werke ins Spanische und Katalanische in Moskau, Sankt Petersburg, Oxford und Granada. Zudem hat er sich mit literarischen Übersetzungen aus dem Deutschen, Russischen und Polnischen (F. Gregorovius, O. Mandelstam, Cz. Miłosz) beschäftigt. Von 2000 bis heute Forschung und Lehrtätigkeit als Dozent für iberoromanische Sprachwissenschaft, Soziolinguistik und Übersetzungstheorie an den Universitäten zu Köln, Frankfurt am Main, Marburg und Göttingen.

PAVEL NERLER, geboren 1952 in Moskau, wohnhaft in Moskau und Freiburg, Prof., Dr. habil., Zeithistoriker, Geograph und Philologe, ist Gründer und Vorsitzender der Mandelstam-Gesellschaft Moskau und Direktor des Mandelstam-Zentrums der Moskauer „Higher School of Economics". Er ist Mitherausgeber von zwei Sammelwerken von Ossip Mandelstam (1990 und 1993–1997), Verfasser von mehr als 500 Veröffentlichungen zu Mandelstam und anderen Themen.

Zu seinen wichtigsten russischen Büchern zählen: Мандельштам и его солагерники. М.: АСТ, 2015; *Con amore*. Этюды о Мандельштаме. М.: НЛО, 2014; Осип Мандельштам и Америка. М. – Ставрополь: Изд-во Ставропольского государственного университета, 2012; Слово и „дело" Осипа Мандельштама: Книга доносов, допросов и обвинительных заключений. М.: Петровский парк, 2010.

Die wichtigsten Veröffentlichungen in anderen Sprachen: „En Masse: A Chronicle of the Last Days of Osip Emilevich Mandelshtam", übers. v. Linda Tapp, in: *Manoa. A Pacific Journal of International Writing*, 6. Band, Nr. 2, Winter 1994, University of Hawaii Press, S. 182–205; „Ossip Mandelstam (1891–1938)", in: *Berlin-Moskau / Moskau-Berlin 1900–1950. Bildende Kunst, Photographie, Architektur, Theater, Literatur, Musik und Film*, hrsg. v. Irina Antonowa und Jörn Merkert anlässlich der Ausstellung „Berlin-Moskau/Moskau-Berlin 1900–1950", München/New York: Prestel, 1995, S. 326–328; „Mandelstam und Heidelberg", in: *Russica Palatina. Skripten der Russischen Abteilung des Instituts für Übersetzen und Dolmetschen der Universität Heidelberg*, Nr. 21; „Mandel'štam und sein Heidelberger Umfeld", hrsg. v. Willy Birkenmaier, Heidelberg 1992, S. 3–69; „Ossip Mandelstam à Paris", in: *Europe. Revue littéraire mensuelle*. Paris, Juni–Juli 2009, S. 25–50.

SEBASTIÀ MORANTA, nacido en Campos (Mallorca, España) en 1974. Es licenciado en Filología Catalana y Eslava por la Universidad de Barcelona. Posteriormente siguió estudios de lengua y literatura rusas en el Instituto A. S. Pushkin y en la Universidad M. V. Lomonósov de Moscú. Ha dado conferencias sobre la obra de Ósip Mandelstam y sus traducciones al español y al catalán en Moscú, San Petersburgo, Oxford y Granada. Asimismo, se ha dedicado a la traducción literaria del alemán, el ruso y el polaco (F. Gregorovius, O. Mandelstam, Cz. Miłosz). Desde 2000 hasta la actualidad ha desarrollado su carrera investigadora y docente en el ámbito de la lingüística iberorrománica, la sociolingüística y la teoría de la traducción en las universidades de Colonia, Fráncfort del Meno, Marburgo y Gotinga.

PAVEL NERLER, nacido en 1952, en Moscú; vive en Moscú y Friburgo. Prof., Dr. habil., historiador, geógrafo, filólogo, es fundador y presidente de la Sociedad Mandelstam de Moscú y director del Centro Mandelstam de la Higher School of Economics (Moscú). Es coeditor de dos compilaciones de la obra de Mandelstam (1990 y 1993-1997) y autor de más de 500 publicaciones sobre Mandelstam y otros temas.

Entre sus libros más importantes en ruso se encuentran: Мандельштам и его солагерники. М.: АСТ, 2015; Con amore. Этюды о Мандельштаме. М.: НЛО, 2014; Осип Мандельштам и Америка. М. – Ставрополь. Изд-во Ставропольского государственного университета, 2012; Слово и «дело» Осипа Мандельштама: Книга доносов, допросов и обвинительных заключений. М.: Петровский парк, 2010.

Sus publicaciones más importantes en otros idiomas son: «En Masse: A Chronicle of the Last Days of Ósip Emilevich Mandelshtam», trad. de Linda Tapp, en: *Manoa. A Pacific Journal of International Writing*, vol. 6, núm. 2, invierno de 1994, University of Hawaii Press, pp. 182-205; «Ossip Mandelstam (1891-1938)», en: *Berlin-Moskau/Moskau-Berlin 1900-1950. Bildende Kunst, Photographie, Architektur, Theater, Literatur, Musik und Film*, ed. de Irina Antonowa y Jörn Merkert con motivo de la exposición «Berlin-Moskau/Moskau-Berlin 1900-1950», Múnich / Nueva York: Prestel, 1995, pp. 326-328; «Mandelstam und Heidelberg», en: *Russica Palatina. Skripten der Russischen Abteilung des Instituts für Übersetzen und Dolmetschen der Universität Heidelberg*, núm. 21; «Mandel'štam und sein Heidelberger Umfeld», ed. de Willy Birkenmaier, Heidelberg 1992, pp. 3-69; «Ossip Mandelstam à Paris», en: *Europe. Revue littéraire mensuelle*. París, junio-julio de 2009, pp. 25-50.

HERAUSGEBER:
Staatliches Literaturmuseum Moskau
UNESCO City of Literature Heidelberg
UNESCO City of Literature Granada /
Centro Federico García Lorca

Centro Federico García Lorca

FÖRDERER:
Baden-Württemberg Stiftung
Heidelberger Volksbank eG
Spanisches Kulturministerium
Stadt Heidelberg
Stadt Granada

KOOPERATIONSPARTNER:
Mandelstam-Gesellschaft Moskau
Stiftung Reichspräsident-Friedrich-Ebert-Gedenkstätte
Ralph Dutli
Anna Achmatowa-Museum im Fontannyj Haus
Institut fur russische Literatur (Puschkinskij Dom) (IRLI RAN)
Staatliches Russisches Archiv für Literatur und Kunst (RGALI)
Staatliches Archiv der Russischen Föderation (GARF)
Nationalarchiv Armeniens (NAA)
Archiv des Innenministeriums der Russischen Föderation
     (MWD-Archiv)
Russische nationale Bibliothek (RNB)
Russisches Staatsarchiv für sozialpolitische Geschichte (RGASPI)
Staatliches Militärarchiv der Russischen Föderation (RGVA)
Zentrales Staatliches Historisches Archiv in St. Petersburg (ZGIA)
Zentralarchiv des Föderalen Dienstes für die Sicherheit der
     Russischen Föderation (ZA FSB RF)
Privatsammlung von Nikita Schklowskij-Kordi,
     Dmitrij Tschukowskij
Slavisches Institut, Germanistisches Seminar und Institut für
     Übersetzen und Dolmetschen der Universität Heidelberg
Universitätsarchiv Heidelberg
Universitätsbibliothek Heidelberg
Universitätsarchiv Princeton

Abdruck der Gedichtübersetzungen ins Deutsche
mit freundlicher Genehmigung von
Edition Howeg, Zürich
S. Fischer Verlag GmbH, Frankfurt am Main
Suhrkamp Verlag, Frankfurt am Main
Wallstein Verlag, Göttingen

Abdruck der Übersetzungen der Gedichte auf Spanisch
mit freundlicher Genehmigung von
Editorial Vaso Roto, Madrid / México
Editorial Igitur, Montblanc (Tarragona)
Editorial Acantilado, Barcelona
Aquilino Duque, Jesús García Gabaldón, Helena Vidal

MITWIRKENDE AN DER REALISIERUNG
DER AUSSTELLUNG:

Moskau:
Kuratoren der Ausstellung: Anastasia Alexandrowa und
Daria Kawerina
Leiter der Arbeitsgruppe in Moskau: Dmitrij Bak
Organisation der Ausstellung auf russischer Seite und
Vorbereitung der audiovisuellen Medien: Natalia Papanova,
Wyatscheslaw Kurenkov, Alla Golubeva, Alexander Barbaschow,
Wassilij Wyssokolow
Ausstellungsdesign: Anna Kolcychuk
Video: Alexander Woschschow
Toninstallationen: Nikolaj Chrust
Das Staatliche Literaturmuseum bedankt sich bei:
Nikita Schklowskij-Kordi, Ralph Dutli, Phillip Koban,
Stefan Hohenadl, Stefan Kaumkötter, Anna Rudnik,
Aleksei Naumow, Nikolai Prochorow, Irina Koschkina,
Irina Alpatowa, Martina Jakobson

Heidelberg:
Projektleitung: Dr. Andrea Edel
Projektkoordination: Dr. Andrea Edel und Phillip Koban
Bürgermeister für Familie, Soziales und Kultur der Stadt
Heidelberg: Dr. Joachim Gerner
Einrichtung der Ausstellung in Heidelberg: Stefan Hohenadl,
Phillip Koban, Guilhelm Zumbaum-Tomasi
Verwaltung und Kommunikation im Kulturamt Heidelberg:
Petra Braus, Birgit Johann, Petra Mayer-Breining,
Gisela Wieprecht, Elgiz Wündrich, Silke Zapf-Wagner
Zusammenstellung des Rahmenprogramms zur Ausstellung in
Heidelberg: Dr. Andrea Edel, Stefan Kaumkötter und Phillip Koban
in Kooperation mit dem Slavischen Institut, dem
Germanistischen Seminar, dem Musikwissenschaftlichen
Seminar und dem Institut für Übersetzen und Dolmetschen der
Universität Heidelberg, dem Heidelberger Geschichtsverein,
Ralph Dutli, der Stiftung Reichspräsident-Friedrich-Ebert-Ge-
denkstätte und allen beteiligten Institutionen und KünstlerInnen
Koordination des Rahmenprogramms: Phillip Koban und
Stefan Kaumkötter
Mitwirkende bei der Gestaltung des Rahmenprogramms:
Jugendkunstschule Heidelberg-Bergstraße e. V.; Heidelberger
Gästeführer; Hans-Martin Mumm; [Ak.T]-heater; Kamina –
Studentischer Dichterkreis; UnterwegsTheater; Theodor-Heuss-
Realschule; Hölderlin-Gymnasium; Martin Oelbermann; Mario
Damolin; Frank Diamand; Klangforum Heidelberg; Theater und
Orchester Heidelberg; UNESCO City of Literature Heidelberg;
Slavisches Institut, Germanistisches Seminar, Musikwissenschaft-
liches Seminar, Institut für Übersetzen und Dolmetschen der Uni-
versität Heidelberg; Heidelberger Geschichtsverein; Ralph Dutli;
Stiftung Reichspräsident-Friedrich-Ebert-Gedenkstätte
Die UNESCO City of Literature Heidelberg bedankt sich beim
Deutschen Literaturarchiv Marbach und Ralph Dutli.

Granada:
Programmkoordination UNESCO City of Literature Granada und
Koordination der Ausstellung: Jesús Ortega
Kulturstadtrat der Stadt Granada: María de Leyva Campaña
Technische Direktion Centro Federico García Lorca:
Miguel Canales
Verwaltung und Kommunikation Centro Federico García Lorca:
Carmen Casares, Mónica Muriel und Gracia Peregrín

EDITORES:
Museo Estatal de Literatura de Moscú
Heidelberg Ciudad de Literatura UNESCO
Granada Ciudad de Literatura UNESCO /
Centro Federico García Lorca

Centro Federico García Lorca

PATROCINADORES:
Baden-Württemberg Stiftung
Heidelberger Volksbank eG
Ministerio de Cultura, España
Ciudad de Heidelberg
Ciudad de Granada

COLABORADORES:
Sociedad Mandelstam de Moscú
Fundación Friedrich-Ebert-Gedenkstätte, Heidelberg
Ralph Dutli
Museo Anna Ajmátova, Casa del Fontanka
Instituto de Literatura Rusa, Casa Pushkin (IRLI RAN)
Archivo Estatal Ruso de Literatura y Arte (RGALI)
Archivo Estatal de la Federación de Rusa (GARF)
Archivo Nacional de Armenia (NAA)
Archivo del Ministerio de Interiores de la Federación de Rusia
(MWD-Archivo)
Biblioteca Nacional de Rusia (RNB)
Archivo Estatal de Rusia de Historia Sociopolítica (RGASPI)
Archivo Estatal Militar de la Federación de Rusa (RGVA)
Archivo Central Estatal de Historia, San Petersburgo (ZGIA)
Archivo Central del Servicio Federal de Seguridad de Rusia
(ZA FSB RF)
Colección privada de Nikita Shklovski-Kordi,
Dmitri Chukovski
Instituto de Eslavística, Instituto de Germanística e Instituto de
Traducción e Interpretación de la Universidad de Heidelberg
Archivo de la Universidad de Heidelberg
Biblioteca de la Universidad de Heidelberg
Archivo de la Universidad de Princeton

Reproducción de las traducciones de poemas
en alemán autorizada por
Edition Howeg, Zúrich
S. Fischer Verlag GmbH, Fráncfort del Meno
Suhrkamp Verlag, Fráncfort del Meno
Wallstein Verlag, Gotinga

Reproducción de las traducciones de poemas
en español autorizada por:
Editorial Vaso Roto, Madrid / México
Editorial Igitur, Montblanc (Tarragona)
Editorial Acantilado, Barcelona
Aquilino Duque, Jesús García Gabaldón, Helena Vidal

COLABORADORES EN LA REALIZACIÓN
DE LA EXPOSICIÓN:

Moscú:
Comisarios de la exposición: Anastasía Aleksándrova y
Daria Kavérina
Director del equipo de trabajo en Moscú: Dmitri Bak
Organización de la exposición del lado ruso y preparación de los
medios audiovisuales: Natalia Papánova, Viacheslav Kurenkov,
Alla Gólubeva, Aleksandr Barbashov, Vassili Vysokólov
Diseño de la exposición: Anna Koleichuk
Vídeo: Aleksander Voschov
Instalaciones de sonido: Nikolái Jrust
El Museo Estatal de Literatura da las gracias a
Nikita Shklovski-Kordi, Ralph Dutli, Phillip Koban,
Stefan Hohenadl, Stefan Kaumkötter, Anna Rudnik,
Alekséi Naúmov, Nikolái Prójorov, Irina Kóshkina,
Irina Alpátova, Martina Jakobson

Heidelberg:
Dirección de proyecto: Dr. Andrea Edel
Coordinación del proyecto: Dr. Andrea Edel y Phillip Koban
Concejal de Familia, Bienestar social y Cultura de la Ciudad
de Heidelberg: Dr. Joachim Gerner
Instalación de la exposición en Heidelberg: Stefan Hohenadl,
Phillip Koban, Guilhem Zumbaum-Tomasi
Administración y comunicación de la Secretaría de Cultura de
Heidelberg: Petra Braus, Birgit Johann, Petra Mayer-Breining,
Gisela Wieprecht, Elgiz Wündrich, Silke Zapf-Wagner
Organización del programa marco para la exposición en Heidel-
berg: Dr. Andrea Edel, Stefan Kaumkötter y Phillip Koban en
cooperación con el Departamento de Filología Eslava, el Departa-
mento de Filología Alemana, el Departamento de Musicología y el
Departamento de Traducción e Interpretación de la Universidad
de Heidelberg, Sociedad de Historia de Heidelberg, Ralph Dutli,
Fundación Reichspräsident-Friedrich-Ebert-Gedenkstätte y demás
instituciones y artistas participantes
Coordinación del programa marco: Phillip Koban y
Stefan Kaumkötter
Colaboradores en el programa marco:
Escuela juvenil de arte, Heidelberg-Bergstraße e.V.; Guías turísticos
de Heidelberg; Hans-Martin Mumm; [Ak. T]-heater; Kamina-
Círculo de poetas estudiantes; UnterwegsTheater; Theodor-Heuss-
Realschule; Hölderlin-Gymnasium; Martin Oelbermann; Mario
Damolin; Frank Diamand; Klangforum Heidelberg; Teatro y
Orquesta de Heidelberg; UNESCO City of Literature Heidelberg;
Departamento de Filología Eslava, Departamento de Filología Ale-
mana, Departamento de Musicología, el Departamento de Traduc-
ción e Interpretación de la Universidad de Heidelberg, Sociedad de
Historia de Heidelberg; Ralph Dutli; Fundación Reichspräsident-
Friedrich-Ebert-Gedenkstätte
Heidelberg Ciudad de Literatura UNESCO agradece al Archivo
Alemán de Literatura de Marbach y a Ralph Dutli.

Granada:
Coordinación del programa Granada Ciudad de Literatura
UNESCO y coordinación de la exposición: Jesús Ortega
Concejal de Cultura de la Ciudad de Granada:
María de Leyva Campaña
Dirección técnica Centro Federico García Lorca: Miguel Canales
Administración y comunicación Centro Federico García Lorca:
Carmen Casares, Mónica Muriel y Gracia Peregrín

MITWIRKENDE AN DER REALISIERUNG DES BUCHS ZUR AUSSTELLUNG:

Konzeption, Bild- und Textauswahl und Redaktion des Buchs zur Ausstellung: Anastasia Alexandrowa, Dr. Andrea Edel, Phillip Koban, Jesús Ortega

Redaktion der deutschen Texte:
UNESCO City of Literature Heidelberg
Redaktion der spanischen Texte:
UNESCO City of Literature Granada / Centro Federico
García Lorca

Koordination der Gesamtredaktion: Phillip Koban
Redaktionelle Mitarbeit: Sebastià Moranta Mas

AutorInnen: Dmitrij Bak, Ralph Dutli, Urs Heftrich, Wladimir Mikuschewitsch, Sebastià Moranta Mas, Pavel Nerler

ÜbersetzerInnen: Héctor Álvarez Mella, Johanna Bettinger, Geraldine Gutiérrez-Wienken, Martina Jakobson, Anastasia Konovalova, Sebastià Moranta Mas, Elionor Guntín Masot

Lektorat der deutschen und spanischen Texte:
Corinna Santa Cruz, Jordi Roca

Gestaltung und Satz: Elisabeth Pangels und
Hans-Hermann Schmidt, komplus GmbH, Heidelberg

Druck: NINO DRUCK Neustadt/Weinstraße
Papier aus nachhaltig bewirtschafteten Wäldern
und kontrollierten Quellen

ISBN Deutschland 978-3-88423-537-9
ISBN Spanien 978-84-608-7897-1
© 2016 bei den AutorInnen
© 2016 bei den ÜbersetzerInnen

© 2016 für diese Ausgabe
Verlag Das Wunderhorn GmbH
Rohrbacher Str. 18
69115 Heidelberg
www.wunderhorn.de

BILDNACHWEISE:
Titel: Ossip Mandelstam 1923 in Moskau, GLM
Klappen: Objekte aus Nachlass Nadeschda Mandelstams, Privatsammlung von Nikita Schklowskij-Kordi

NACHWEISE DER DEUTSCHEN GEDICHTÜBERSETZUNGEN

S. 27, 33, 53, 99, 103, 117, 173, 177–179, 215–217, 221–223, 229, 231, 233–235, 239, 275, 277, 283, 291:
Ossip Mandelstam, *Das Gesamtwerk in 10 Bänden*
Aus dem Russischen übertragen und herausgegeben von Ralph Dutli.
© S.Fischer Verlag GmbH, Frankfurt am Main 2016.

S. 31, 41, 43, 45, 47, 49:
Ralph Dutli, *Mandelstam, Heidelberg*. Gedichte und Briefe 1909–1910. Russisch–Deutsch. Mit einem Essay über deutsche Echos in Ossip Mandelstams Werk: „Ich war das Buch, das Euch im Traum erscheint." © Wallstein Verlag, Göttingen 2016.

S. 96, 121, 123, 167:
Paul Celan, *Gesammelte Werke in sieben Bänden*. Fünfter Band: Übertragungen II. Herausgegeben von Beda Allemann und Stefan Reichert. © Suhrkamp Verlag Frankfurt am Main 1983. Alle Rechte bei und vorbehalten durch Suhrkamp Verlag Berlin.

S. 227, 239:
Ossip Mandelstam, *Das zweite Leben*. Späte Gedichte und Notizen Herausgegeben von Felix Philipp Ingold. © 1991 Carl Hanser Verlag München.

S. 281:
Ossip Mandelstam, *Wie ein Lied aus Palästina. Gedichte, Briefe, Dokumente*. Aus dem Russischen von Johannes Peters (Briefe), Kay Borowsky und Lydia Titowa (Gedichte und Dokumente). Herausgegeben von Siegfried Heinrichs. © vormals Oberbaum Verlag, Berlin 1992.

DEUTSCHE ZITATE AUF DEN ANFANGSSEITEN DER ALBEN:
Album 1891≈1913: Erste Strophe aus „Kinderbücher, nur sie noch zu lieben", 1908, übersetzt von Ralph Dutli.

Album 1913≈1922: Erste Strophe aus „Das Wort bleibt ungesagt, ich finds nicht wieder", 1920, übersetzt von Paul Celan.

Album 1922≈1928: Letzte Strophe aus „Bahnhofskonzert", 1921, übersetzt von Ralph Dutli.

Album 1928≈1934: Erste Strophe aus „An die deutsche Rede", 1932, übersetzt von Wladimir Mikuschewitsch, vgl. S. 158 in diesem Buch, auch erschienen unter dem Titel „An die deutsche Sprache" in der Übersetzung von Ralph Dutli.

Album 1934≈1938: Erste Strophe aus „Genommen habt ihr mir: die Meere, Lauf und Flug", 1936, übersetzt von Ralph Dutli.

Die Zitate in den Bildlegenden auf S. 28, 51, 54, 55, 104, 105, 107–109, 113 oben, 118, 119, 124, 168, 181, 219, 224, 241 und 286 stammen aus Übersetzungen von Ralph Dutli; alle weiteren wurden eigens übersetzt von Anastasia Alexandrowa.

ABKÜRZUNGSVERZEICHNIS
GARF: Staatliches Archiv der Russischen Föderation
IRLI: Institut für russische Literatur (Puschkinskij Dom)
MWD-Archiv: Archiv des Innenministeriums der Russischen Föderation
NAA: Nationalarchiv Armeniens
RGALI: Staatliches Russisches Staatliches Archiv für Literatur und Kunst
RGASPI: Russisches Staatsarchiv für sozialpolitische Geschichte
RGVA: Staatliches Militärarchiv der Russischen Föderation
RNB: Russische Nationalbibliothek
ZA FSB RF: Zentralarchiv des Föderalen Dienstes für die Sicherheit der Russischen Föderation
ZGIA: Zentrales Staatliches Historisches Archiv in St. Petersburg

COLABORADORES EN LA REALIZACIÓN DEL LIBRO DE LA EXPOSICIÓN:

Concepción, selección de imagen y texto y redacción del libro de la exposición: Anastasia Alexandrova, Dr. Andrea Edel, Phillip Koban, Jesús Ortega

Redacción de los textos en alemán:
Heidelberg Ciudad de Literatura UNESCO
Redacción de los textos en español:
Granada Ciudad de Literatura UNESCO / Centro Federico García Lorca

Coordinador de la redacción editorial: Phillip Koban
Colaboración editorial: Sebastià Moranta Mas

Autores: Dmitri Bak, Ralph Dutli, Urs Heftrich, Wladimir Mikuschewitsch, Sebastià Moranta Mas, Pavel Nerler

Traductores: Héctor Álvarez Mella, Johanna Bettinger, Elionor Guntín Masot, Geraldine Gutiérrez-Wienken, Martina Jakobson, Anastasia Konovalova, Sebastià Moranta Mas, Tatjiana Portnova

Correctores de los textos en alemán y en español:
Corinna Santa Cruz, Jordi Roca

Diagramación y tipografía: Elisabeth Pangels y Hans-Hermann Schmidt, komplus GmbH, Heidelberg

Impresión: NINO DRUCK Neustadt/Weinstraße
Papel procedente de bosques gestionados
de forma responsable y otras fuentes controladas

ISBN Alemania 978-3-88423-537-9
ISBN España 978-84-608-7897-1

© de los autores, 2016
© de los traductores, 2016

© de esta edición, 2016
Verlag Das Wunderhorn GmbH
Rohrbacher Str. 18
69115 Heidelberg
www.wunderhorn.de

ÍNDICES DE ILUSTRACIONES

Título: Ósip Mandelstam en Moskau, 1923, GLM
Solapas: Objetos de la sucesión de bienes de Nadezhda Mandelstam, Colección privada de Nikita Shklovski-Kordi

CRÉDITOS DE LAS TRADUCCIONES EN ESPAÑOL DE LOS POEMAS

p. 96, 121, 123, 167, 240:
Ósip Mandelstam, *Tristia y otros poemas*, traducción de Jesús García Gabaldón. © Tarragona, Igitur, 1998.

p. 275, 277, 283, 291:
Ósip Mandelstam, *Cuadernos de Voronezh*, traducción de Jesús García Gabaldón. © Tarragona, Igitur, 1999.

p. 243:
Ósip Mandelstam, *Coloquio sobre Dante. La cuarta prosa*, traducción de Jesús García Gabaldón © Madrid, Visor, 1995.

p. 27, 33, 53, 117:
Ósip Mandelstam, *Poesía*, traducción de Aquilino Duque. © Madrid/México, Vaso Roto, 2010.

p. 227:
Ósip Mandelstam, *Armenia en prosa y verso*, traducción de Helena Vidal. © Barcelona, Acantilado, 2011.

CITAS EN ESPAÑOL EN LAS PÁGINAS DE INICIO DE LOS ÁLBUMES:

Álbum 1891≈1913: Primera estrofa de «Leer tan solo libros infantiles», 1908, traducción de Aquilino Duque.

Álbum 1913≈1922: Primera estrofa de «Olvidé la palabra que quería decir», 1920, traducción de Jesús García Gabaldón.

Álbum 1922≈1928: Primera estrofa de «Y sueño: todo en la música y en el canto», 1921, traducción de Jesús García Gabaldón.

Álbum 1928≈1934: Primera estrofa de «Me destruyo y contradigo», 1932, traducción de Tatjana Portnova.

Álbum 1934≈1938: Primera estrofa de «Privándome del mar, del vuelo y del correr», 1936, traducción de Jesús García Galbadón.

Las citas de los comentarios sobre las ilustraciones proceden de las versiones de Jesús García Gabaldón (p. 55 abajo), Lydia Kúper (p. 28, 51) y Víctor Andresco (p. 124); todas las demás han sido traducidas por Geraldine Gutiérrez-Wienken expresamente para esta publicación.

LISTA DE ABREVIATURAS

GARF: Archivo Estatal de la Federación Rusa
IRLI: Instituto de Literatura Rusa (Casa Pushkin)
MWD-Archivo: Archivo del Ministerio de Interiores de la Federación de Rusia
NAA: Archivo Nacional de Armenia
RGALI: Archivo Estatal Ruso de Literatura y Arte
RGASPI: Archivo Estatal de Rusia de Historia Sociopolítica
RGVA: Archivo Estatal Militar de la Federación de Rusa
RNB: Biblioteca Nacional de Rusia
ZA FSB RF: Archivo Central del Servicio Federal de Seguridad de Rusia
ZG1A: Archivo Central Estatal de Historia, San Petersburgo

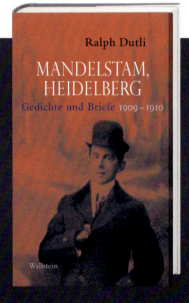

Willy Birkenmaier

Das russische Heidelberg

Zur Geschichte der deutsch-russischen Beziehungen im 19. Jahrhundert

Heidelberg war im 19. Jahrhundert das Mekka der russischen Wissenschaft. Die russische Kolonie war zeitweise so zahlreich, dass Heidelberg den Eindruck einer russischen Kleinstadt machte. Die in Restaurants und Hotels am meisten verwandte Fremdsprache war Russisch. Treffpunkt der Kolonie war die Russische Lesehalle, die sich zum Zentrum der russischen Revolution im Ausland entwickelte. Hier konnten die russischen Studenten all jene Literatur lesen, die in ihrem Heimatland selbst verboten war. Wenn man die Liste der Mitglieder anschaut, erhält man ein „Who is who" des damaligen russischen Geisteslebens: Wissenschaftler (Mendeleev), Terroristen (Savinkov), Dichter (Mandelstam), Zionisten (Schapira) …
Der „Mythos Heidelberg" wird mit zahlreichen, bisher unveröffentlichten Dokumenten um ein weiteres Kapitel bereichert.

»Das russische Heidelberg, das war über ein halbes Jahrhundert deutsch-russisches Zusammenlernen … Das Jahr 1914 machte all dies zunichte. Willy Birkenmaier fügt in seinem Buch die Erinnerungen wieder zusammen zu einem Stück Heimatkunde, europäischer Heimatkunde.«   *DIE ZEIT*

208 Seiten, gebunden   ISBN: 978-3-88423-091-6   18.50 EUR

www.wunderhorn.de